a consciência plena

Evelyn Torrence

a consciência plena

2ª EDIÇÃO

EDITORA RECORD
RIO DE JANEIRO • SÃO PAULO

2002

CIP-Brasil. Catalogação-na-fonte
Sindicato Nacional dos Editores de Livros, RJ.

S44c
2ª ed.

Scottsdale, Rachael
A consciência plena / Evelyn Torrence. – 2ª ed. – Rio de Janeiro: Record, 2002.

ISBN 85-01-06556-0

1. Comportamento – Modificação. 2. Emoções. 3. Auto-realização. I. Título.

96-0428

CDD – 158
CDU – 159.94

Direitos exclusivos desta edição reservados pela
DISTRIBUIDORA RECORD DE SERVIÇOS DE IMPRENSA S.A.
Rua Argentina 171 – Rio de Janeiro, RJ – 20921-380 – Tel.: 2585-2000

Impresso no Brasil

ISBN 85-01-06556-0

PEDIDOS PELO REEMBOLSO POSTAL
Caixa Postal 23.052
Rio de Janeiro, RJ – 20922-970

EDITORA AFILIADA

Ler este livro para mim foi um grande desafio.

Nas primeiras páginas, senti a "mãe" presente, mas não era com esse sentimento que eu queria conhecer o conteúdo desta obra com uma proposta tão corajosa. Relaxei e pouco a pouco a "leitora" foi tomando o seu lugar.

A leitura se desenrolou em uma crescente curiosidade e expectativa. O texto prende a atenção por abordar um assunto secreto e íntimo, algo que buscamos esconder nas profundezas do nosso ser, para que as outras pessoas não percebam nossos reais sentimentos.

Ódio, ego, vaidade e tantas outras manifestações tão normais e naturais em todos, mas sentimentos tão difíceis de serem aceitos. Sempre estamos tentando ocultar os nossos e criticar os dos outros. Para falarmos de nossos próprios sentimentos, considerados negativos, é fundamental olhá-los de frente e ofuscá-los com a luz da coragem. Então, olhar para dentro e se ver por inteiro é um ato de bravura de que somente um guerreiro é capaz.

É fascinante poder perceber o crescimento próprio, vinculado ao crescimento do grupo familiar ao qual se pertence. A mim foi concedida a graça de ter sido escolhida como transmissora da "célula-mãe", que daria forma a um ser que trouxe consigo uma gleba de novas informações que me colocaram diante de várias situações existenciais que acabaram por me levar a entender o processo necessário de aprender, crescer e evoluir. Um ser que carrega consigo a semente do "questionamento", chamado por nós de rebeldia. O choque maior aconteceu quando, em meu processo existencial, em que eu iniciava a construção de um sonho que desde pequena acalentava em meu coração, pensando que ter a minha própria e exclusiva família e colocar em prática o que considerava certo, abolindo os erros da minha mãe, era uma tarefa fácil de ser realizada.

Quando chegou o meu momento de estar no comando, tinha finalmente sob minha responsabilidade, uma casa, marido, cinco filhas; eu cumpria minha antiga tarefa de ser a dona do lar, e o marido, o provedor da família.

Fui rapidamente envolvida por esta rotina, e acredito agora que naqueles tempos eu na verdade nem sabia o que era a responsabilidade, mas procurava fazer o melhor que uma jovem de dezoito anos, imatura e só, podia fazer.

Pouco a pouco, mas com muita resistência, pois ainda tentava salvar os padrões considerados certos, fui recebendo os sopros de novos conhecimentos que vinham através das cinco mensageiras a mim enviadas pelo Universo. Foi através de Evelyn que aprendi as mais duras lições. Desde o seu nascimento, cada segundo de nossas vidas foi marcado por um processo de aprendizado.

Foi realmente difícil compreender se mensagens de mudança que ela trazia em seu ser. Depois de muitos anos lutando pela posição de comando da família, conseguia começar a perceber o que me era mostrado. Iniciei, graças à força de Rachael, um processo de mudança de valores.

Hoje em dia, tenho certeza de que pode haver um mundo melhor para aqueles que buscam dentro de si a voz da real consciência, aquela que afirma que você e todos os seres podem, através do amor, encontrar a felicidade que leva a paz profunda a todos os corações.

Este livro é um relato do magnífico processo de crescimento de um ser que busca ardentemente o reencontro com a sua consciência plena. Que essa se torne a busca de todos que querem a sua evolução ligada à evolução do nosso planeta.

Semente Mãe.

No início

Desde que começamos a ter noção dos nossos pensamentos, descobrimos que a única companhia que temos realmente durante toda a vida é a nossa própria. Porém, somos orientados por uma estranha força que vem de todos os lugares e vai individualmente para todos os seres vivos. Chamo-a de voz da Consciência.

E é sobre essa força consciente que fala este livro, através da conversa de um ser humano e seus pensamentos com a mais plena das consciências, dentro de si mesmo, na mais profunda solidão de sua própria companhia.

Consciência Plena será o nome aqui utilizado, pois assim ela se fez apresentar todas as vezes em que se manifestou claramente para a autora durante a trajetória de sua vida.

Há milênios esta força recebeu as mais diversas nomenclaturas e foi tema das mais diversas formas de expressão. Levaram-na para igrejas, templos, laboratórios, livros, faculdades e outros lugares, para tentarem compreendê-la.

É sempre impressionante observar as reações e os efeitos causados quando mistérios são supostamente desvendados. Muitas vezes o que encobre o desconhecido é a maneira de olhá-lo e a forma de revelá-lo.

Muitos tomam pequenas descobertas como a única, total e absoluta verdade, a mínima dose de uma manifestação do impossível lhes é suficiente para fechar ilusórias conclusões, interrompendo assim as buscas, satisfeitos em suas quase insignificantes descobertas, e novamente o desconhecido volta a correr o risco de ser aprisionado. Pessoas matam e destroem para transformá-lo em regra fixa. Então, rotulam-no e o vendem como a salvação, a verdade, Deus e milagre, limitando com isso o que por si é ilimitado.

Partindo do princípio de que essa mestre-consciência é de certo modo silenciosa e particular, quem consegue acessar esta fonte passa por um delicado processo de avaliações e dúvidas internas, deixando muitas vezes a opinião pessoal interferir nas mensagens recebidas, e se engana ao acreditar ser a Consciência Plena sua própria voz, ele próprio, a razão. Por vezes, acontece pior: chamam a Consciência Plena de Deus, misturam-na com seus pensamentos submissos e passam a ser seus escravos durante a vida.

Em muitos casos, as pessoas não conseguem separar a Consciência Plena da consciência individual. Os poucos que o fizeram transmitem subliminarmente em livros, músicas, poemas, danças e pinturas a voz clara e visível de uma só consciência, porém nunca a chamam de verdade, apenas de visão.

Este livro tem um foco de visão e este se passa dentro da cabeça de um único indivíduo, que, falando com a consciência, acabou ouvindo a si mesmo e, por ouvir a união do universo, se viu diante de uma série de dúvidas:

O que fazer com as informações misturadas entre e dentro de si?

Como separar e entender onde termina o pensamento e começa a estranha voz silenciosa do universo?

De onde viemos e para onde vamos, afinal?

Quem é Deus?

Tudo isso se tornou para muitos o mais forte motivo de vida: encontrar a Consciência Plena e entender o infinito mistério do universo é para eles o que há de mais valioso.

Eles já sabem que o cosmos é tão eterno que não existe um tempo para qualificá-lo e tampouco uma vida para descobri-lo; então, esperam pacientemente, sem nunca parar.

Porém, por todos os motivos, não estamos sozinhos nessa

jornada, somos frutos de uma razão magneticamente agrupada, que produz uma voz perturbadora e confusa a que chamamos de pensamentos, ou armazenados de razões

As vozes dos pensamentos falam tão alto que não nos deixam ouvir a consciência, por mais que esta fale sem interrupções. Acreditamos ser uma só voz, a nossa.

Ambas as vozes estão constantemente em contato conosco, as duas palpitam em nossa vida, mas são bem diferentes entre si, e, no momento em que percebemos a diferença, vemos isso.

Uma é tudo e a outra é você. Isso só nos deixa duas alternativas em nossas vidas: ser solitário ou estar em solidão.

O ser solitário se torna parte do todo e jamais se sente desacompanhado ou sozinho. Já o ser em estado de solidão passa vidas procurando companhia e sempre carrega consigo recordações de todas elas, sentindo-se assim completamente saudoso e só.

Sabemos disso no momento em que nascemos, embora sem estarmos conscientes; o simples fato de terem nascido aciona automática e novamente o cronômetro da morte, e este não pára até que seu tempo na Terra esteja terminado. Resta apenas a alternativa de prosseguir na busca.

Encontrar a plena forma de comunicação se tornou para alguns o maior motivo dessa existência no mundo. Conseguir ver mais que os olhos humanos permitiam com suas limitações passou a ser o real motivo de tudo.

Particularmente, eu carregava muitos medos, tantas dúvidas sobre a vida que precisava saber e entender as coisas, antes que fosse pega pelo tempo e levada novamente pela morte, minha única certeza até então.

Sempre questionei a existência e nunca gostei muito das respostas obtidas no dia-a-dia das pessoas, que na grande maioria não eram compatíveis com a visão que eu tinha no coração.

Minha maior alegria era encontrar pessoas que falavam a mesma língua que eu, era a certeza de que, por mais que me sentisse sozinha, não estava em solidão, havia muitos na mesma direção, e estes se comunicavam nas entrelinhas do mundo, através de manifestações individuais, e eu os entendia.

Nunca andavam em bandos, sempre voavam solitários, gravando apenas seus atos na consciência do planeta. Quem alcançasse a freqüência e ouvisse os veria.

Compreender todas essas coisas, somando um pai, uma mãe, irmãs, amigos, professores, políticos, milhares de tipos humanos e infinitas manifestações de vida, era para mim uma assustadora obrigação. Se não fosse assim, por que então estariam ocupando um espaço no Universo?

O óbvio estava diante dos meus olhos. Havia porém um véu que cobria os detalhes, as definições não eram claras, os sonhos eram mais reais do que a própria realidade expressa. A vida me freava com o medo, e a morte me impulsionava para o desconhecido, não me deixando alternativa. Sentia uma grande necessidade de desvendar os enigmas antes que fosse devorada por tudo aquilo e retornasse ao mesmo ponto sem tê-lo decifrado.

Meu maior inimigo sempre foi o meu medo, ele entrava pela razão com tanta força que me fazia ouvir e dizer coisas horríveis, sobre o mistério me impedindo, com a idéia da morte, de dar um passo adiante.

O lugar mais confortável parecia ser o mundo, tudo tão real e imutável que criava uma espécie de conforto ilusório, onde todos acabavam estagnando até a chegada de um tempo contável e limitado, que arrancava os corpos de seus lugares para uma viagem sem bilhete de chegada e sem direito a volta.

Era essa viagem que me fazia deixar uma consciência falar mais forte que meus temores. Continua não sendo fácil para mim ouvir a consciência em sua plenitude. São tantas vozes, vindas de muitas vidas. Separá-las e conhecê-las integralmente é o que tenho procurado fazer em todas as minhas formas de vida, e nessa em especial, pois sinto estar bem próxima da liberdade. Creio e sinto que, caminhando nesse ritmo, posso encontrá-la ainda nessa vida. Se não for, aprenderei a arte de uma espera infindável, e isso já é parte da liberdade.

Não pretendo me dar por satisfeita. Aprendi que não existe um ponto final para a eternidade, o que existe é o ponto do eterno, o começo e o fim do nada, pois lá habita o infinito, em todas as formas.

Ao conquistar a liberdade, poderei partir daqui, sem amarras e algemas que me tragam de volta, a não ser que eu queira.

Nunca quis a morte perto de mim e evitava pensar sobre ela, como se fosse minha maior inimiga, mas meu coração não me deixava esquecer sua companhia e me dava um estranho sentimento de urgência.

Saber e ter consciência de que este estado humano não era eterno por vezes não me deixava dormir e nem descansar um minuto. Tornei-me sedenta por evoluir ou, melhor dizendo, por descobrir o que havia por trás desta tão temida morte, a forma humana de deixar este mundo. Foi então que decidi parti ao seu encontro em vida, para não mais ser surpreendida por ela completamente desprevenida e despreparada. Isso era tudo o que eu não queria.

Passei a buscar as evidências e guardá-las comigo. Tudo que parecia claro para o meu coração era compatível com aquela voz que me acompanhava nas estranhas descobertas de que as coisas não eram exatamente como pareciam ser.

As árvores, os animais, o céu, tudo o que via, sentia e tocava era uma grande dádiva, e a melhor das escolas para se aprender. Na infância, achava que tudo o que existia no mundo estava lá para mim, e eu podia usufruir de cada pedacinho do mundo, até a razão me fazer enxergar que na verdade pessoas se apoderaram de tudo, não me deixando direito a quase nada, pois cada pedaço já tinha um dono que detinha o controle e a chave de uma prisão chamada Terra. Tive que inventar um outro mundo, o mundo dos sonhos.

Foi então que encontrei no exterior o que sentia no coração. Livros começaram a passar diante dos meus olhos, todo tipo de livro, centenas de temas diversos. Mergulhei neles como quem está morrendo de sede e fui saciada. A partir de então, a leitura assumiu o mestrado dos meus pensamentos.

Com o tempo, fui selecionando cada vez mais. Quando não gostava das primeiras páginas de um livro, parava e esperava um outro momento para lê-las, mas no resumo já decidia se valia a pena a leitura ou era mais um daqueles autores dando umas enroladas na razão e não dizendo nada que somasse peças para a montagem da visão.

Tive diversas opiniões sobre diversos assuntos, mudava a todo instante e analisava o resultado de cada informação, refletida nas ações de cada indivíduo, inclusive eu mesma.

O laboratório vida começou a tomar forma. Quando a consciência falava e eu a ouvia, as coisas aconteciam de acordo com o esperado; quando era a razão que palpitava, tudo dava errado.

Difícil era deixar minhas razões de lado e dar passagem para a consciência me levar.

Por isso os livros são tão importantes: ler sobre relatos de pessoas que conseguiram fazer determinadas coisas da mesma forma que eu sentia e via, muitas vezes, milênios atrás, era entusiasmante.

Como elas poderiam saber e ouvir a mesma consciência que eu, se eram outros tempos, outras vidas e muitos outros lugares?

Passei a encontrar nos livros as pistas, a consciência me dava um OK e a vida me provava com os resultados dos meus atos.

Viramos um time, Os Guerreiros Solitários, seres humanos que lutam bravamente para desvendar os olhos do desconhecido, pessoas espalhadas por todo o mundo com os mesmos objetivos e em contato com a Consciência Plena do Universo. Faço hoje parte do primeiro escalão dos Guerreiros, um tipo de pré-escolar em nível de conhecimento, porém só ter conquistado esse resultado até agora já é para mim o começo de uma imensa jornada, sem direito a retorno, o que me enche de alegria.

Não nos conhecemos a todos, e de fato não faz muita diferença. Não precisamos da companhia física um do outro, apenas de um repasse de informação, que é feito por uma consciência maior. Alguns se encontram e até convivem próximos, outros simplesmente estão por aí, silenciosos em sua espera, mas todos são grandes guerreiros que solitariamente chegaram até esse ponto e hoje refletem e duplicam a consciência em seus planetas, auxiliando os que estão por vir.

Particularmente, recebi as maiores informações de alguns desses guerreiros da liberdade total. Durante doze anos, li, reli e apliquei os ensinamentos dos livros escritos por Carlos Castaneda, dirigido por Juan Mattos, tendo como assessor geral Dom Genaro Flores, três enormes figuras na minha vida que me fizeram ver o que estava acontecendo internamente comigo.

No começo, só me preocupei em tentar explicar as manifestações. Depois percebi que muitos estavam tentando da mesma forma, mas poucos colocavam aquelas informações em prática. Parei de ouvir as vozes externas e deixei que meu coração fluísse livremente, comecei a praticar os ensinamentos, junto com mais dois amigos, e tivemos alguns resultados surpreendentes. Individualmente, tornei-me outra pessoa.

Foi o suficiente para fazer da Consciência Plena a única voz que meu coração escuta. Vejo-a em todos os lugares e percebo-a em todas as pessoas, por vezes, porém, não consigo concebê-la de forma plena e constante — meu dia-a-dia e muitos sentimentos não me permitem ainda este feito.

No início do meu aprendizado, por pura imaturidade, tentei impor minhas idéias, assim como as pessoas costumam fazer. Tornei-me dona de verdades que com o tempo se transformaram em grandes mentiras. No final, tinha sempre que sair delas, com alguma boa desculpa.

Fui encontrando aos poucos uma medida equilibrada. Os exemplos dos guerreiros me ajudam muito, quando ainda me flagro impondo alguma coisa, me faço parar para lembrar dos motivos que levaram o mundo a tantas guerras e discórdias e descubro que não faço questão nenhuma de matar ou morrer por coisas que um dia serão vistas por todos. Não tenho mais nenhuma pressa, não preciso mais provar nada.

Sinto-me hoje preparada para deixar que a voz da Consciência Plena, minha maior amiga e único mestre, me auxilie na escrita de livros. Não é que não vou estar utilizando a minha razão, preciso dela para achar as palavras corretas, mas em grande parte prefiro deixar os dedos livres no teclado para que ela fale com vocês, como vem falando comigo.

Não tenho dúvida de que você pode ouvi-la: ela está em você, diante de você, e, por mais alto que fale sua razão, um dia terá que encará-la. Só que, por falta de outra compreensão, vai chamá-la de morte. E disso, definitivamente, não podemos fugir.

Na verdade, não busco opiniões e não precisa ter uma; basta procurar nos arquivos do mundo escrito e lá estarão os fatos, e estes são incontestáveis.

Escrevo porque gosto e me sinto impulsionada pela Consciência a fazê-lo. Talvez possa servir de mais um instrumento na montagem do quebra-cabeça. É sempre bom conhecer um pouco mais sobre um semelhante, e é de fato isso que somos.

Estou por aí, vivendo minhas experiências e sonhos, não importa quem eu seja. Importa é quem é você dentro e fora deste mundo. O que importa é a consciência que nos liga à inteligência criadora, e, ligados, estaremos unidos eternamente, sempre voltados para a evolução.

Nota

O impulso sem uma manipulação pode às vezes ficar complicado de ser entendido. Relato uma história sem personagens, deixando tudo acontecer dentro da mente e do coração de um indivíduo que desde a infância foi acompanhado pelo Mestre Consciência e levado a agir de acordo com seus ensinamentos. Não se trata de uma obra de ficção.

Agora procure relaxar e apagar toda a sua razão. Deixe as imagens começarem a aparecer diante de seus sonhos.

Seja bem-vindo ao mundo dos livros, tire bom proveito do relato da Consciência Plena e lembre-se: ela está realmente aí com você, é ela e não eu quem está falando. Encontre-a.

Capítulo 1

DA INFÂNCIA À JUVENTUDE

A conscientização aos sete anos...

— Acorda...

— Quem eu? O que é isso? Estou acordada ou dormindo? Cadê meu corpo?

— Nem um nem outro, você está simplesmente desligada de sua razão.

— Como assim desligada? O que está acontecendo? Eu morri?!

— Não, ainda não, estou apenas começando a entrar na sua vida para ajudá-la com seus pensamentos.

— Mas eu não estou entendendo nada. Quem é você e por que está fazendo isso comigo? Não consigo me mexer nem tenho controle sobre mim. Quero a minha mãe.

— Não se preocupe, eu não quero nada que você já não queira, e não faço nada a não ser que você faça. Apenas a acompanho e me deixo perceber em tudo o que a cerca.

— Caramba! Estou ouvindo a voz de Deus?

— Não seja pretensiosa; não sou Deus, sou apenas a consciência, uma voz no universo.

— Consciência? Que consciência? A minha? Você sou eu?

— Calma... Não pense como criança, deixe eu falar. Venho da eternidade e habito nas manifestações de vida, e a partir de agora vou manifestar-me em você e misturar-me à sua razão, dando a você com isso a mais difícil das tarefas: a de separar as duas vozes.

— Mas você é diferente, meu corpo inteiro te sente, não dá para confundir.

— Agora eu estou diferente, mas no decorrer de sua vida e dos seus dias você não vai conseguir distinguir quem sou eu e quem você é. Não fique preocupada, por vezes vou manifestar-me tão fortemente que as evidências irão fazê-la ver as duas claramente, e, na medida de seus atos, essa visão aumentará de tal forma que seremos de fato a mesma consciência. Não se preocupe em entender agora, você ainda é muito pequena, você esquecerá quase tudo dito hoje, vamos viver para ajudá-la a recordar de tudo.

— Não estou entendendo, acho que estou ficando louca.

— Viu... Essa agora é a voz da sua razão e não eu; você não está louca.

— E como eu paro essa confusão?

— Aprendendo a lidar com a eternidade, separando e parando tudo. Tendo controle total do espaço que você ocupa no mundo e no infinito, buscando a liberdade.

— Mas eu sou criança, tenho apenas sete anos, você não podia fazer isso comigo agora, me deixa primeiro crescer um pouco mais, juro que um dia eu faço tudo.

— Você não é criança, você está criança, e isso faz parte do ciclo da vida.

— Mas como posso agir agora se não tenho controle da minha vida?

— Você o tem, mesmo que pareça o contrário; senão, não estaria aqui.

— Mas e minha mãe e meu pai, e a escola e minhas irmãs, e tudo isto?

— Deixa como está, estes são seus desafios, aproveite-os enquanto seu reservatório de energia está cheio. Vá vivendo e observando os resultados gerais, e cuidado com as armadilhas: elas se parecem muito comigo, chegam até a fazer parte de mim apenas como testes.

— Isso parece muito difícil e cansativo; me deixa simplesmente viver em paz.

— Você não pode viver em paz sem a minha companhia, a morte já apertou o cronômetro do seu tempo na Terra, você não tem mais opção. A única coisa que te resta é viver novamente a busca e a cada vida chegar mais perto da liberdade total. Você está num bom nível, pude começar cedo desta vez, seu coração não mais será o mesmo e você logo terá consciência de minha presença em você.

— E não dá mais para mudar isso, tem mesmo que ser assim?

— Não. Você até pode optar em não fazer nada, mas sei que não fará isso.

— Me deixa acordar, preciso me mexer, estou ficando confusa, me deixa pensar por um tempo.

Ei!! Cadê você? Foi embora? Sou eu de novo? Estou acordada? Será que estava sonhando? Que coisa mais esquisita, estou com medo, acho melhor acender a luz e ficar acordada, mas estou com muito sono, acho que foi só um sonho.

Meses depois do primeiro contato...

— Evelyn, me escute.

— Você de novo. Pensei que tinha sido só um sonho, você não voltou mais.

— Eu nunca vou te deixar por muito tempo: faço parte de você.

— Mas eu tenho medo, acho que não está na hora, deixa eu crescer um pouco e então voltamos a falar.

— Nós não temos tempo. Abra seus olhos, preciso que veja isso.

— O que é isso? Que luz estranha e que ser é aquele na janela? Que visão é esta? Espere! Eu continuo deitada e dormindo, mas meus olhos estão abertos e eu estou sentada olhando a luz na janela. Eu vou morrer! Me ajuda, meu Deus!

— Calma, não fica apavorada, você só está vendo uma outra forma de vida, vinda de um outro lugar. Nada vai lhe acontecer. Você só tem que olhar para ela e fixar sua consciência no fato de que existem outras vidas. Agora volte a dormir e não se preocupe, tudo será esquecido: o que vai ficar é apenas uma leve lembrança dessa imagem.

Na manhã seguinte:

— Meu Deus, o que está acontecendo comigo? Acho melhor perguntar para o meu pai, talvez ele saiba a resposta, acho que eu vi e falei com Deus. Mas será que criança pode ver essas coisas?

Em corpo e voz no estado da razão, a tradução do fato ocorrido se resumindo a um conto de criança.

— Pai, ontem eu acho que vi Deus.

— Viu, filha, que legal. Como ele era?

— Ele era velho, tinha barba e usava uma bengala.

— Que legal, filha, e o que ele disse?

— Nada, eu acho, ele só me fez dormir.

De volta para dentro, mas na voz da razão

— Sabia que eu posso voar?

— Como que você consegue?

— Eu mordo a bochecha, faço barulho de avião, abro os braços e vôo. Quer ver?

— Quero.

— Viu como eu sou o máximo, até consigo falar com você a hora que eu quero. Aposto que ninguém consegue voar como eu, eu mando em tudo o que quero.

— Ih, caramba! Lá vem a minha mãe chata, ela não sabe de

nada e acha que sabe de tudo, eu é que sou esperta, ela só sabe brigar e reclamar de tudo, meu pai é que é legal, ele brinca e me entende, eu amo meu pai.

— Olha que Deus castiga. Não fala assim da sua mãe. E se ela morrer e você ficar sozinha?

— Não, por favor, eu não quero que ela morra. Desculpa, Deus, eu não falei nada, não mata ninguém, por favor, nem meu pai. Por falar nisso, que horas que ele chega do trabalho, será que aconteceu alguma coisa? Eu não quero que ninguém da minha família morra, eu tenho medo, prometo ser melhor se ninguém morrer.

"Acho melhor eu ir brincar, se não fico aqui pensando besteira e alguém vai acabar morrendo por causa desses meus pensamentos. Tenho muito medo da morte.

Novamente a consciência

— Está triste?

— Estou muito.

— Por quê? O que está acontecendo aí no seu coração? Tão nova e já tão deprimida.

— Eu tenho raiva de tudo e de todos, ninguém me entende e ainda ficam me chamando de um monte de coisas que eu não sou. Eu odeio todo mundo.

— Cuidado com essa auto-importância; a culpa é sua se eles a vêem assim, e não deles.

— Cala a boca, você não sabe de nada, você só me atrapalha, eu não preciso de você e nem de ninguém, sai de dentro de mim.

— Eu não, não posso sair de dentro de você, e nem sou culpada de suas confusões; seus pensamentos é que a aprisionam a sentimentos muito pobres.

— E você é o que, se não meus pensamentos?!

— Eu não sou um pensamento, eu sou a consciência, e já te disse isso.

— Não adianta me enrolar, eu sei que é tudo a mesma coisa, por isso eu fico triste. Se você não é o meu pensamento, por que então você não faz um pássaro pousar na minha mão e me prova que tudo isso é verdade e que você existe?

— Eu não posso fazer isso, as coisas não são tão fáceis assim. Mas eu posso te ensinar no decorrer da sua vida a realizar grandes feitos. Você quer aprender?

— Tá vendo, é tudo mentira, estão todos contra mim, principalmente minha mãe, eu sei que ela me odeia, por isso também tenho raiva dela, é tudo muito chato, eu quero sumir e não quero aprender mais nada.

— Você não vai sumir, esquece essa hipótese. Se eu fosse você, descia lá e pedia desculpas. E um dia você vai entender quem é sua mãe na sua vida e por que ela age assim.

— Eu não vou pedir desculpa, eu não fiz nada!

— Fez sim, você provoca as pessoas só porque sabe onde estão as feridas delas, mas isso não lhe dá o direito de futucá-las, e se mesmo assim você faz. Elas te darão o troco e você tem que agüentar, você não se diz tão forte e superior? Então agüenta as reações.

— Eu agüento mesmo e não preciso de você, me deixa que eu me viro sozinha.

— Deixo, claro, pode ficar com seus pensamentos, quanto mais você tentar pensar, menos você vai entender as coisas e mais confusa vai ficar, mas, como consciência, continuarei aqui dentro, e, quando achar necessário, me manifesto novamente. Na verdade, deixo por sua conta, certa de que seu coração já está conectado comigo. Eu não tenho mais pressa, você é quem deveria ter.

— Eu não entendo por que ter pressa, você está querendo me dizer que eu vou morrer cedo? Ei, cadê você? Me responde! Eu odeio quando você me deixa pensando sozinha.

— Serve eu?

— Eu quem, outra voz?

— Eu mesma, você, nós duas juntas podemos pensar sozinhas, na verdade é tudo a mesma coisa. Viu só, você continua pensando e falando com outra voz, e somos todos os mesmos.

— É, talvez você tenha razão, eu é que fico me achando especial e ouvindo vozes do além. Acho que todo mundo no fundo pensa a mesma coisa, queremos ser mais que os outros mas somos a mesma porcaria. Por que falariam comigo, quem sou eu?

— Isso mesmo, agora você está pensando certo. Vamos brincar com sua irmã?

— Vamos, vamos inventar coisas para passar mais rápido o tempo.

— É, deixa essas coisas de pensamento pra lá, você é criança e eu estou aqui para te salvar dos pensamentos ruins e fazer você ser a mais forte de todas.

Os monstros

— Está vendo alguma coisa?

— Não, me deixa dormir...

— Caramba, sou a única acordada neste quarto. Só espero que os monstros não venham, eles querem me pegar e me levar com eles, eu sei disso.

— Nós estamos aqui.

— Não, por favor, não. Eu quero me esquecer, eu quero me esquecer...

— Você não pode esquecer, nós não vamos deixar.

— Sai daqui, Deus me ajuda, tira esses monstros daqui.

— Deus não vai te ajudar, ninguém vai, nós somos seus companheiros eternos, você precisa dominar toda essa força em forma de monstro, nós estamos dentro de você.

— Eu não tenho força, eu só quero viver sem ter medo de vocês, vocês são horrorosos, eu não quero vocês na minha cabeça, ninguém acredita em mim. Eu estou sozinha, será que nunca ninguém vai me ajudar?

— Aprenda a nos dominar, é o único jeito.

As bruxas

— Que bom que vocês vieram me salvar dos monstros.

— Nós estamos aqui, nós amamos você, você é uma de nós, não se preocupe com nada e durma.

— Eu sou uma bruxa de verdade?

— De verdade.

— Posso fazer mágicas?

— Pode, quantas quiser, você é uma bruxa.

— Vocês vão me afastar dos monstros para sempre? Não preciso mais ter medo?

— Nunca mais, nós estamos aqui para protegê-la.

— Posso fingir que sou bruxa?

— Pode, nós vamos ajudá-la, assim você fica protegida.

— Vocês são más?

— Não, claro que não, nós somos suas amigas.

— Mas todo mundo diz que vocês são más.

— Não importa o que dizem, importa o que somos.

— Mas eu quero assustar as pessoas, assim elas me deixam em paz.

— Você é criança, mas pode se divertir por enquanto, precisamos testar sua magia.

Aos treze anos...

— Que tanto ódio é esse dentro de você? O que você está fazendo com sua vida?

— Como vou saber? É tudo tão estranho, parece que vivo em outro mundo, as pessoas não são iguais a mim, eu não gosto delas e nem elas gostam de mim, estou sozinha. Você some e aparece toda hora, às vezes eu sei das coisas e outras vezes não sei de nada. A loucura me persegue, tenho medo de tudo, estou perdida e não sei por onde ir.

— Lamento ter que ser assim, mas esta é a forma estipulada de crescimento e evolução. A consciência está em tudo, e cabe a cada ser juntá-la para ver a verdade. Você tem muito o que juntar nessa vida, e isso com certeza vai doer bastante, mas você é forte, ouça minha voz com toda a atenção, não se distraia um só minuto, entenda todo o processo e veja-o.

— Mas às vezes eu me confundo tanto que não sei quando é a voz da verdade ou as minhas mentiras, por isso me enrolo e faço tantas besteiras. De onde afinal vêm todas essas vozes que falam comigo? Por que não consigo te escutar?

— Meu tom é diferente, venho de apenas um ponto e vou para o todo, eternamente. As outras vozes vêm de vários lugares e não chegam em ponto algum, são limitadas pela matéria. São vozes que vêm dos seus medos, dos seus amores, dos seus ciúmes, das suas confusões, do seu egoísmo, das suas paixões, das suas alegrias, dos seus prazeres, enfim, de todos os seus sentimentos humanos.

— Quer dizer que são todas minhas? Nunca ouvi você realmente? Quem é você?

— Eu sou seu coração e tudo o que te cerca, a água, o fogo, a terra, o ar, tudo carrega minha voz, basta calar seus pensamentos e lá estarei, no silêncio do seu coração, onde habita a eternidade.

— Eu não consigo fazer isso, tudo parece a mesma coisa, não dá para entender tudo isso, não dá para entender nada, me ajuda, por favor!

— Controle-se, não se deixe pegar pela auto-importância, seus sentimentos são muito primitivos, pare-os. Simplesmente olhe à sua volta, veja o céu, os pássaros, as árvores, a terra, o sol, o universo e a imensidão. Tudo sou eu me manifestando.

— Estou vendo mas não consigo compreender, isso acaba transformando minha vida numa droga. Sei que não sou uma pessoa burra e sei que no fundo sou especial, mas bem que poderiam me ajudar um pouco, às vezes as coisas parecem injustas demais. O que eu fiz para estar assim?

— Fez muitas coisas. Meus parabéns! Mas não acabou ainda, temos muito o que fazer e aprender. Nada está ainda definido e vai depender apenas de você, nunca se esqueça disso; você precisa saber a diferença e escolher os caminhos.

— Mas e os sentimentos que tenho? Eles são tão fortes e doem tanto... o que são eles?

— Amor e ódio é o que você sente. Seu coração está carregando os dois sentimentos ao mesmo tempo, e ambos pesam muito na vida de uma pessoa. Eles dominam de um jeito tão completo que fazem você ser tudo e nada num só dia. O momento dura uma eternidade, e esta dura apenas um momento. Enigmas... Bem-vinda a eles!

— Como faço para controlar isso e manter um equilíbrio? Às vezes eu queria parar de pensar um pouco e descansar minha mente. Deve existir um jeito de entender logo isso tudo.

— Não é difícil: comece usando alguns bons artifícios inventados por mim especialmente para parar um pouco o diálogo interno do ser humano, como por exemplo: praticar esportes, cantar, dançar, ler, brincar, pintar, assistir a manifestações artísticas e tantas outras coisas que estão aí exatamente para ajudar as pessoas a verem o mundo por um outro prisma.

— Esporte eu já gosto de praticar, mas não está adiantando muito. Também gosto de música e de pintura, mas não vejo como isso pode me ajudar!

— Vá por esse lado que você vai encontrar um pouco de relaxamento; esporte é bom para manter o reservatório de energia cheio, e as artes em geral funcionam como descarga mental e visão global. A música eleva, faz sonhar e voar na melodia do universo, tão misteriosamente harmonioso. A pintura retrata a imagem silenciosa da consciência, às vezes expandida em pensamento pode ser expressada sem a forma de palavras faladas. A dança é a divina comunicação, a expressão mais suave e sincera da humanidade; por ser muda, ela se faz mágica. A escrita é perigosa, mas poderosa quando bem expressada: o registro mais duradouro da raça humana. As palavras são a tradução do pensamento. Quantas coisas são faladas em momentos e esquecidas nas ações, mas sem dúvida são a forma de expressão mais utilizada, por serem a mais fácil.

— E você, como é?

— Sou todas essas formas de expressão. Vou falar com você através delas. Deixe-se levar pelo sonho da melodia e pelas cores do pincel e eu estarei lá, simplesmente não pense e nem me procure, sinta e veja.

— Vou tentar, preciso mesmo começar a tirar esses sentimentos ruins de dentro de mim, eles estão me matando e por isso estou até desejando a morte de algumas pessoas. Toda hora penso que a única solução é que elas morram ou que eu morra. Às vezes perco o controle e logo depois me vem a culpa.

— Desejar morrer ou desejar que alguém morra não é a solução, e você sabe disso, tanto que a culpa é o sentimento que mais te consome e te desgasta. Aprenda a encontrar as soluções sem esperar que elas venham através da morte: elas estão na vida e nas coisas da vida.

— É eu sei, mas às vezes me sinto tão cansada de procurar que até parece que eu tenho cinqüenta anos.

— Cinqüenta? Muito jovem para a eternidade. Pode colocar aí, em anos da terra, uns cinqüenta milhões, e isso não é nada para a jovem eternidade.

— Cinqüenta milhões!? Do que você está falando? De vidas e mais vidas após a morte? Isso existe mesmo?

— Estou dizendo que esta não é a primeira e nem será a última vida que você viverá. Somos eternos, quer queira, quer não, e entenderá isso de uma vez por todas logo que enxergar.

— Então eu e as pessoas que amo podemos nunca morrer?

— Elas vão morrer, e você também. Mas a morte pode mudar

de figura e ser sua melhor e única amiga, deixando-as em paz e livres no paraíso da existência.

— Não sei se entendo isso, parecem as mesmas coisas ditas pelas igrejas e religiões. Se somos eternos, por que não podemos viver para sempre?

— Agora eu não posso te explicar isso, você ainda tem muito pouca vida e muito que aprender com essa forma humana. Estude, pesquise, entenda, e com o tempo você vai conseguir ver.

— Eu tenho tanto medo de ficar perdida e sozinha na vida... as vezes parece que o tempo é cruel, meu medo me assusta.

— O medo é um sentimento natural, você só não pode deixar que ele o possua, ele é um dos responsáveis pela estagnação humana. Muitos param no medo e ficam escondidos atrás de coisas seguras como uma rotina grupal, por exemplo. Vão todos para o mesmo lugar, dando a impressão de que não estão sozinhos. No entanto, são esses que se perdem por aí. O tempo lhes traz a carruagem da morte.

— Esse é o meu maior medo, realmente. Temo morrer, perder as pessoas que eu amo e nunca mais vê-las. Queria entender como isso funciona, preciso da resposta antes que alguma coisa aconteça, preciso entender!

— Esse medo pode ser seu maior amigo na busca pela resposta a tantas perguntas. Muitos sentem a mesma coisa, procuram e, por não encontrarem nada de convincente, desistem e se escondem atrás de respostas alheias. Acham que assim nunca serão encontrados.

— Mas se tudo é tão justo como dizem, por que as pessoas morrem tão estupidamente? Eu mesma já vi amigos meus morrerem, e me deu uma coisa dentro de mim muito estranha, cheguei a agradecer por não ter sido diretamente comigo, acho que não agüentaria. Qual é o critério de Deus, por que as pessoas morrem?

— As pessoas morrem porque é muito fácil morrer, não se tem controle sobre isso, o que se tem é cuidado e preservação. Enquanto a morte for um enigma e este for mal interpretado pelas pessoas, elas temerão a morte como temem a tudo o que não compreendem e não aceitam como fato. Na verdade, temem a Deus da mesma forma ignorante, e nem percebem isso.

"A morte não pode ser disfarçada, nem escondida e evitada como assunto do pensamento. Ela precisa ser entendida e se tornar sua aliada, e não sua inimiga mortal. Para dizer a verdade, ela é sua única certeza até aqui.

— Eu não consigo gostar de falar da morte, tenho muito medo dela. Só de pensar entro em pânico, não entra na minha cabeça.

— Eu até posso poupá-la por enquanto, mas não pense que você se livrou do assunto. No futuro, voltaremos a falar sobre isso. É bom que se prepare.

— Tá bem, mais jura que ninguém vai morrer até lá?

— Eu não posso jurar nada, mesmo porque juramentos de nada servem, são apenas mais uma manifestação do medo. Mas tranqüilize-se, a morte não faz parte do seu aprendizado infantil, a vida sim, e já vai lhe dar muito trabalho.

— Às vezes eu fico pensando, e queria saber mais uma coisa: você fala assim com todo mundo ou só comigo?

— Eu falo com cada um de uma forma, mas falo com todos. Eu sou e não estou. A compreensão do que é dito depende do nível de evolução da criação. Para muitos, meu manifesto passa despercebido, eles não conseguem me ver e nem imaginam que eu existo, só se preocupam em sobreviver e só escutam suas próprias razões, acabam definhando e voltam ao mesmo ponto. Às vezes até perdem tantos filamentos que diminuem na escala, voltando para recolher os pedaços.

— Queria tanto me lembrar de tudo isso, pena que me esqueço quando estou na vida normal e acabo ficando igual a todo mundo, burra e chata.

— Não há mal nisso. O importante é que tudo está sendo guardado e um dia será bem aproveitado por você. Por enquanto, preocupe-se em sentir e definir os sentimentos dentro de você. Utilize a seguinte regra: o certo é tudo o que está compatível com seu coração, ou melhor, com seu ponto principal, o ponto da criação, e o errado é tudo o que aprisiona este ponto a outro ponto qualquer, tornando-o dependente e dividido.

— Você fala muito difícil para mim, eu entendo mas não sei se consigo fazer.

— Não importa, eu simplesmente falo, esta é minha tarefa. Quem entender verá, e isso também já foi dito.

— Eu gosto de ficar aqui sem fazer nada, olhar para o céu, ver a imensidão. Tudo isso me acalma e me conforta, me faz sentir que não estou sozinha, e isso me deixa em paz.

— Estar sozinho é muito relativo. Sua vida e seu crescimento são assuntos só seus e da sua existência. Nada e ninguém podem evoluir por você. O máximo que você tem como companheiro nesta trajetória é a sua consciência, no caso, nós.

— Nós? É a primeira vez que você usa o plural. Quem são nós?

— Esse é mais um assunto que vai ficar para o futuro. Somente depois que você entender um pouco mais sobre algumas coisas é que poderemos voltar a falar sobre isso.

— Que coisas preciso entender?

— Muitas, mas pode começar por Deus e pelas manifestações divinas e também pelas religiões. Só aí já tem assunto para muitos anos.

— Quem é Deus? Onde posso encontrá-lo então? Me dá uma pista para eu começar.

— Não darei pistas. Sua consciência terá que ver a resposta, apenas tome cuidado com as prisões, confie em você sem maiores pretensões, não queira ser o que ainda não é, olhe sempre o que a envolve e o que a contém. Sinta mais do que pensa, este é o segredo para desvendar mistérios.

— Você já vai me deixar pensando minhas besteiras de novo? Todas as vezes em que fico com meus pensamentos, me preocupo com o que possa acontecer dentro da minha cabeça. Na verdade, só penso coisas ruins, e aí o medo me possui.

— Isso é muito importante. Ficar sozinha com seus pensamentos faz parte do aprendizado, suas conclusões poderão se tornar a própria consciência. Pense por algum tempo para depois não precisar mais pensar e começar realmente a ver.

— E se eu começar a pensar em tragédias, mortes e tristezas? Eu não gosto dessas coisas, não estou preparada para tragédias.

— Na verdade todos pensam não estar, mas todos precisam estar, pois essas coisas não estão sob seus poderes, e ninguém sabe o que pode vir a acontecer, por isso teme a tudo.

— Mas por que ser limitado por temores?

— Porque só teme quem não confia e acredita na força do eterno infinito.

— É muito complicado entender certas coisas como a morte, por exemplo. Não dá para confiar que existe algo mais com uma dor tão profunda no coração, tenho pena dos que ficam e dos que vão. Enquanto eu não a entender, acho que ela será sempre meu maior medo.

— Não sinta pena de nada nem de ninguém, isso acaba lhe trazendo um sentimento de julgar a criação e de achar que você faria diferente. Pena é prepotência e medo é insegurança, e, por incrível que pareça, o ser humano prepotente é sem dúvida o mais inseguro. Agora deixo-a com seus pensamentos rotineiros. Chega por enquanto. Sua energia está se esgotando e você tem que partir.

— Eu partir não, eu fico, quem parte é sempre você.

— Engano seu, eu sempre estou, você é que vem e vai de acordo com o acúmulo de sua energia. Eu sou eterna e você neste planeta é humana. Você partirá e outros virão, enquanto eu, eternamente, continuarei aqui e em todos os lugares.

— Então deixa eu ver que roupa que eu vou vestir! Puxa, estou precisando de roupas, já estou cansada dessas. Que droga, estou gorda e barriguda, assim ele não vai querer nada comigo. Eu não sou bonita, por que eu não sou bonita? Por que eu não sou igual às modelos fotográficas? Elas devem ser tão felizes. O que será que elas pensam? É, mas acho que não sou tão feia assim, tem muitos que me olham, acho que dá pro gasto. Tem gente muito mais feia que eu, acho que estou na média. Ih... Tá na hora! Minha mãe já está saindo, eu vivo me distraindo com minha cabeça, não sei de onde vem tanto pensamento, acho que tenho uma fábrica de palavras dentro de mim, minha cabeça não pára um minuto.

Ainda aos treze

Olha ali, onde as ondas barulhentas estrondam sobre o quebra-mar.

Ainda há pouco, tudo era quietude.

Enquanto houver beleza, ouvido e olhar. Espere, aguarde, não te inquietes.

A vida não é só um combate rude, é apenas uma sucessão contínua de dias e noites, alegres ou tristes.

Uma eterna e bem clara lição. Perene promessa de renovação.

Reserva um lugar seguro dentro mesmo do teu coração, um local pequeno, porém puro, onde nele possa morar, sem tardança, de um modo perfeito e sempre, a esperança.

— Puxa! Que poema bonito. Senti uma coisa estranha dentro de mim, preciso decorar para nunca mais na minha vida me esquecer disso, parece com a voz da consciência falando comigo, parece uma mensagem especial para mim, entendi o que o autor quis dizer e estava precisando ouvir isso, mas quem escreveu? Por que não tem o nome aqui no papel? Que engraçada essa sensação de que as coisas falam com você. Será que todo mundo sente a mesma coisa que eu? Vou mostrar isso para as pessoas e ver o que elas acham.

Depois de mostrado para várias pessoas.

— Que estranho, ninguém sentiu como eu, as pessoas só acharam bonito e nada mais, ninguém ouviu a voz do poema, ninguém percebeu que ele fala. Às vezes eu acho que estou doida, passa cada coisa dentro de mim. Mesmo assim vou guardar e ler todas as vezes que estiver triste, tenho certeza de que esse poema vai me ajudar muito e sei quem me mandou, meu coração me diz, estou conseguindo ouvi-lo.

"Que droga! Quase me esqueci dos trabalhos de casa. Estudar é a coisa mais chata que pode existir na vida, não consigo me concentrar na matéria, minha mente não me deixa prestar atenção no professor, eu fico na escola só esperando a hora de ir embora, eu faria qualquer coisa para não precisar mais ir à escola, esporte, trabalho, qualquer coisa.

Às vezes eu me sinto tão sozinha, parece que o mundo todo anda para um lado e eu para o outro, não posso aceitar a idéia de ser igual a todo mundo, sei que sou diferente, não acredito nas mesmas coisas que todo mundo. Eu não acredito em Deus, não gosto de escola, odeio ordem dos outros, não quero mais ser virgem, não quero receber educação da minha família, acho todo mundo chato e não faço a mínima questão de ter amigos. Eu sou assim, quem quiser gostar que goste.

Às vezes até tento ser igual, mas não sou, não dá para ser, é tudo muito sem graça, as pessoas não percebem as coisas que estão na cara delas, como podem viver assim?

Acho melhor parar de pensar um pouco, se não caio em depressão novamente, é sempre assim, eu penso e fico triste, as respostas não chegam e eu não sei como mudar as coisas.

Já sei. Vou ouvir música, música sempre me faz bem. Depois vou lá fora um pouco ver os pássaros e as árvores, adoro observar a natureza, depois eu volto e tento estudar.

Mas será que ele está pensando em mim? Bem que eu poderia fazer uma telepatia. Vou ligar só para ouvir a voz dele, depois desligo, só quero ouvir, isso já vai me satisfazer. Será que ele me ama mas não quer me dizer porque não quer compromisso sério? Será que se transarmos ele casa comigo?

Estou morrendo de vontade, sexo deve ser muito legal. Estou quase deixando, acho que assim ele nunca mais vai me deixar e eu vou poder ser livre e mulher. Este é meu sonho, deixar de ser criança e passar a ser dona do meu nariz. Aí ninguém mais vai poder me mandar fazer as coisas. É isso mesmo, vou dar um jeito de deixar ele ir até o fim, tomara que eu não sinta medo. Eu vou, não quero nem saber no que vai dar.

Aos quatorze anos

— Fui indo e mais uma vez não cheguei a lugar nenhum. Por que as coisas nunca acontecem como a gente quer? Não dizem que querer é poder? Eu quis e não consegui nada, cada vez parece que o poço é mais fundo, tenho que dar um jeito, mas como? Onde está a resposta que tanto preciso encontrar?

— Você sabe onde está, eu já te mostrei quando você era pequena.

— Se sei, esqueci. São tantos caminhos que é difícil saber qual é o certo.

— Não são tantos assim. Na verdade existe um bem perto de você e bem rápido de se chegar.

— Então por que não consigo ver? Por que ninguém consegue ver? Se fosse tão fácil assim, o mundo seria um paraíso.

— O mundo é um paraíso para quem sabe aproveitá-lo e abrir essa porta. Por que você acha que as pessoas sempre estão em busca de algo mais? Por que você acha que procuram por um Deus? O que você, por exemplo, está procurando?

— Eu só quero viver em paz, sem problemas, sem conflitos, sem discórdias, eu só quero ser feliz. Eu estou buscando isso: felicidade.

— Você e todas as outras pessoas do planeta Terra. E você esqueceu de dizer que quer ser livre.

— É, eu quero mesmo descobrir a vida eterna, não envelhecer e não morrer. Isso seria maravilhoso.

— E o que você está fazendo para isso?

— Nada, eu não posso fazer nada, não sou eu quem mando e decido isso.

— Engano seu e de todas as pessoas. Você pode fazer muitas coisas sim, pode inclusive adquirir o direito de decidir sobre o rumo de qualquer coisa na sua vida.

— Mas isso quem decide não é Deus?

— Depende do que você acha que seja Deus. Se for um humano como você, ele poderá chegar a ser um bom líder, mas, como mortal, morrerá um dia. Se for maior do que você e não-humano, em proporções mentais e limitadas, ele vai acabar assumindo o comando, assim como um chefe, ou seja: ele manda e você obedece, você entregará tudo em suas mãos, tirando de si própria a responsabilidade pelo que acontece. Mas se estiver com você, em você infinitamente, você é livre, decide o rumo e o destino do seu final de acordo com ambas as vontades, ou da única vontade, já que tudo sai e volta para o mesmo ponto divino da criação.

— Eu não sei em que Deus eu devo acreditar. Existem tantos.

— É verdade, para os seres humanos existem várias configurações de Deus, cada uma mais interessante do que a outra, cada qual com uma característica que difere na trajetória, mas todas acabam no mesmo lugar, na dúvida. Que tal conhecer as diversas formas de Deus? Eu já aconselhei isso uma vez, mas acho que chegou a hora de você começar a reunir essas informações e conhecer quem são e o que pensam os deuses dos homens. Estude sobre religiões, todas elas, de preferência.

— Mas onde eu vou encontrar todos esses deuses e religiões? Por onde devo começar?

— Existem livros básicos, revistas, fascículos, seus pais já têm muitas dessas informações. Leia-as.

— Eu não gosto muito de ler, é chato às vezes. Na escola me fazem ler tantas porcarias que eu não consigo me concentrar

— Por isso mesmo que começar por revistas e fascículos será a forma mais interessante, você vai gostar, é tudo uma questão de começar. Leia também dois excelentes livros, *O pequeno príncipe* e *Fernão Capelo gaivota*.

— Sabe o que é!? Na verdade, estou com a mente ocupada em outras coisas. Vou começar a trabalhar dando aulas de natação e tenho tantas coisas para resolver... sei que saber sobre tudo é importante, mas temo não estar preparada, não vou conseguir me concentrar muito nisso tudo agora, mas vou tentar começar aos poucos, folheando algumas coisas.

— O quanto antes começar, melhor para a velocidade do seu crescimento. Tenha isso como prioridade, aprenda a crescer em todos os sentidos e lados e não em um de cada vez. Expandir é a melhor forma de evoluir, leia os livros de que lhe falei, preste atenção.

— Vai ser difícil. Estou com muitas outras prioridades e na minha mente isso está lá atrás, mas essa história do Fernão Capelo está passando no cinema, eu vou ver e vou ler o livro, tenho que me esforçar para começar logo, sei disso cada dia com mais força.

— Estude muito. Seu entendimento no futuro vai depender disso, é só o que posso lhe dizer.

— Está bem, vou tentar. Embora eu deteste estudar, prometo que vou tentar.

— Não tente: faça! Não prometa: comprometa-se!

As competições

— Estou tão nervosa, vou para a água em poucos minutos e estou com muito medo do que possa acontecer. Meus pais estão na arquibancada me assistindo, meu técnico está colocando a maior fé em mim, ele acha que eu posso bater o recorde da prova, e meu clube precisa desses pontos para ganhar o torneio. É muita responsabilidade! Não tenho certeza de que queria estar aqui.

— Mas foi você quem optou por isso, não foi?

— Acho que sim, mas na verdade não tinha muitas opções, ou eu me tornava nadadora ou teria que estudar, optei pela natação, mas não sabia que poderia chegar tão longe. Agora estou com medo do futuro que me espera.

— Você tem poucos minutos para visualizar o seu futuro. Venha.

— Mas aonde? Eu vou competir daqui a pouco.

— Saia da piscina, vá até um canto e reflita. Mas lembre-se, refletir não é pensar, e sim deixar imagens passarem diante dos seus olhos sem intervenção mental.

— Vou porque estou angustiada, preciso mesmo decidir coisas em relação ao meu futuro e sinto que esta é a hora.

— Agora acalme seus pensamentos e tranqüilize seu coração. Deixe as coisas acontecerem por si sós. Apenas veja.

— Estou vendo toda a minha carreira de atleta, o primeiro clube, as viagens, os amigos, meu professor que foi minha primeira grande paixão, meus treinos que sempre odiei e as competições. No início foi divertido, mas agora...

"Gosto deste clube e das pessoas daqui, ter vindo nadar aqui me ajudou a crescer muito, deixei de ser uma caipira e me tornei aceitável na sociedade, gosto das nossas bagunças e me divirto com todos, os treinos são muito pesados e às vezes sei que não sou livre para fazer o que gostaria realmente. Fui treinada para bater recordes, e isso é tudo o que realmente importa para o clube. Sei que posso ganhar, só não sei se quero.

"Esse título provavelmente irá me levar para o Sul-Americano, vou ser mais exigida nos treinos e mais cobrada na postura profissional. Só de imaginar passar mais dois ou três anos da minha vida na piscina me dá arrepios.

"Quero namorar, sair de noite, matar treino quando quiser e parar de nadar quando bem entender. Não gosto da idéia de ser obrigada a ser uma campeã quando não quero.

— Você viu tudo o que acabou de passar diante de você?

— Vi, vi o que não quero e o que tirei de bom dessa experiência de ser atleta, mas daí a ter forças para decidir parar está muito longe, não depende só de mim, não posso decepcionar as pessoas.

— Não direi mais nada, a decisão é sua e de mais ninguém.

— Sei disso, e é justamente por isso que estou tão nervosa.

— Vá lá e cumpra sua vontade: vencer ou ganhar é a bifurcação do seu futuro.

— Não posso decidir vencer ou ganhar. É claro que sempre se entra para ganhar, mas isso não depende só de você.

— Será que não? Será que os vencedores não são aqueles que querem a vitória acima de tudo e para isso se sacrificam e se dedicam até o fundo de suas almas, superando dores e limites, para alcançarem suas metas?

— Acho que sim, mas eu definitivamente não sou uma dessas pessoas, pelo menos não na natação.

— Talvez você não tenha despertado a sua vontade verdadeira.

— Ou talvez eu não tenha vontade.

— Isso quem deve saber é você. Agora volte para aquela piscina, olhe à sua volta e se pergunte se ali está o futuro que você sonhou ter.

— E se a resposta for não?

— Então, estará nas suas mãos mudá-lo.

— Nas minhas mãos... Eu não tenho condições de decidir por nada no presente, quem dirá no futuro. Bem! Lá vamos nós. Está quase na hora de competir, deixa eu me preparar e me colocar em posição de largada.

Cinco, quatro, três, dois, um...

Estou com dor no braço, mas estou na frente, preciso me esforçar, não posso desistir.

Em menos de um minuto tudo estará terminado e eu poderei ter o título de campeã. Estou na frente e com vantagem, estão todos torcendo por mim, meus pais estão torcendo por mim, eu vou ganhar, é só virar na frente e ganharei a prova mais importante da minha vida. A virada, tenho que fazer a virada, e isso é o meu forte.

As bandeiras, cinco braçadas, um, dois, três, quatro, cinco. Meu Deus! Errei! Errei! Acabou o sonho.

Resumo dos quinze anos

— Agora que eu estou namorando sério, parece que as coisas vão começar a melhorar, vou botar a cabeça no lugar e viver tranqüila. Não vou mais fazer nenhuma besteira, estou decidida e segura de que agora finalmente encontrei o meu destino, chega de errar. Agora cresci e não sou mais criança, sou mulher e posso me impor na sociedade, nada e ninguém mais me atinge, estou me sentindo forte. Sei de muitas coisas, sei mais que muita gente, nada vai acontecer comigo, já posso me defender e agora vou aproveitar tudo.

"Sei o que quero da vida e já entendi como tudo funciona, acho todo mundo muito burro, ficam batendo cabeça por aí; eu não, só brigo porque ninguém me entende, mas dane-se, eu sou mais eu.

"Estou estudando astrologia e percebi que minhas características de signo são de uma pessoa avançada, não posso fazer nada se estou cem anos na frente e escuto coisas que as outras pessoas não escutam. A partir de agora, quero é cuidar do meu nariz sem que ninguém se meta na minha vida, sou adulta, embora ainda não tenha idade oficial para isso, me encontrei no mundo e é assim que quero ficar, não mudo mais.

Chegando aos dezessete anos

— Onde estou, que lugar esquisito é este?

— Você está numa escola de iniciados. Aqui você vai aprender sobre o básico das coisas, vai entender melhor sobre muitos daqueles assuntos que você tem lido e pensado que já sabe. Aqui, vai poder sentir a verdade de tudo. Muitas delas ficarão adormecidas junto com seu sono, outras vão parecer um sonho, e algumas vão ficar na sua memória desperta.

— Onde está meu corpo?

— Na cama, no seu quarto, dormindo tranqüilo.

— Isso é o que os cientistas chamam de viagem astral?

— Mais ou menos. Isso pode ser chamado de projeção mental. Não é seu espírito que está aqui, é a sua consciência.

— Qual? A que fala comigo de vez em quando?

— Essa a trouxe aqui, mas a sua veio de livre vontade. Agora, olhe em volta.

— São pessoas! Quem são elas?

— São como você, pessoas do mundo normal que conseguiram chegar até aqui por suas próprias consciências.

— Eu posso falar com elas? Conhecê-las?

— Não, vocês apenas sabem da presença uns dos outros, mas não sabem quem são.

— E isso aqui, é mesmo como parece? Uma escola? E o que vou aprender aqui?

— É mesmo uma escola, mas em outro nível astral, e precisamos ver algumas coisas sobre esta sua vida para começarmos o aprendizado.

— Escola! Sempre odiei escolas, e agora estou aqui e me sentindo muito bem.

— Você é nossa aprendiz há alguns séculos, e por isso rejeita as escolas tradicionais. Elas emburrecem o ser humano de tal forma que eles passam a não pensar mais conscientemente. Por isso você sempre repudiou aqueles estudos primários e mentirosos. Isso é normal em nosso universo de informações, mas você agora terá que ser autodidata, terá mesmo que recorrer a estudos individuais para entender as coisas, e isso será fundamental na jornada do nosso trabalho. Chega de perder tempo se achando o máximo com o tão pouco que fez.

"Agora vamos olhar sua vida até aqui.

"Essa direção que você está tomando não é exatamente a que vai levá-la ao seu destino, você já sentiu isso, mas decidiu ir por aí. Nesse caminho você vai topar com uma filha, uma pessoa energeticamente ligada a você há milênios, e assim como toda a sua família, os laços do passado são muito marcantes. Também as pessoas que a cercarem e conviverem diretamente com você por mais de sete anos serão aquelas que carregam uma herança do passado em sua existência. Recupere tudo o que ficou faltando e ajude-as. Elas vão precisar muito de você e de tudo o que estamos ensinando.

"Sua filha será concebida muito em breve, o prazo dela para encarnar está no limite, você pode trazê-la se assim desejar, mas saiba que isso vai mudar e acelerar um pouco as coisas. Vários pontos vão ser abordados e melhorados com essa decisão. Será um caminho, sem dúvida, difícil.

"Sabemos que você pode e estaremos do seu lado para orientá-la. Você virá aqui algumas vezes, e a partir de agora o caminho desta escola é conhecido pela sua consciência. Voe até aqui quando precisar.

— E você é meu mestre?

— Não, não me dê títulos, não sou mais que um professor da consciência. As regras não são minhas, eu não dito o futuro, apenas o vejo e o transmito a meus alunos.

— E seu nome?

— Não tenho um nome para lhe dar; isso entraria na sua razão, e não é este o objetivo.

— Então como o acharei se não sei a quem chamar e por quem procurar?

— Não chame e nem procure, venha e estarei esperando. Está na hora de começarmos a trabalhar. Preciso que você inicie fazendo algumas pesquisas, procure saber mais sobre espíritos, vida após a morte, seres extraterrestres, civilizações passadas, lugares misteriosos e mais uma vez sobre deuses e mitos. Leia tudo o que puder e investigue pessoalmente. Tente se comunicar com tudo isso e regresse o mais rápido que puder. Vamos precisar muito do seu conhecimento no futuro.

— São muitas coisas. Vocês não vão nem me ajudar?

— Já estamos ajudando, mas não tem jeito, se você quiser o conhecimento supremo, a sabedoria do universo, terá que começar sozinha. Os livros serão seus mestres.

Na manhã seguinte

Que sensação estranha. Parece que me aconteceu alguma coisa de noite, me lembro vagamente de uma escola, sei que estive em algum lugar. Que esquisito, achei que isso tinha acabado, achei que tinha ficado normal como todo mundo. Mas acho que não, não dá para viver normalmente, as pessoas são muito sem graça e sem assunto. Estou sentindo fome de saber, e isso me incomoda e me deixa de mau humor com as pessoas, mas sozinha vai ser tão difícil, eu bem que poderia encontrar alguém para vir comigo, mas quem me cerca não vai querer.

No mesmo dia

— Você acabou de fecundar um espírito.

— Como assim? Eu acabei de fazer amor!

— E sua filha acabou de lhe ser enviada.

— Mas agora? Tão rápido. Eu sou muito jovem para ser mãe. Isso só pode ser coisa da minha cabeça, não é possível saber das coisas assim, isso seria muito poder e eu não tenho.

— Não só é possível como você sabe, e isso não é um defeito: isso será a sua maior força nessa vida. Amadureça esse dom.

— Mas eu vou ter que me casar? Puxa, será como que as pessoas vão reagir, eles vão querer que eu tire minha filha.

— Não se preocupe, tudo vai dar certo, apenas prepare-se para uma nova vida.

Quatro meses depois, o casamento

— Não sei por que estou fazendo isso. Sei que esse casamento não vai dar em nada, quero sair daqui. Eu não amo esse homem eternamente, gosto dele, mas não para passar o resto dos meus dias. Ele não tem nada a ver comigo e com o que quero da vida, sinto que não vai dar certo.

— É, mas tem sua filha, pense nela.

— Você não é minha consciência, você é minha razão, e acho que desta vez você está certa. Vai fundo, continue falando e me convence.

— Pois é, sou eu quem está aqui, e você vai agir de acordo

com a razão. Meu conselho é que se case e tenha uma família dentro dos padrões normais. Será melhor para todos.

— Mas isso parece uma prisão, eu não nasci para ficar presa.

— Ué, mas não foi você quem decidiu se casar? Então por que está reclamando? Agora não tem mais jeito, assine esse papel e vá em frente.

— Que droga que eu fiz! Estou entrando na maior fria da minha vida. Sei que isso não vai dar certo e agora é muito tarde. Como eu pude me colocar aqui?!

— É, mas ele é o pai do seu neném, e um filho precisa ter um pai. Ele é boa gente; e quem sabe dá certo?!

— Tem razão, vai dar tudo certo, eu gosto dele.

— Cabe a você a responsabilidade dos seus atos. Lembra do Pequeno Príncipe, quando a raposa fala da responsabilidade do que se conquista? Isso é parte da consciência.

— Consciência, me ajuda, o que eu faço?

— Nada por enquanto pode ser alterado. Agora é pensar daqui para a frente. Nesse teste você já foi reprovada, agora vamos ver por quanto tempo você vai persistir no erro, e lembre-se, sua responsabilidade não é exatamente com as pessoas, e sim com as decisões que envolvem pessoas.

— Então farei dar certo.

— Assim será, mesmo que o certo pareça o errado no presente, seu passado será fruto deste erro, e o acerto virá no futuro.

— Por que sempre me precipito nas decisões?

— Porque ainda não amadureceu sua consciência. Você não passa de uma impulsiva mente infantil, cheia de si e de medos ao mesmo tempo.

Capítulo 2

A CONCEPÇÃO, O FILHO

— Esse milagre que carrego em meu ventre... parece tão simples de ser explicado, mas tão complexo quando tentamos que seja entendido. Fico pensando, ao passar a mão na minha barriga: Que ser carrego aqui? Quem ele é e como será sua vida? Como é a tarefa de ser mãe? Só espero conseguir ser amiga e companheira deste ser: quero ser sua amiga em qualquer momento.

"Meu coração sente que é uma menina, eu sei que é uma menina, sinto isso muito forte.

"De onde vem e como começa a criação? A cada dia aumenta minha sede de saber mais sobre tudo isso.

— Essa é uma das perguntas mais formuladas pelos seres humanos. Eles vivem em função de tentar entender a criação, como se a criação coubesse dentro da mente humana.

— Eu gosto quando você aparece e estou desprevenida, adoro lembrar que não estou sozinha.

— Eu já lhe disse que estarei eternamente aqui em tudo o que a cerca, falo com você todo o tempo, você é que só me escuta quando está desligada do mundo e aberta para o universo. Mas o que são esses seus pensamentos em relação à sua filha?

— Pensava em quem será ela na minha vida e como vamos ser como mãe e filha.

— Não gaste muito tempo pensando nisso, as coisas vão acontecendo de acordo com o crescimento de ambas. Será sem dúvida um excelente aprendizado e um enorme desafio.

— Como ela foi escolhida? Como ela é? Quem é ela? Você sabe as respostas?

— Sei, mas algumas coisas você ainda não tem energia para entender. Essa decisão foi tomada muito cedo e algumas coisas serão esclarecidas vivendo, com o tempo e com o seu aprendizado.

— Mas o que você pode me dizer? Qualquer coisa, por menor que seja, eu vou gostar de saber.

— Só entenda que o ser masculino carrega consigo a definição do sexo do indivíduo que foi gerado. No Livro Sagrado, escondido e reproduzido por várias linhas religiosas, está dito que o homem carrega a definição, pois é ele quem possui a energia vital e o controle genético.

"Na interpretação dada pela Bíblia dos católicos, a mulher é um pedaço da costela de Adão, o primeiro homem para eles. É um jeito perigoso de dizer as coisas pela metade e deixar as mentes vagarem perdidas, sem nunca chegar a lugar algum.

"Apenas pense nisso: O homem traz consigo um reservatório de energia vital, constantemente abastecido por estímulos energéticos. Neste espaço corporal do homem, habitam pontos de vida masculinos e femininos, a gênese humana. Estes pontos contêm informações genéticas preciosas na formação de um novo ser, e também alimentam o próprio homem quando são por ele reabsorvidos.

"A mulher tem a função de recolher esses pontos e abrigá-los em seu ventre até que as duas energias se misturem completamente, formando com isso um novo e único indivíduo.

"O fato de o homem definir e carregar ambos os sexos não significa que ele é o criador e nem a figura da criação; significa apenas que ele é o mensageiro genético do universo e precisa sobreviver a todas as intempéries para continuar reproduzindo formas materializadas em humanos e estes possam ser magnetizados por energias afins àquela matéria e manter o ciclo evolutivo do planeta Terra.

— Nossa! Isso é muito complicado e difícil de entender. O que, em resumo, isso significa para minha filha?

— Significa que ela é uma genética definida pelo homem que a gerou, somada a seu abrigo espiritual, habitando por meses e se alimentando unicamente de sua energia, o que permitiu a entrada de um espírito compatível com seu magnetismo, ou seja, uma velha conhecida e companheira kármica voltará no contexto de sua vida como filha, e, se houver coisas para serem resolvidas, esta é a hora. Em resumo, ela é o terceiro indivíduo na soma de 1 + 1, mas é única.

— O que você está falando?

— Que na genética da criação 1 + 1 é igual a 1, e este forma um terceiro indivíduo, pronto para prosseguir também sua solitária viagem.

— Então fica uma conta assim: 1 + 1 = 1 que é igual a 3?

— Exatamente.

— Mas como?

— Não tente entender agora. Na genética, o único resultado que não é possível é o que totaliza 1, mesmo no caso de serem gêmeos, pois cada um foi formado por 1+1. Dois só é possível na matemática da matéria, onde não há unificação, e este não é o caso da vida. O mais importante agora é que você cuide para que sua filha venha tranqüila. Nascer é a coisa mais dolorosa que o ser humano pode sentir, muito mais dolorosa que morrer.

— Nascer dói? Nunca soube disso.

— É de fato a primeira e a maior das dores humanas.

— Só de pensar me dá medo. Eu também vou sentir muita dor?

— Você já a sentiu quando chegou ao mundo. Agora é tudo menos dolorido.

— Nascer não pode doer mais que a morte. O neném nem se lembra de nada!

— E de onde você tirou a idéia que você se lembra da dor da morte?

— Não sei, eu acho.

— Você não se lembra de quantas vezes já morreu, mas o vazio e os medos que carrega certamente vêm da lembrança da dor de quantas vezes nasceu.

— Mas o nascimento está sempre ligado à alegria, e a morte sempre ligada à tristeza.

— Esse é o ponto de vista dos que estão, não dos que chegam, ou partem. Mas não se preocupe com isso no momento. Teremos muito tempo para voltarmos a esse assunto.

— Mas você me garante que vai dar tudo certo no nascimento da minha filha? Eu preciso ser forte e mais uma vez estou morrendo de medo.

— Seus medos, sempre os seus medos.

Na hora do parto

— Meu coração parece que vai sair pela boca. E se eu morrer no parto? O que deixo para minha filha. Acho melhor preparar uma carta para ela, caso algo aconteça comigo.

> Querida e amada filha,
>
> Deixo esta carta apenas para que você saiba que a amo, mesmo sem ter podido conhecê-la em vida.
>
> Lamento não ter tido forças para suportar seu nascimento, mas, se foi preciso trocar de vidas, parto feliz por tê-la deixado aqui.
>
> Gostaria apenas que você fosse criada pela minha mãe, ela vai saber como cuidar de você.
>
> Procure ser feliz e não deixar que nada nem ninguém atrapalhe seu crescimento.
>
> Vejo-a na eternidade.
>
> Sua mãe que muito a ama.

— Acho melhor fazer isso, não tenho controle sobre a morte ainda e vou estar correndo o risco de ser pega por ela. Peço com todas as forças que nada aconteça, mas prefiro prevenir com essa carta. Ai meu Deus! Chegou a hora!

— Calma! Você precisa manter a calma. Vai dar tudo certo. Respire fundo e relaxe.

— Eu estou calma, sei que vai dar tudo certo, mas não vou poder ter parto normal, e isso me assusta um pouco.

— Parto normal é muito importante, mas seu médico cometeu um erro tirando sua filha agora, um mês antes da hora. Nada mais pode ser feito, deite-se lá e reúna todas as suas forças. Sua mãe estará com você, e a força dela ajudará sua filha a sobreviver a essa dura experiência.

— Mas por que meu médico fez isso? Ele não é bom?

— Ele não tem consciência das coisas, ele é simplesmente um técnico e não vê mal nenhum em antecipar nascimentos de acordo com suas conveniências, não deixando suas pacientes correrem os riscos de parto normal problemático. O bom é que você ficará intacta, o ruim é que sua filha será energeticamente abalada.

— Mas vai acontecer alguma coisa com ela?

— Não. Pare com esses pensamentos paranóicos, eles são terríveis em momentos decisivos. Olhe para o reflexo na luz do teto.

— Estou vendo, ele está me cortando.

— Fique atenta e olhe tudo.

— Eu tenho nervoso de ver sangue.

— Olhe!

— Ele está puxando minha filha, ela está nascendo!

— Ao menos testemunhe este milagre, já que você não pode senti-lo completamente.

— Estou vendo. Embora não sinta a força de estar parindo, meu coração parece que vai explodir.

— Agora vão fazê-la dormir. Durma, eu e sua mãe tomaremos conta de sua filha. Durma.

— Mas está mesmo tudo bem como disseram os médicos?

— O que seu coração sente?

— Acho que está.

— Então assim será.

— Que estranha sensação de amor. Como este ser que nem conheço direito pode ter se tornado a partir de agora a pessoa mais importante na minha vida?! Como posso amá-la mais que a mim mesma??!

— Coisas que acontecem quando se divide a matéria. Tem muita energia sua ali naquele corpo, apenas cuide para que este sentimento não a escravize e prejudique o crescimento dela e o seu. Saiba administrar esse amor de forma harmoniosa e independente.

— Não sei como conseguir isso. É mais forte do que tudo o que poderia imaginar.

— Durma. Não pense nisso agora.

Algumas horas depois do parto

— Meu Deus! O que aconteceu? Que sensação de vazio e solidão. Cadê minha filha?

— Você está quase acordando, mas antes precisamos prepará-la para uma situação.

— O que foi? Eu morri?

— Não, você não.

— Minha filha morreu?

— Não, mas está muito fraca. Ela foi arrancada de dentro de você sem que estivesse pronta, ela vai precisa de muita vontade para ficar aqui.

— Mas como ela pode ter alguma vontade se é só um bebezinho.

— Ela está um bebezinho, isso não significa que os seus instintos de sobrevivência já não estejam funcionando; ela terá que colocá-los em prática logo cedo. Você agora vai acordar e vão lhe dar a notícia. Cuide apenas para que ela receba uma boa assistência médica e tudo sairá bem.

— Que tristeza profunda estou sentindo. Eu deveria estar feliz, minha filha está bem e as coisas estão retomando seus lugares, mas sinto um vazio tão grande que não tenho vontade de falar e nem de estar com ninguém, só quero chorar. Nunca senti uma dor tão estranha.

— Seu corpo está retornando ao estado natural, e isso traz essa sensação de vazio, muita energia foi gasta e você agora precisa tratar de repor o máximo possível, o quanto antes.

— Que bom que eu tenho a sua companhia, só você me conforta e me faz sentir segurança.

— Não dependa nem de mim para nada, não vou fazer nada por você, apenas posso é estar sempre presente em seus atos. A consciência só se torna poderosa quando se une à consciência humana e se transforma em ações. Um dia seremos uma só consciência, mas por agora eu só existo.

— Isso já é bom, fico preocupada quando penso demais, mas quando você aparece tudo se clareia na minha frente, aí paro de pensar minhas besteiras e consigo ficar serena e entender tudo.

— Fale-me das besteiras que estão ocupando seus pensamentos no momento. Traga-as para consciência e vamos ver do que se trata.

— Penso na minha vida e em tudo o que fiz para chegar até aqui. Penso na minha filha e no que poderei oferecer a ela. Penso no meu casamento e no erro que ele é. Penso na minha mãe e nos nossos problemas. Penso, penso, penso e não paro de pensar, às vezes acho que vou explodir, e o pior, é que não consigo chegar a lugar nenhum e acabo sempre na mesma, deixando as coisas para depois.

— Tantos pensamentos só poderiam mesmo resultar num grande vazio. Isso geralmente acontece quando se concebe um novo ser; quando se tem um filho, as mudanças internas são às vezes mais violentas do que as externas. Você precisa se esforçar para sair logo desta fase, sua filha sofreu muitos traumas no nascimento e por isso não está tranqüila.

— Eu sei, estou muito cansada, não consigo dormir, todos os dias ela chora no mesmo horário em que nasceu e vai até de manhã, nunca vi um bebê chorar tão desesperadamente por tanto tempo. Isso me preocupa e me deixa louca, não sei como posso ajudá-la, tenho a impressão de que sou inútil.

"Sorte que minha mãe assumiu comigo as tarefas, prefiro mesmo deixar que ela assuma o comando, está tudo muito misturado dentro de mim, não estou conseguindo colocar as coisas em ordem, não consigo ser mãe, filha, mulher e esposa ao mesmo tempo.

— Sua filha foi arrancada, por isso está desconectada, as coisas para ela vão ser um pouco mais difíceis. Você precisa ter paciência e muito amor para ajudá-la a superar suas crises. Até que ela cresça e se torne adulta, as coisas vão ficar complicadas. Quanto a você, o único papel que lhe cabe para chegar ao equilíbrio em todos os personagens que representa é o de uma iniciada. Será este o único jeito de colocar tudo de uma só vez em seus respectivos pontos.

"Esse ser humano que você trouxe à vida tem uma longa história na sua existência, será para você um dos seus maiores desafios, depois de sua mãe. Só se iniciando no conhecimento você poderá realmente ajudar não só sua filha como a todos que a cercam.

— Por quê? Vai ser tão ruim assim? Nós não vamos ser amigas? Eu vou brigar com ela como brigo com minha mãe?

— Diferente, bem diferente, as histórias são outras e os tempos também. Agora cuide de preencher logo este vazio, sua filha precisa da sua força para superar os limites dela.

— Não sei onde eu vou arranjar força.

— Você é uma magista, e as fontes são inúmeras. Comece por dar energia, para então retirar de tudo o que a cerca também uma grande carga.

— Como posso primeiro dar se estou precisando receber?

— O canal da entrada é o mesmo que o da saída. Para abri-lo, você deve primeiro dar. É de dentro para fora, e não o oposto. Só assim as forças da natureza irão repor para você em dobro. Aprenda a se tornar uma fonte inesgotável de energia, assim como são o sol e todo o universo. Nunca se feche, nunca se limite, sempre expanda e renove, transmute.

— Está bem! Vou reunir força para isso. Mas agora me diga. Minha filha, quem é ela na minha vida?

— Mais tarde você verá e então saberá de quem se trata.

— E minha mãe, quem é ela? Por que brigamos tanto?

— Por muitas vidas você já se cruzaram, papéis já foram invertidos, você precisam aprender uma com a outra a dominar seus instintos mais primitivos.

— Mas eu não sinto e nunca senti que ela fosse minha mãe, me sinto órfã, é estranho.

— Ela não é sua mãe, mas aqui assumiu este papel e você precisa aprender a amá-la e respeitá-la como tal.

— Acho que se eu deixar ela ser mãe da minha filha junto comigo, nós poderemos nos unir mais e talvez possamos nos entender melhor. Sinto que minha filha pode ser o elo que faltava para nos entendermos.

— Cuidado com seus pensamentos, eles a colocam diante de muitas armadilhas. Não pense em fazer coisas sem tê-las visto conscientemente. Ninguém fará coisas por você. É por isso que existo e estou aqui. Tenha consciência e tudo será feito de acordo com a sua vontade.

— Tentarei tomar cuidado, mas talvez precise mesmo errar sozinha para chegar aos acertos.

— Não precisaria se pudesse controlar sua mente e pará-la quando necessário.

— Lamento, mas não sou capaz. Pelo menos não agora.

— Não lamente para mim, não lamente por nada. Siga seu destino; já que não tem o comando de fazê-lo, siga pelo menos sua intuição.

— O que é a intuição?

— Minha voz no consciente da razão. Se a seguir, estará em pensamento me ouvindo, e um destino melhor será traçado a partir disso.

— Mas o destino não se faz, ele já está escrito.

— De onde você tirou esta certeza?!

— E não é assim?! Nos centros espíritas me disseram que tudo já está escrito.

— Só se for a lápis, com direito a passar a caneta ou apagar quando agirmos de acordo com a nossa vontade.

— Como assim?

— Pode até de fato haver algo delineado, mais isso não é fixo, você pode mexer com seu destino de acordo com suas vontades e sonhos na vida, cada ato é registrado, e cada registro puxa uma bifurcação. Sempre haverá duas alternativas, e a escolha será só sua. O que não se muda é o passado; este sim, vira karma.

"Continue esperando o seu destino e achará o acaso, mesmo que nada aconteça por acaso. Se deixar as coisas soltas, é o acaso que você procura, então o achará propositadamente e este será o seu destino.

— Como assim?

— Enigmas. Não deixe o acaso tomar conta da sua vida. Fique atenta a ele e manipule as decisões que envolvem o seu futuro, pois o passado é feito do presente e o futuro também.

— De onde você vem? Por que você fala tudo isso para mim? Eu te escuto desde pequena. Minha filha também vai poder te ouvir assim?

— Não tão cedo quanto você. Ela nesta vida vai estar muito fechada para tudo.

— Por quê?

— Porque ela tem medo de recordar e deixar a magia fluir. Ela vai precisar mais da sua ajuda do que da minha. Entenda, faça e ensine, seja a princípio a voz externa da consciência, mas lembre-se de que o dito por você só terá valor para ela se for provado com ações. Será o seu maior desafio.

— Mas eu não sei de nada.

— Não ainda, mas decerto saberá bastante para poder ensinar um pouco. Os primeiros treze anos serão bem confusos, depois confusa ficará ela e não mais você, então tudo dará certo.

— Eu às vezes me sinto especial, não sei se isso é ego ou vaidade, mas me sinto diferente e especial. Tenho medo de me tornar por isso prepotente.

— Agora é ego e vaidade, mas no futuro não mais será. Você é mesmo especial, só que ainda não está preparada para ser; a prepotência só acontece para aqueles que nada sabem ou fazem; não é o seu caso.

— Minha filha está chorando, preciso atendê-la. Espero ter realmente sabedoria e paciência para conseguir educá-la de forma correta.

— Haverá muitos contratempos, seu crescimento será mesclado com o dela e algumas vezes isso trará algumas situações dolorosas. Esteja preparada.

— Mais dolorido do que já está me parece impossível.

— Você não chegou nem perto do que vai ser sua vida. Mas lembre-se, se puder: cada ato será somado no futuro como percurso determinado. Cuide de ir para um bom lado. Siga a seta do coração.

Amamentando

— Que deliciosa sensação a de amamentar, nunca senti nada tão mágico. Como pode este serzinho, tão pequeno e indefeso, ser tão grande e importante para mim! Se ela parar de receber comida e cuidados, morre.

— Tem razão! Desta vez seus pensamentos estão corretos. Se este ser não for cuidado e alimentado, por si só não sobreviverá, a não ser que alguém assuma esse comando.

— Os animais também são assim?

— São, mas por um tempo bem menor de dependência. A raça humana é a que fica com a prole por mais tempo, por toda a vida, em alguns casos.

— Mas alguns animais também são assim, andam em famílias até a morte.

— Os humanos são completamente diferentes de todas as outras espécies de vida no planeta. Eles somam diversas consciências e instintos, tornando-se os mais evoluídos deste mundo.

"Tudo o que acontece na criação está registrado e resumido dentro da espécie humana, vocês têm o comando, podem realizar qualquer feito e entender qualquer coisa no universo. No entanto, o que muitos fazem é se limitar a uma vida rotineira e sem qualquer comando pessoal, entregando tudo nas mãos sabe lá de quem.

"Num futuro bem próximo, muitos humanos deixarão a consciência aflorar, e então magníficas coisas e feitos acontecerão.

— Parece pretensão achar que somos poderosos, mas quando olho para minha filha entendo toda essa magia e força; quando olho para mim, no entanto, tenho medo de achar que sou mágica e poderosa e não saber o que fazer com isso.

— Isso assusta porque sua mente está programada para ser limitada, você na realidade utiliza muito pouco do seu potencial e proíbem de usá-lo mais, chamando os que ultrapassam os limites de loucos ou gênios como se fossem uma minoria anormal.

— Mas também muitos quiseram pegar o controle do mundo com seus poderes, ser poderoso. Pode ser uma faca de dois gumes.

— Os que quiseram o comando apenas perceberam a facilidade de ser um pouco mais que a grande massa, mas não chegaram a lugar nenhum, apenas causaram alguns transtornos, nunca tiveram realmente algum poder.

— Mas é o poder que faz isso, por isso ele tem que ser controlado. Eu acho perigoso.

— Não existe controle para os poderosos, nem deles para o mundo e nem do mundo para eles, eles são livres e nada querem desta vida a não ser continuarem assim. Você pode passar por um ser poderoso e nem perceber sua presença, se ele assim determinar que seja.

— Mas que vantagem tem isso?

— A vantagem é que ele percebe a sua presença e sabe exatamente quem você é, ele vê as coisas em suas intenções mais profundas e só se manifesta se assim desejar. Ele tem o comando e não comanda ninguém.

— Mas eles poderiam ajudar. Tudo o que eu queria era encontrar um desses e ter um mestre.

— Quando você estiver preparada, o mestre aparece, não é isso que dizem por aí?!

— Então posso esperar?

— Não, não espere por ele, vá ao seu encontro.

— Por que ele não pode vir se ele sabe onde estou e eu não sei onde ele está?

— Porque isso é o que todo mundo espera, um salvador, um mestre que venha socorrer os aflitos e levá-los ao paraíso. Esqueça, isso não acontecerá.

"Não seja como todo mundo: ponha-se em caminhada rumo ao seu destino e tome decisões harmônicas com a grandeza do universo. Lá está o mestre.

— Agora com minha filha vai ficar mais difícil, eu tenho que cuidar dela e não tenho tempo para ficar buscando um mestre. Talvez no futuro eu consiga equilibrar tudo, mas agora minha mente só pensa na minha filha e em trabalhar para dar um futuro melhor para ela. Tenho tantas coisas para resolver... casamento, família, trabalho.

"Cadê você?! Fiquei aqui vagando com minhas coisas e perdi você de novo. Bem feito para mim, quero ver quando vou aprender a controlar esses pensamentos que me perseguem.

"Que bom, ela dormiu mamando, deixa eu tentar colocá-la na cama. Não, é melhor não tentar, porque ela sempre acorda chorando. Deixa eu deitar com ela no meu colo, assim consigo dormir também, estou tão cansada.

— Agora fica mais fácil falar com você, você está tão cansada que seus pensamentos não têm energia para atrapalhar nossa conversa.

— Mas não me sinto mais cansada, me sinto ótima e cheia de energia.

— Esses, porém, não são seus pensamentos, essa é a sua consciência diretamente conectada a mim. Seus pensamentos estão no seu corpo, tomando conta de sua filha, e você está aqui.

— Mas aqui onde, se eu não posso ver nada?

— Aqui em qualquer lugar, onde gostaria de estar, esteja e estarei lá também.

— É só querer estar?

— É.

— Mas aonde devo ir?

— Siga seu coração.

— Que lugar lindo! Que riacho maravilhoso! Que sensação tranqüila e que estado mágico de paz. Que lugar é esse?

— O seu lugar. O lugar dos seus sonhos.

— Se fosse fácil assim lá embaixo...

— É assim lá embaixo, e isso não é tão fácil. Muito foi feito para que você pudesse chegar até aqui, muitas vidas se passaram e muitas histórias já foram escritas. A magia está perto de todas as pessoas e elas nem percebem. Tudo o que diz respeito à existência é mágico, mas curiosamente o homem sabe que o registro está contido em sua matéria, só que não consegue enxergar de tão minúsculo que é, então ele parte para a amplitude e se depara com uma imensidão mais assustadora do que o outro lado, que na verdade não é outro lado, é o mesmo lugar, o mesmo ponto.

"Enigmas novamente. Parta nessa viagem, não se tem outra escolha a não ser ir pela própria vontade.

— Mas que direção tomar? A de dentro ou a de fora?

— As duas equilibradamente para que possa alçar vôo.

— Mas eu não vou conseguir em uma vida, isso parece ser eterno.

— E quem disse que se consegue em uma vida? Você chegou até aqui, e essa jornada já dura alguns milênios e durará pela eternidade realmente.

— Essas coisas me doem o coração, só de pensar sinto um nó no peito tão grande que parece que vou explodir.

— Esse é o sentimento de um guerreiro quando ele finalmente começa a ver as emanações que o cercam e sente que seu corpo é também uma emanação. A dor do limite só é sentida na imensidão do infinito, na consciência do eterno, dentro e fora de você. É para evitar essa dor que as pessoas preferem ignorar o desconhecido.

— E o que eu faço agora? Tenho uma filha, família, como que eu faço?

— Faça o que tem que ser feito. Está vendo este lugar?

— Sim, mas o que tem ele?

— Olhe à sua volta.

— Não vejo ninguém, mas não me sinto sozinha, me sinto plenamente realizada.

— Agora ame o universo sem limites.

— Continuo me vendo sozinha, mas espere. Eu sei onde tudo está, posso ir até eles!

— Então vá.

— Que liberdade é essa de poder ir e vir no mesmo instante para qualquer lugar? Isso é incrível! Não há um limite de tempo e distância, que fantástico!

— Isso é o infinito, e agora comece a viagem da vontade.

— Estou passando pelo Egito antigo e agora estou voando no universo. Estou indo para um outro planeta, para um outro mundo. Que estranha saudade. Que bom estar de volta. Mas que lugar é esse?

— O lugar da quase liberdade total.

— Por que quase?

— Porque a liberdade não é fixa em um só lugar, ela é o todo do nada, só existem ninhos; este é o seu ninho de liberdade.

— E por que estou aqui? Eu conheço esse lugar, olha lá o riacho novamente.

"Ué! Eu continuo aqui?

— Você veio diretamente para cá, e em sua vida terá de fazer esse dia existir de fato, e não ser mais apenas um sonho no registro de seus desejos.

— Mas eu vejo todo mundo aqui, todos!

— Todos podem estar em todos os lugares, uns vão demorar mais a descobrir esse poder e outros vão ser mais rápidos, alguns vão ficar muito tempo no mesmo estágio, vão passar muitas vidas na Terra, sem nem imaginarem que existe um universo cheio de vidas.

— Mas estamos em outro planeta? É tão parecido com a Terra.

— Sim, estamos. Mas a própria Terra pode ficar exatamente como qualquer paraíso, e também pode ser como qualquer inferno. Cabe a ela, como planeta, proporcionar as diversas escalas entre um e outro e deixar sua consciência solta nas emanações desses níveis. Entrou na freqüência, viu!?

"As crianças podem ver muitas dessas coisas, você viu muitas coisas na sua infância, chegou a entrar em pânico e ainda não conseguiu sair totalmente dele, mas aquele que vê entra na consciência e não pode mais voltar e ficar na razão, por mais que tente. O equilíbrio só volta quando ele puder ver novamente. E assim é você hoje. Não haverá dia-a-dia capaz de parar essa busca; por mais que você até queira, ou pense assim, não haverá mais retorno.

"Quando se vê não se tem mais escolha, é e ponto. E você viu não com os olhos, mas com todo o corpo e toda a alma, e isso é a consciência plena, não está mais passível de opiniões.

— Mas eu ainda não vi nada.

— Você já viu muitas coisas que preferiu encobrir para não precisar avançar.

— Mas eu quero avançar, apenas não posso e não consigo.

— Não pode porque não faz. Mas se acha que quer, então tente. Reação interessante não acha?

— É que eu ainda tenho medo.

— Não espere parar o medo para avançar. Avance que o medo desaparece, ele não é tão forte assim, ele é medroso, não vem com você. Deixe-o e venha com vontade.

— Mas se eu ao menos soubesse para onde ir!

— Veja o caminho em que ele se faz presente diante de você.

— Mas eu vou sozinha? Não posso deixar minha filha aqui nem minha família.

— Ou você vai ou não fica do mesmo jeito; esqueceu-se da morte?

— Não, nunca me esquecerei dela, ela me persegue.

— Ela não a persegue, ela a acompanha, na verdade está aí do seu lado agora.

— Não vamos falar de morte agora, por favor, senão começo a voltar, e aqui está tão bom; não deixa meu medo me levar de volta para o meu quarto, depois não sei quando vou conseguir retornar.

— Não sou eu quem vai controlar seu medo. Isso é tarefa sua.

— Mas eu preciso saber como chegar aqui de novo. Parece que estou a milênios da Terra.

— E está mesmo, milênios...

— Como pode ser tão distante e pertencer ao mesmo instante.

— A eternidade tem dessas coisas magníficas.

— Mas quem é você?

— Sou uma amiga.

— Mas como estamos falando, como posso te ver do meu lado? Você é a consciência materializada?

— Estamos na mesma freqüência consciente, por isso podemos nos ver e nos falar, mas não sou a consciência, apenas a carrego comigo.

— Mas você é tão linda! Tão transparente e forte. Parece intocável! Parece mágica!

— Você também está assim, olhe no reflexo da água.

— Sou eu mesma?! Mas eu estou linda! E me lembro agora de quem você é, nós somos amigas.

— Somos muito amigas, e é bom vê-la novamente. Por onde tem andado? Como vai sua vida na Terra?

— Vai indo bem, estou ainda muito confusa com as coisas, mas no geral vai indo bem.

— Você tem se aprimorado?

— Não muito, só às vezes, quando tomo um pouco de consciência.

— Gosto de ver você consciente, é bom tê-la conosco. Volte mais vezes.

— Não sei se vou conseguir.

— Claro que vai. Você é um ponto muito importante habitando na Terra, e, se veio agora, poderá vir sempre.

— Ainda tenho muito o que entender sobre vidas e planetas.

— Você já sabe. Só precisa clarear a obscura mente humana que tem agora.

— Mas como dizer isso para as pessoas. Elas jamais entenderão.

— Tente escrever, você tem um bom arquivo guardado em sua mente, talvez não saia exatamente o que é, mas pelo menos você vai treinando para o futuro, não queira sair falando, mas escreva que fica menos direto.

— É, eu quero ser escritora, sempre penso nisso, mas agora eu não sei sobre o que escrever.

— Lembra do ser de outro planeta que foi até o seu quarto?

— Lembro. Já faz tanto tempo.

— Depois disso não aconteceu mais nada?

— Aconteceu. Eu sempre sei onde vão aparecer discos voadores e sempre sei onde eles estão, mas não gosto muito disso, parece maluquice, evito até pensar.

— E de onde você sabe disso? Como pode evitar o inevitável? Isso é que é uma grande maluquice.

— Na minha cabeça, eu simplesmente sei, mas na minha vida eu já não sei de mais nada.

— Primeiro, não é da cabeça que vem a sabedoria, é do coração, ele centraliza a consciência e emana para o corpo humano. Se tudo estiver fluindo, você recebe as mensagens, e estas podem ficar arquivadas num ponto bem escondido do cérebro. Quando tudo está consciente, as mensagens afloram e se transformam em realizações. O mais incrível é que nada do que eu disse é comprovado em matéria. Não são de órgãos que estamos falando, e sim de emanações.

— E o que devo fazer para transformar isso em realidade lá na Terra?

— Nada, apenas esteja aberta para captar seus contatos e informações e vá ao encontro de todos os enigmas.

— Onde escrever pode me ajudar a decifrar enigmas?

— Escrevendo você põe a imaginação para fora. Isso vai ser bom para ir desbloqueando sua razão humana; quanto mais sair, mais entra.

— E você, não pode ir me ver lá embaixo?

— Posso e tenho ido algumas vezes, já vi sua filha. Ela também é muito especial, mas consegue ter mais medos do que você.

— Eu sei, por isso tenho que superá-los o quanto antes para ajudá-la nos dela.

— Tenho que ir agora: nos veremos em breve.

— Fique mais um pouco, gosto de falar com quem posso ver.

— Não. Tomei bastante o tempo da consciência, chega por ora, nos vemos mais adiante. Cuide-se e cuide de continuar evoluindo.

— Está bem então, nós nos veremos, sinto isso. Cadê a consciência agora?

— Continuo aqui, onde sempre estive, no mesmo ponto.

— Você ouviu tudo?

— Claro, eu estou e sou tudo, portanto, estava também falando através de sua amiga.

— Leva-me de volta, minha filha vai acordar e tenho que dar mamar de novo.

— Não a levo porque não a trouxe. Simplesmente volte como veio.

— Mas como se faz?

— Volte. Só isso.

— Ai, meu Deus! Chorando de novo? Mas assim não dá para dormir, vou pedir ajuda para minha mãe, sinto-me tão cansada que estou tendo alucinações, estou viajando. Que sonho estranhamente real que tive. Me lembro de tudo e ao mesmo tempo não lembro de nada. Acho que é a exaustão. Preciso dormir um pouco.

Um ano depois

— Tem alguma coisa errada com a minha vida. Não era isso que eu tinha em mente para o meu futuro, não posso me conformar em ser só isso, meu coração não está tranqüilo e isso para mim é a maior prova de que tem alguma coisa errada e sei que sou eu, não tenho cumprido com minhas obrigações de ser humano. Transformei-me num nada. Sou uma mãe normal, uma péssima esposa e filha, e sinto que chegou a hora de mudar tudo. Se ao menos pudesse ouvir a voz da consciência, se houvesse alguém para me ajudar, preciso aprender a falar com meu coração sozinha, deve haver um caminho.

— Diminua as luzes, põe uma música e pára de pensar.

— Boa idéia! Não sei de onde veio, mas é uma boa idéia. Parar de pensar... Como posso parar de pensar se sou puro pensamento.

— Então pense ouvindo, e não falando.

— Como assim, ouvindo?

— Exatamente como está fazendo agora, você está me ouvindo.

— É verdade, mas é impressionante a semelhança entre falar consigo mesmo e ouvir de si mesmo.

— Mas quem consegue separar passa a ficar mais atento e sempre sabe a diferença.

— Eu ainda não sei completamente a diferença. Às vezes me confundo e acabo falando para mim mesma o que devo fazer, em vez de ouvir o que tem que ser feito. Na verdade, sempre acabo pensando só em mim.

— Esse não é o problema; o maior problema é que você pensa em você, não faz o que considera justo e acaba odiando todos por estarem atrapalhando sua vida. Pensar em você não é nada comparado às culpas que você joga nos outros pelas suas limitações de não agir de acordo com a sua suposta vontade.

— Como assim? Eu não posso simplesmente jogar tudo para o alto só porque não quero mais as coisas. As pessoas não podem sofrer por minhas infantilidades e irresponsabilidade. Não posso ser assim tão egoísta.

— Seus pensamentos não estão vindo do seu coração, estão todos na sua razão, e por aí você não chega em lugar nenhum a não ser numa grande frustração e num enorme sentimento de arrependimento. PÁRA! Deixa seu coração falar agora.

— Então cadê ele?

— Chiiii!!!! Silêncio, ele já está falando, olhe!

— Estou me vendo. Estou feliz e realizada num lugar lindo, mas estou sozinha. Onde estão todos?

— Estão perto de você.

— Todos?

— Todos os que quiserem estar.

— E eu onde estou?

— Está onde quiser estar, você é livre.

— Puxa! Isso é tudo o que quero.

— Se for realmente, assim será. A vontade está no seu coração, e se lá ela existe, é possível de realizar.

— Você é o meu coração?

— Sou.

— Então me diz o que fazer?!

— Você no fundo já sente o que fazer, só não sabe ainda como fazer, então espera que alguém faça por você. As coisas não podem funcionar assim, é você quem tem as rédeas do seu destino nas mãos, a responsabilidade de suas decisões é sua e de mais ninguém.

— Mas são muitas coisas envolvidas, muitas vidas, e principalmente a de minha filha e a minha.

— O que você quer para o futuro dessas vidas?

— Você sabe, eu quero tudo o que for de melhor, você mais que ninguém sabe disso.

— Sei, e sei também o que tem que ser feito, assim como você sabe.

— Sei mas não tenho coragem de agir, parece muita maldade.

— Com quem? Só se for com você e sua filha e o futuro de todos os que a cercam. Se você continuar aí, o que vai ser da sua vida? Será que você consegue ver?

— Consigo, claro. Vejo que serei mais uma dessas pessoas estagnadas, descuidadas, chatas, infelizes, frustradas e mal-humoradas. Serei um ser humano completamente inútil.

— Boa visão essa, chegou até a aumentar um pouco o quadro, porque você não está mais num nível tão rudimentar assim.

— Só não posso é ir ao encontro desse futuro, infelizmente algumas pessoas vão sair magoadas, mas não posso fazer nada, errei e isso não significa continuar no erro. Tenho que ser humilde e admitir um fracasso, só não posso é deixar para fazer isso no meu leito de morte. Lá não terei mais tempo para os acertos, só terei tempo para o arrependimento, e isso significa um doloroso retorno.

Eu não quero mais ser obrigada a retornar, quero corrigir agora, todos os erros, preciso corrigi-los em vida.

"Espere! Sou eu ou meu coração falando? Por um momento pude ver com todo o meu corpo. As vozes se tornaram uma só e eu nem usei meus pensamentos. Que estranha sensação de certeza, que vontade forte de tomar uma decisão, sinto e sei que ela precisa ser tomada já. Chega de protelar as coisas, tenho que agir agora, não tenho tempo a perder com sentimentos insignificantes e terrivelmente humanos.

"Mas cadê a voz do meu coração, será que fui só eu quem falou?

— Não, não foi só você, fomos nós, todo o seu ser.

— Nós, todo o meu ser? como assim?

— Você não está sozinha, mas ocupa um único espaço, estando totalmente solitário. Quem entende isso entra numa multiplicação infinita de emanações e caminha rumo à liberdade. Você não nasceu para somar e sim para multiplicar, a prisão não é o seu lugar nesse mundo tão transitório, parta já daí.

— Eu quero mesmo partir, agora é só achar um jeito de começar minha vida toda de novo. Trabalhar eu já consegui, agora tenho que voltar definitivamente para a casa de meus pais e romper de vez com aquela outra família. Só não sei ainda como administrar tudo para que as dores e os sofrimentos não sejam tão traumáticos.

— Não assuma responsabilidades, quando elas não são de fato suas, responsabilize-se apenas com suas vontades e caminhe em direção a elas, sem precisar atropelar ninguém, desvie todas as vezes que tentarem impedir sua passagem, não gaste energia se confrontando com nada. A vontade sempre lhe mostrará dois caminhos, escolha.

— Você não é mais meu coração.

— Não. Sou a consciência.

— E o meu coração? Onde está agora?

— Me ouvindo, estou falando com ele.

— É tão difícil de entender e separar todas essas vozes dentro de mim, nunca sei quem é quem, por isso tenho tanto medo de errar e ser levada por uma dessas vozes que não sejam meu coração ou a consciência. Bem que poderíamos criar um código, para eu saber quem é.

— Não deixe seus pensamentos começarem a falar, eu não preciso de códigos, tudo já está claro diante dos seus olhos, você é quem precisa tirar a venda, eu apenas levo as pessoas a verem sob todos os ângulos possíveis de visão, dentro e fora do seu espaço individual.

— E o que tenho que ver agora?

— Nada muito além do que já foi visto, seu coração fez um ótimo trabalho, você já sabe o que tem que ser feito. Agora é com você, vá e faça.

— Que bom! Estou me sentindo tão leve, parece que tirei um enorme peso das costas.

— Essa sensação de alívio acontece quando se toma uma decisão com o coração, mas na verdade o peso vai demorar mais alguns anos para sair de vez. Por isso você precisa ir se livrando dele logo, para não deixar seqüelas. Seu destino não lhe dará limites de crescimento; casamento e apego a famílias não fazem parte da vida de um ser livre, então não fazem parte da sua vida.

— Mas eu gosto da minha família, só não quero conviver com a família dos outros, também quero amar e ser amada, não quero viver sozinha para sempre.

— Muitas coisas ainda estão por acontecer no seu caminho, muitas pessoas passarão por ele, poucas ficarão e a acompanharão na jornada. Não fique pensando em amar e ser amada por um homem, pense em amar a liberdade, pois ela é sua maior companhia.

"Na prática, faça com que a vida das outras pessoas também seja de responsabilidade delas e não sua. Deixe que com o tempo cada um descubra a consciência que existe em si, para que possam também tomar o controle de suas vidas e de seus destinos. Isso não compete a você, o máximo que você pode fazer é chegar lá e mostrar o caminho.

— Então posso confiar no tempo, ele está do meu lado?

— O tempo sempre estará do lado dos que o fazem precioso. Utilize-o a seu favor a cada instante e saiba que você tem o comando do seu futuro, se é que podemos chamar o poder de comando.

— Só não sei ainda como fazer. O tempo ainda me parece um inimigo, ele carrega a velhice e a morte, e não vejo amizade nisso.

— Mas logo verá. Agora preste atenção no que vou dizer: seu coração há alguns meses já a colocou diante de um novo sentimento. Isso já foi a abertura para uma decisão, agora assuma e vá adiante. Mesmo que você caia, levante e vá em frente, nunca se permita parar para ficar chorando de dor, neste caso, o tempo se tornará mesmo seu inimigo mortal. Não o deixe solto que ele transportará a liberdade para bem longe de você. Suba e vá junto, para onde quiser.

— Sinto que não tenho tempo para parar, chegou mesmo o momento de agir e agirei de acordo com meu coração, sabendo agora que isso não é egoísmo, é vontade.

"Minha filha acordou. Nossa! Já está escuro, quanto tempo estou aqui pensando? Três horas? É tão estranho isso que acontece comigo, só queria saber se todas as pessoas são assim e apenas fingem não ser para não pensarem que são malucas. Acho que é isso. Todos devem falar com a consciência de vez em quando, mas não fazem nada porque têm medo de tomar atitudes. Eu não tenho medo de me separar, sei que vai ser melhor para mim e para minha filha, tenho certeza disso, como nunca tive, vejo e sinto, por isso sei.

"Só espero não me esquecer do que estou sentindo agora e ficar assim neste estado de certeza para sempre.

O primeiro livro

— Tenho sentido uma incontrolável vontade de escrever e colocar para fora todas essas coisas que eu penso.

— Então por que você não escreve?

— Não sei se vou conseguir colocar para fora de uma forma harmoniosa.

— Você ainda não percebeu que consegue tudo quando realmente quer.

— Percebi, embora fique preocupada em pensar que isso é prepotência e sentimento de superioridade. Tenho medo de me sentir mais que os outros e acabar caindo.

— Ninguém é mais ou menos que alguém. Alguns simplesmente estão no controle das situações e outros à mercê do tempo. Você busca o controle, e isso realmente a distingue da maioria, que só procura ser controlada, chamando a isso humildade.

— Eu acho que não sou humilde, detesto os coitadinhos do mundo que só sabem choramingar pelos cantos da vida.

— Quem disse que isso é um estado de humildade? Isso é um estado de total covardia. Esperar que algum Deus venha decidir por vidas é não só uma extrema pretensão como um enorme sentimento de cobrança. O que eles esperam é que Deus venha lhes dar tudo de bom, sem que precisem mover uma palha para isso. Se nada acontece, eles lamentam por uma suposta injustiça e covardemente se encolhem e se escondem até o fim dos seus dias, com uma grande mágoa e muitos rancores no coração.

— Não, isso definitivamente eu não quero para mim. Prefiro ir buscar do que ficar esperando que me dêem. Acho que já ganhei bastante. Ganhei de novo a vida, e essa é a minha maior dádiva. Agora é comigo, tenho que aprender a lidar com os desafios.

— Viva sempre de acordo com suas vontades, nunca pela vontade alheia a seus sonhos.

— Queria dizer para as pessoas o quanto elas estão equivocadas. Como poderia fazer isso?

— Escreva sobre isso, somente não afirme nada porque você ainda não entende muitas coisas. Escreva o que você sente, já que ainda não pode ver totalmente as coisas como elas são.

— Eu só quero fazer uma história de um ser de outro planeta que vem morar na Terra. Eu só fico imaginando como eles vêem todas as loucuras humanas. Se eu que sou ser humano não entendo, imagina eles que não são. Às vezes eu odeio ser humana e detesto me sentir igual a todo mundo, com os mesmos medos e problemas. Por que tantos limites e tantas falhas? O mundo seria bem melhor se as pessoas não fossem tão idiotas.

— Coloque isso para fora que vai lhe fazer bem, você está armazenando muitas dúvidas e iras, escreva, será um bom preparatório para o seu futuro e um alívio para o presente.

— Eu sei, eu vou ser escritora, adoro escrever, é tão fácil para mim deixar as coisas saírem na forma de escrita. Só não sei se as pessoas vão gostar.

— Não se importe com isso, apenas escreva, deixe a sua imaginação falar por seus dedos.

— Mas você vai me ajudar?

— Não, desta vez será só a sua imaginação, dê asas a ela.

— É, vou escrever mesmo, assim eu me distraio um pouco, estou sentindo muita vontade de me expandir e descobrir o mundo, estou me sentindo uma adolescente livre para fazer as coisas. Escrever talvez me ajude a definir um rumo, tenho muitas idéias sobre muitas coisas e às vezes dá vontade de fazer tudo de uma vez.

— Calma, tudo pode ser feito, desde que seja realmente importante. No momento, concentre-se em prestar atenção nas coisas que a cercam, muitas coisas ainda vão mudar, mas se você está bem, siga por aí por mais um trecho, depois nós mudamos de rumo.

— Quantas vezes ainda eu vou ter que mudar? Quando minha vida vai ficar estável?

— Depende do que é ficar estável na sua concepção.

— Ficar calma, segura, tranqüila, sem maiores problemas.

— Desse jeito não sei se vai ficar não, mas muito melhor que isso ela pode ficar assim que você entrar no caminho iniciático seriamente, e já está na hora de parar de adiar as coisas.

— Me dê só mais um tempo, as coisas ainda estão muito fora de lugar, deixa eu organizar tudo. Meu trabalho já está bom e vou ser secretária de uma outra pessoa. Acho que depois do livro as coisas vão ficar melhores, eu tenho lido muito, devagar estou indo, sinto isso.

— Não sente não, apenas deseja, e com isso sua razão a enche de coragem para agir de vez em quando.

— E isso não é positivo?

— Depende, na maioria das vezes é só impulsivo, passa assim que alguma coisa dá errado.

— E o que vai dar errado? Minha vida?

— Nada vai dar errado, nada nunca dá errado, tudo acaba levando-a de volta ao mesmo ponto de decisão, só que às vezes se volta ao mesmo lugar algumas dezenas de vezes e com muitas feridas, então é melhor decidir pelo acúmulo de energia, não pela perda.

— Assim você me assusta. Parece até que eu vou me machucar feio ou que alguém vai morrer. Você vive me colocando medo.

— Não sou eu que lhe coloco medo, seus medos já estão dentro de você há muitas vidas, os erros do passado viram medos nessa vida, e isso faz um tipo de freio no mundo.

— Por que tem que ser assim? Seria tudo tão mais simples se não fôssemos limitados pela morte e pelos medos, o mundo seria tão melhor se não tivéssemos que viver preocupados e assustados com tudo e com todos, gosto tanto de ser assim quando estou conversando comigo mesma, por que não consigo levar essas certezas todas para fora de mim? Por que me enrolo tanto com meus sentimentos e sempre acabo me tornando agressiva com as pessoas que amo? Parece tudo tão fácil e simples, mas lá fora é tão complicado.

"Viu! Já começo a pensar um monte de coisas, já começo a ficar preocupada com tudo. Agora não consigo mais voltar para consciência, só restam meus pensamentos, lá vou eu conversar com minha razão de novo. Lá vêm problemas e dúvidas.

"Bem! Já que só restou minha razão, vou pensar um pouco sobre o meu livro. Deixa eu ver... Acho que vou escrever uma história sobre seres de outro planeta, imagina se um deles vem para a Terra na condição total de humano?! Caramba!! Eles iam ficar loucos em serem humanos, eu que sou humana não entendo nada, imagina eles?

"É isso, vou escrever sobre a reação de um extraterrestre na Terra, assim poderei dizer tudo o que penso dos humanos e o quanto eles são desequilibrados.

"Escrevendo talvez melhore minha ira por estar aqui e ser tão limitada. Posso colocar para fora meus sentimentos e quem sabe eu consiga esvaziar um pouco meus pensamentos e preencha com outras coisas mais importantes que raivas e rancores.

"Bem! Está na hora de ir para casa, estou morrendo de saudade da minha filhinha, ela é muito especial para mim, farei tudo para dar a ela um grande futuro, espero que ela sempre seja minha amiga. Eu nunca consegui ser amiga de verdade da minha mãe, tomara que com minha filha seja diferente. Tudo o que quero é conseguir entendê-la e ajudá-la em qualquer momento.

No sexo

— Você percebe o que está acontecendo agora?

— Você?! O que está fazendo aqui? Estou ocupada, sai de dentro de mim!

— Não. Você precisa acordar daí e ver o que está acontecendo agora.

— Ora! O que está acontecendo? Estou fazendo amor!

— Amor não se faz. Amor se concebe, olhe para isso.

— Sou eu, deitada na cama com um homem, e daí, que tem isso demais?

— Isso é mágico. Essa transmutação de energia é mágica. Preste atenção no que você está fazendo.

— Estou prestando, mas o que exatamente eu tenho que ver?

— Olha para o seu corpo, ele está totalmente entregue, ele está derretendo de suor e transbordando de energia, olhe o que emana dele e olhe para a energia do seu parceiro. O que está vendo?

— Estou vendo luzes de fogo, estou vendo evaporar um enorme calor que vem de dentro dos corpos, tudo é luz, é lindo! É isso o amor?

— Não, isso é concepção divina, e não só o amor físico pode

despertá-la, mas também a excelência humana, onde tudo se funde no universo, sem limites.

— Mas eu sinto os meus limites, sinto o prazer do meu corpo, não acho que vou tão longe.

— Porque você só sabe fazer amor, e este realmente, na razão humana, é limitado ao prazer. Agora transponha.

— Transpor o quê?

— Os limites do seu corpo.

— Não dá, eu não consigo.

— E você sabe por quê?

— Não, se soubesse faria.

— Porque você não está vendo.

— Vendo o quê?

— O caminho da luz. Assim algumas civilizações conseguiram transpor seus limites.

— Praticando sexo? Como os hindus?

— Estes foram um dos povos, e você já foi uma das vestais do templo, por isso agora não se importa tanto em ficar fazendo sexo, por essa etapa você já passou.

— Por isso não consigo sentir tanto prazer, já achei que era problemática, que era assexuada. Faço porque sinto vontade de achar alguém que me leve a sentir alguma coisa mais forte do que só alguns segundos de pequeno prazer, é bom, mas é só isso, sinto que existe algo mais e gostaria de descobrir.

— O que existe já foi tocado por você e muitos já transpuseram suas energias com seu amor. Você era uma das mais poderosas vestais, agora só precisa relembrar.

— Relembrar essa magia de que você falou?

— Lembrar de tudo o que envolve dois corpos em transmutação, até a explosão maior. E, para lembrar, precisará reler algumas informações deixadas e continuar praticando até que volte a descobrir a fonte. Mas atenção! Sexo aprisiona de um jeito imperceptível, já que na entrega quase sempre aparece um dominador; em se tratando de ser humano, acaba sendo a parte que mais deu, e não a que mais recebeu.

— Por que nessa ordem, e não ao contrário?

— Porque quem dá quer receber algo em troca, e quem recebe nem sempre está disposto a dar, principalmente em sexo humano normal.

— Lembro que nos templos não era assim, os dois davam suas energias completamente e eram recarregados com choques e cargas de energias por horas de amor pleno. Consigo me lembrar de cenas, vejo como éramos, vivíamos numa magia.

— Que bom! Fico feliz que tenha se lembrado. Agora sabe qual é a diferença. Estude mais sobre isso e tudo voltará à sua memória.

— Veja! Ele acabou.

— E desperdiçou toda a energia vital que tinha dentro dele, está tudo em você agora.

— E o que faço?

— Apenas tome cuidado, essa energia é muito boa para você, mas não a tire dos homens todas as vezes, não absorva tudo porque eles são homens comuns. Suas energias não estão carregadas de força, e isso pode causar muitos malefícios para a humanidade. Quanta energia é jogada fora como se fosse lixo e na verdade é a fonte da juventude tão procurada. O homem comum consegue secar completamente seu reservatório, até que não lhe sobre nem sua própria existência. Tolos! Muito tolos!

— Mas por que eles fazem desse jeito?

— Porque o corpo impede, com seus pequenos prazeres, a concepção maior.

— E um dia acharei um homem especial?

— Achará, sem dúvida, mas alguns ainda irão cruzar o seu caminho, e nesta existência não irá esquecer de nenhum deles, todos serão uma etapa importante, todos lhe mostrarão um estágio diferente.

— E o que é o verdadeiro amor? Inclui sexo?

— Quer saber sobre o verdadeiro amor ou sobre o amor dos humanos?

— Qual é a diferença?

— O verdadeiro amor não permite parcerias, ele é solitário e esplêndido, por isso é completo. Já o amor humano é patético e egoísta, não aceita a plenitude e aprisiona.

— Como podem ser tão diferentes?

— Mais um enigma; o amor não é um sentimento, é o sonho maior. Cabe a cada um derreter a ponto de transpor os limites do corpo e partir para todo o sempre.

— Entendo. Agora me deixe tirar essa energia que já está morrendo dentro de mim. Que desperdício! Quantos pontos jogados fora por uns segundos de prazer. Será que eles não percebem que esse prazer pode ser interiorizado na maior parte das vezes e que isso traria mais vibrações e o êxtase? Que bom é o êxtase! Me lembro muito bem.

"Não sei ao certo ainda se começar a ter consciência das coisas é bom ou é ruim, cada dia que descubro algo novo, é um dia que não posso errar, e não errar é muito mais difícil do que acertar.

Capítulo 3

A RECORDAÇÃO

Aos vinte anos

— Estou numa grande dúvida: não sei se devo ir para a Inglaterra e deixar minha filha aqui, não consigo decidir e nem parar de pensar nisso. Todos acham que eu devo ir, mas não sei direito se vou, já fiz tantas besteiras agindo por impulso que agora não sei o que decidir.

— É claro que você vai, nem pense em não realizar essa etapa, ela é muito importante para o resto de sua vida, e não duvide disso.

— Mas sozinha? Nem falo inglês, como vou me virar lá?

— Não se preocupe, você só vai recordar.

— Recordar o quê?

— O ponto em que interrompeu seu aprendizado.

— E foi na Inglaterra?

— Não era chamado de Inglaterra, mas foi naquela parte do planeta que você deixou uma de suas vidas.

— Estou com medo de ir. Não sei o que me espera e nem se estou pronta para isso.

— Chega de adiar as coisas, aos 21 anos você começará sua iniciação, e pontos precisam ser religados.

— Eu vou, sei que preciso ir, não posso jogar fora essa oportunidade, espero que tudo fique bem e que dê tudo certo, minha família está me apoiando e minha mãe vai cuidar da minha filha.

— Vá e preste atenção em tudo o que passar diante dos seus olhos, alguns lugares serão para você muito especiais, e outros, assustadores.

A viagem

— Não tenho mais retorno, o avião está prestes a decolar, agora seja o que Deus quiser. Minha vida! Quando penso nas coisas que já fiz, fico imaginando como vim parar dentro desse avião e tudo o que já me aconteceu, não sei se o nome é acaso, destino ou decisão. A vida de cada pessoa é um mundo fascinantemente único.

"Estou aqui sozinha, dentro deste avião, indo para um lugar estranho, mas mais estranho é como uma coisa vai puxando a outra até chegar a momentos inadiáveis.

"Avião, como pode esse troço de toneladas levantar vôo? Como será que o primeiro avião nasceu na mente do seu criador? Tudo na verdade começa na cabeça de uma pessoa em forma de sonho. Que fascinantes essas coisas, elas sempre me intrigam, tantas descobertas, tantas idéias vindas do nada.

"O céu e sua imensidão, as nuvens e seus componentes, as estrelas que dizem não estar mais lá, mas deixam sua luz, tudo é tão ilusório e inexplicado. Como podem existir pessoas que nem olham para tudo isso? Ignoram completamente todo esse mistério em troca de um dia-a-dia cheio de vazios. Quantas vidas à minha volta, e estamos todos juntos agora, dentro de um avião, sujeitos a um mesmo destino. Será o que eles estão pensando? Será que são malucos como eu? Ficam falando sozinhos em silêncio consigo mesmos? O bom é que no pensamento podemos falar qualquer coisa que ninguém escuta, ele é secreto e só nosso, ninguém sabe realmente o que se passa dentro da cabeça alheia, a não ser o próprio indivíduo.

"Aquele senhor por exemplo, o que será que ele está pensando agora? Será que fica refletindo sobre a vida como eu?

"E eu aqui, tagarelando sozinha, sem parar um minuto.

"Inglaterra! Espero que eu me divirta por lá, tomara que valha a pena esta viagem. Passar um mês longe da minha filha é um grande sacrifício, espero que eu agüente firme e descubra o porquê dessas loucuras que me acontecem.

A chegada

— Caramba! Eu não falo inglês! Como vou me comunicar? Que sensação horrível de estar perdida! Para onde eu vou? Tenho o nome do hotel, vou entregar ao motorista do táxi e seja o que Deus quiser.

— Não se preocupe com nada, vai dar tudo certo; preocupe-se apenas em olhar à sua volta. Olhe esse lugar! É a primeira vez que você deixa sua terra natal, e veio direto para o seu passado. O que está sentindo?

— Medo por enquanto, ainda estou assustada, não sei até agora por que estou aqui sozinha, isso sem dúvida foi uma das maiores loucuras que já fiz. Tenho a sensação de que fui atirada aqui contra a minha vontade.

— Não foi não. Tudo o que está acontecendo foi impulsionado pela vontade da sua consciência. E isso não é loucura; não permita que sua mente a leve a acreditar em loucuras. Tudo isso faz parte de um novo ciclo, a partir deste lugar, muitas coisas vão clarear na sua memória alternativa, e está na hora de ativá-la.

— Memória alternativa? Que é isso?

— É uma espécie de arquivo 2 que os seres humanos carregam em seus circuitos nervosos.

— E para que serve e como funciona?

— Serve para armazenar informações de outras vidas e funciona como alerta para que erros não se repitam, ou para soluções de situações inacabadas. Na verdade, serve para abrir a consciência quando esta é posta em prova. Na memória alternativa estão as respostas.

— Não sei se entendi muito. A nossa memória humana é igual à memória alternativa? Você só mudou de nome?

— Não, a memória humana é o menor arquivo que pode existir para uma pessoa, não armazena quase nada e, por ser tão pequena, faz com que as coisas, com o tempo, se apaguem do arquivo para dar espaço aos acontecimentos mais recentes. É por isso que não se deve contar muito com as informações da memória humana, além de fraca em nível energético, ela é mal-abastecida pelas pessoas, chegando ao ponto de poder ser totalmente deletada com a idade. Isso sem contar com o fato de que as informações mudam a cada instante e a memória acaba registrando algumas vezes as informações mescladas à realidade dos fatos, causando com isso inúmeros mal-entendidos. Memória + razão + palavras quase nunca são iguais aos fatos reais.

— É, disso eu entendo bem, sempre achei minha memória péssima, nunca sei quando o que está nela foi real ou minha imaginação, só registro bem o que visualizo.

— A imaginação ocupa quase a metade do arquivo da memória humana, os fatos às vezes são enfeitados por ela. Outras vezes são pincelados de ilusão, que é um desejo de registrar apenas o que nos interessa diretamente. Existem ainda os sentimentos e reflexos, por aí você vai verificando o que acontece com o fato em si: muda às vezes completamente de pessoa para pessoa, por isso se apaga com tanta rapidez.

— E a memória alternativa? O que faz com os fatos?

— A memória alternativa filtra as informações e as registra quando elas se tornam fundamentais para a evolução daquele indivíduo. A memória alternativa mantém um arquivo por vidas afora. Seu funcionamento é mais ou menos assim: na memória usual humana, as coisas são escritas a lápis e podem ser apagadas de acordo com a importância do fato, e na memória alternativa, escrito a tinta, uma vez registrado, terá de ser concluído, não importando de quantas vidas necessite para tal.

— Acho que deu para entender. Mas por que a Inglaterra vai despertar minha memória alternativa? O que tem de tão importante esse lugar?

— Porque esse lugar faz parte da história do mundo, e muitas coisas foram deixadas aqui. Algumas dessas coisas precisam ser recuperadas e trabalhadas novamente do ponto em que foram interrompidas. Relembrar os fatos a prepararão para o futuro e para as mudanças. Você precisa juntar as peças do seu passado e resolver a questão do futuro.

— E como eu vou conseguir fazer essa viagem na história?

— Você esteve por aqui e já vivenciou muitos acontecimentos importantes em uma das viradas de um ciclo terrestre. Estes acontecimentos estão aí, na sua memória alternativa, e também no arquivo do planeta Terra. O que você pensou? Que veio parar aqui por um mero e simples acaso?

— Não sei direito o que pensei, mas confesso que me senti muito estranha com tudo o que me trouxe até aqui, mas agora acho que entendo melhor o porquê daquelas coisas, mesmo porque, já estou aqui e agora quero saber de tudo.

— Ótimo, agora que você já aceitou, comece a puxar da memória e perceba tudo o que acontece à sua volta, vá aos lugares mais antigos e deixe as coisas fluírem de todo o seu ser, a partir de então saberá o que aconteceu, sem nenhuma sombra de dúvida, porque você verá.

— Isso me dá um pouco de medo. Não sei o que posso encontrar e nem onde isso vai me levar, temo a visão.

— Não se assuste, pior seria se fechasse os olhos para tudo isso e optasse por viver como a maioria dos seus semelhantes, cegos, surdos e mudos.

"Aqui você encontrará a parte que ficou perdida no intervalo de sua história, saberá o que aconteceu, e com essa consciência coisas muito importantes serão despertadas. Chegou a hora de isto acontecer; muito tempo já foi desperdiçado só com a memória humana, e muitas histórias estão sendo malcontadas e distorcidas, causando um grande desgaste de energia na tentativa de entender o que não encaixa nos fatos.

— Mas a memória humana também é um fator importante, não é? Precisamos de um ponto de partida, ou seríamos retardados completos.

— Em parte sim, mas no meio do caminho existe uma manipulação na forma de se pensar e aí se vira retardado do mesmo jeito; só que o que retarda é a evolução. O mais importante é o que existe além de tudo isso.

— E o que existe além da memória?

— Seus sonhos.

— E por que meus sonhos são tão importantes?

— Porque estão no arquivo maior, onde tudo é possível, tudo. Quando se ultrapassa o limite da memória e se aciona pela vontade o mundo dos sonhos em vida, esse arquivo se integra com a memória alternativa e com todo o universo. O indivíduo não mais terá limites, todos os registros, fatos, histórias, passados, presentes e futuros viram poder sob o seu inteiro comando.

— Mas o nome disso é Deus, não é?

— Não, o nome disso é vontade.

— Quer dizer que a vontade comanda os sonhos?

— Quero dizer que na vontade estão toda energia, todas as informações, todas as memórias e todas as formas de se realizar todos os sonhos.

— Mas por que não temos acesso direto com a vontade?

— Porque a memória humana protege a vontade com ilusões, que se deixa envolver com mentiras. Acesso direto todos têm, mas por medos e por sentimentos mentais eles não se acreditam capazes de tocá-la.

"Se um sonho for real e verdadeiro, todos os obstáculos deixam de existir e são facilmente ultrapassados. Se não for, ficam na memória como mais um desejo impossível de ser alcançado e entra na ilusão de que talvez exista um outro caminho, mais fácil e menos exigente. Foi justamente aí que muitos foram pegos no passado e continuam sendo pegos hoje em dia, na armadilha do confortável.

— Mas isso complica o que poderia ser tão simples.

— Isso é o limite da matéria, logo, é o grande desafio. Somente os seres de vontade chegarão ao arquivo universal; os outros passarão a vida lotando suas memórias de informações inúteis, até que toda energia seja gasta e não sobre mais nada além da morte, como o único delete possível.

— Fascinante! Incrivelmente fascinante! Estou abismada com isso tudo, parece esses computadores que os homens estão inventando: estou conseguindo ver tudo.

— Os computadores são inventados juntamente com a consciência e o conhecimento de causa de muitos desses fatos. Na mente estão os arquivos, quem os encontra descobre como copiá-los. Ou você pensou que as idéias e invenções vieram do nada?

— Na verdade nunca parei para pensar de onde elas vieram, nunca entendi realmente como funcionam, mas decerto em algum lugar devem nascer.

— Pois comece a se interessar pelo futuro, nele vão estar chaves que a levarão à plena consciência de tudo. A velocidade será multiplicada em poucos anos. Fique atenta, perceba que dentro da simplicidade está o maior e o mais procurado segredo, o complexo da vida. Agora vamos tratar de puxar suas informações na sua memória alternativa. Você está aqui para isso, e não podemos perder tempo.

— E por onde devo começar?

— Comece pela cidade onde está sua escola, Folkestone. Depois parta para Londres e de lá voltará direto ao seu passado.

— Mas o que exatamente vou encontrar lá? E por que tanto mistério?

— Você não vai encontrar nada muito além de si mesma, o que já é bastante complexo e misterioso. Em Londres verá alguns dos grandes absurdos do passado, e em seus escombros encontrará o que a consciência do planeta deixou registrados como fatos incontestáveis.

— Mas só em Londres existem esses fatos registrados?

— Não, em cada parte do planeta existe uma vasta e valiosa informação registrada; junte-as e terá uma visão total de tudo o que representa a humanidade e sua ligação com o universo. Se aprender a sentir com todo o seu corpo, saberá finalmente a razão de tudo e terá se integrado à consciência plena, sendo também ela.

— Mas para isso vou ter que viajar o mundo todo?

— Pelo menos para os lugares mais importantes.

— Mas como vou poder fazer isso?

— Isso seus sonhos farão com você; não se preocupe por agora: apenas queira o conhecimento arduamente e o terá.

— Mas se não viajar estarei perdendo a chance de desvendar os mistérios?

— Não, a consciência retrata a história de várias formas, livros, cinema, pessoas, artes. Sempre haverá um jeito de se chegar ao mesmo ponto e concluir a mesma coisa, isso é, em se tratando de seres conscientes, e não de pessoas comuns, que nada vêem além do que está mencionado e reduzido ao limite dos olhos e da percepção.

— Bem! Já que estou aqui, vamos ver o que vai acontecer comigo neste lugar. Vou deixar as coisas fluírem naturalmente, ficando aberta para tudo. Não é só isso que preciso fazer?

— Lembre-se, estarei com você. Puxe de dentro do seu ser mais profundo o entendimento do que irá passar diante dos seus olhos; é só isso que precisa.

— Tá bem, agora tenho que preparar as coisas, tenho que chegar ao hotel, me arrumar para receber meu chefe, acho até que está começando a rolar um clima entre nós dois. Sei lá, estou morrendo de medo de novo, espero mesmo que tudo esteja sob controle na minha vida e que essa viagem venha a trazer coisas positivas para o meu futuro. Amanhã cedo vou para a escola e lá ficarei completamente sozinha. Então começo minha pesquisa. Hoje vou é me divertir!

Histórias e castelos

— Setecentos anos! Esse castelo tem mais de setecentos anos e continua de pé. Que coisa impressionante!

"Pensar num mundo de cerca de setecentos anos atrás me leva para o ano de 1282: como seriam as pessoas? Será que elas pensavam como nós? O que se passava em suas vidas?

— Elas eram como as pessoas de hoje, apenas tinham mais limitações na prática do dia-a-dia, porém com muito mais visão no campo extra-sensorial.

"O homem moderno inverteu as coisas há cerca de uns trezentos anos, na tentativa de tornar o dia-a-dia mais prático, e abandonou o campo sensitivo. Começou por procurar mais rápido artifícios que facilitassem suas vidas diárias, deixando cada vez mais para trás o campo da magia, até que se tornou totalmente dispensável.

— Mas por que trocar um pelo outro? Os dois juntos não seriam mais poderosos?

— Muito mais; foi por isso que os que tentaram unir as forças foram exterminados. Roubavam suas idéias e as transportavam para uma vida cotidiana. Tirando a magia, ficava mais fácil de controlar os inventos e adaptá-los às mentes comuns.

— Quem inventou essas regras? Eles foram exterminados por quem?

— Por aqueles que queriam o poder absoluto da mente e da alma das pessoas e não mais apenas de suas terras, como era o costume da época. Por aqueles que tentavam parar o tempo e impedir o futuro. E também por aqueles que temiam o céu e o colocaram como limite de suas vidas.

— Quem eram essas pessoas?

— Houve um tempo em que muitas coisas começaram a acontecer entre os povos, o poder era medido pelo número de terras que se possuía como domínio, e as guerras ficaram cada vez mais constantes. Nessa época, a doutrina cristã estava começando a criar uma nova forma de ganhar poderosos adeptos e não ficar apagada pelas descobertas do futuro.

"Os padres, a cúpula e os chamados ministros de Deus elaboraram um jeito de acalmar os reis, afagar os desesperados e deter o poder de controlar as mudanças do mundo, arrebanhando pessoas.

"Ofereciam um lugar no desconhecido reino dos céus se elas se aliassem a seu Deus, como o único rei, assim todos que se entregassem àquela doutrina estariam salvos.

"No início começaram com um método delicado e gentil de passar a imagem desse Deus; aos poucos, o processo de doutrinamento foi se intensificando. Igrejas eram construídas nos limites dos castelos, e com o passar do tempo vieram as regras que limitavam cada vez mais o poder dos homens e aumentava o das igrejas, tudo sob o comando divino.

"Invenções, criações, sonhos, desejos, paixões, amores, governos, tudo tinha que passar antes pela aprovação de Deus e receber o aval dos padres para ser realizado.

"Todos que não seguissem ou não respeitassem as novas leis teriam que ser eliminados, pois não eram dignos de estarem vivos.

"Tudo isso originou a maior, a mais sangrenta e a mais cruel de todas as guerras já vividas, pois não havia um campo de batalha e nem coerência nas mortes: todos eram inimigos, até que se rendessem a Deus.

— E como faziam que se rendessem?

— Queimavam, decapitavam, prendiam, torturavam todos aqueles que não aceitavam suas doutrinas como verdadeiras, ou que duvidassem de algo, em frente às multidões, que, apavoradas com o que viam, se rendiam imediatamente para não sofrerem as torturas.

— Só de pensar me dá arrepios. E esses castelos, por que são tão assustadores?

— Porque naqueles tempos perderam-se completamente os valores, tudo foi mexido e tudo acontecia no mesmo momento. Os castelos e a corte eram os primeiros a cometerem as maiores barbaridades com seus semelhantes, tratavam pessoas como se fossem menos que nada. E por trás daquilo tudo estava o apoio da Igreja, que, por desejar o domínio, perdoava as maldades e cobrava por esses perdões os preços mais absurdos, cobravam da alma do pecador.

— É difícil pensar em como era a vida dessas pessoas, me parece com o verdadeiro inferno.

— Você sabe perfeitamente como era a vida delas, e sabe também que com valores diferentes a mente se adapta ao que conhece como vivência. Para elas, tudo era terrivelmente normal.

— Mas ainda não entendo como a Igreja conseguiu derrotar o mundo dos magistas. Eles não tinham consciência das coisas? Eles não viam?

— Em parte sim, por isso foram pegos, eles não acreditavam na hipótese de que um Deus fictício e imaginário pudesse ser mais poderoso do que as forças do universo que os cercavam e protegiam. Eles realmente não contavam com um massacre e nem com traições. Foram pegos e derrotados não por um Deus, mas por um assustador poder humano de representar o céu.

— Também pudera, não dá mesmo para entender. Como foi possível?

— Os magistas eram muito disciplinados e rigorosos em suas técnicas iniciáticas, e, por já estarem muito fragmentados em grupos, ficava cada vez mais difícil de se encontrar um guerreiro disposto a passar por todos os obstáculos e testes preparatórios. Por outro lado, a Igreja vendia uma técnica bem mais simples de conquistar o céu e ganhar a simpatia de Deus. Bastava, para isso, não fazer nada e deixar tudo nas mãos dos padres que eles cuidavam de administrar as vidas e prepará-las para o reino dos céus. Vendiam facilidade e vida eterna em troca da redenção.

— Mas e os que morriam em nome dessa doutrina?

— Morriam achando que, por terem lutado pela causa de Deus, ganhariam um lugar a Seu lado para toda a eternidade. Como se Deus precisasse de alguém para matar ou morrer em Seu nome.

— E por que a magia foi condenada se eles não prejudicavam ninguém?

— Pelo simples fato de os magistas e iniciados não aceitarem as coleiras dos padres e agirem de forma livre, contrariando as leis da Igreja. Também porque mexiam com forças que os homens comuns, ou padres, não entendiam e nem dominavam. Não tinham um Deus humano como a Igreja impunha, e não choravam a seus pés como os sacerdotes gostavam. Além disso, muitos decidiram se confrontar diretamente com as novas regras impostas, praticando abertamente suas magias, ignorando todo o resto.

— E por que os bruxos e bruxas foram comparados ao diabo?

— O diabo era o oposto de Deus, a personificação do mal. Tudo o que fosse considerado contra as regras divinas, escritas pelos padres, estava para eles, a favor das leis do demônio, e essas pessoas teriam que ser queimadas e mortas por qualquer cidadão que testemunhasse uma magia, antes que estes trouxessem a destruição da Terra e a ira de Deus.

"O diabo assumiu o papel de anfitrião do inferno, escuridão, medo, sofrimento, dor e solidão eram o seu mundo, e as pessoas optavam em compartilhar ou não com ele, enquanto a Igreja, com a luz, o amor e o perdão, assustava, matava e torturava os supostos amigos do demônio. Deus era o inimigo do mal e ao mesmo tempo o criador de tudo.

— Mas que Deus era esse que ficava irado? Que construiu um inferno? E que desejava mortes?

— Para você ver a loucura de tudo! O inferno nasceu do nada e Deus criou o mundo. O mundo teme o inferno porque ele pode destruir Deus, e Deus é eterno. Além de todos esses fatores, ainda existe o que diz que quanto mais sofrimento maior será a gratificação no reino de Deus, que a dor está no inferno, e na casa de Deus só existe a salvação.

— E de onde surgiram todas essas leis?

— As leis começaram com o intuito de impor regras de moral entre os povos e foram ganhando força à medida que o proibido ia crescendo. Ninguém as questionava, e quem o fizesse estava automaticamente contra. Daí para o domínio foi só uma questão de tempo. Quanto mais se alimentava o medo do inferno, mais se cobiçava o reino dos céus, e nada se tornou maior do que esse desejo de morar na casa de Deus.

"Todo o resto, fosse parente, amigo ou filho, não era mais importante do que aquele Deus, e por isso, se tivessem que ser sacrificados em nome do divino, mesmo que só por terem duvidado, seria melhor para suas almas se fossem mortos. Todos passaram a ser inimigos, não importando nada além do fato de que, se não estavam a favor, então estavam contra.

"E, por temerem tanto a Deus, tornaram-se totalmente submissos a Ele.

— Tenho tantas coisas para aprender e entender melhor, temo não conseguir esclarecer tudo dentro de mim a tempo nesta vida. As informações que recebo dentro do meu ser não são as mesmas que as pessoas contam como verdade. Parece insanidade duvidar do que dizem e pretensão achar que o mundo sabe menos que eu.

— Mas não lhe parece ainda mais insano fazer parte desses absurdos e ser mais um no meio do rebanho que fica no pasto da vida, sem nunca se aventurar em outros campos?

— Mas os que se aventuraram, onde estão?

— Na certa não estão pastando e engordando para serem devorados. Onde você acha que eles estão?

— Não sei, não tenho idéia.

— Estão livres para estarem onde quiserem, como quiserem, sem limites.

— Mas onde está toda essa verdade? Por que não contam? Qual é o problema?

— As pessoas contam um pouco da verdade, mas nem elas sabem o que de fato aconteceu. O problema são as interpretações e as justificativas. Os que conheceram os fatos, viveram neles e hoje não estão preocupados em lutar por verdades passadas preferem melhorar o futuro. Outras vezes eles usam de entrelinhas para colocar as imagens reais dos acontecimentos. Muitas coisas foram encobertas para não ficarem claros os objetivos finais. A partir de agora, não acredite mais em tudo completamente; reúna dados e some-os de forma a conseguir ler a verdade por entre as linhas dos historiadores. O ser humano tem uma tendência a mentir e modificar situações, interpretando-as a seu gosto pessoal, e à medida que o tempo passa os relatos são adaptados aos pensamentos atuais, e estes por vezes perdem completamente o sentido original.

"Muitos livros e registros foram confiscados de diversas doutrinas na época da imposição católica. Alguns foram destruídos, mas os mais importantes continuam guardados com a Igreja. À medida que o planeta for se conscientizando, as verdadeiras histórias vão submergir dos corações e mentes dos que participaram dos fatos, e por isso os trazem em seus arquivos da memória alternativa. Para eles, isso será o bastante para resolver algumas questões pendentes.

"Confie que isso não é insanidade, e sim consciência.

— E isso não pode causar problemas e até guerras?

— Não mais, não corremos mais esse risco. A próxima virada da era terrestre está perto, e tudo terá que vir à tona para começar um novo ciclo, somando e não diminuindo.

"As diversas igrejas vão lutar entre si e travarão a batalha dos céus na Terra, até que restem apenas seres livres e conscientes das verdades e mentiras do mundo.

"A consciência está ganhando espaço nos corações humanos, de forma que, à medida que o ser evolui, aumenta sua necessidade de entender e saber o funcionamento de tudo até então. Isso une pessoas, se estas estiverem mesmo ligadas à consciência plena.

Somente a maldade lutará contra a maldade, até que a maldade se destrua.

— E eu? Faço parte dessas pessoas conscientes?

— Faz. Ou você acha que está falando com seus pensamentos?

— Claro que não acho, meus pensamentos não podem saber disso tudo partindo do nada. Sei que não sou apenas eu pensando.

— Então você já sabe que faz parte dos seres conscientes que estão espalhados pelo planeta. Agora sua responsabilidade aumentou, porque isso foi dito e registrado na sua própria consciência. Continue estudando e trabalhando para diminuir as cargas egocêntricas em sua vida. Temos muita coisa para acertar e colocar em equilíbrio, e só dependerá de você subir os níveis da consciência e entender cada vez mais as coisas. Vença a si mesma e nunca a outra pessoa.

— Eu sempre evitei esse dia, sempre tentei fugir dessa responsabilidade. Tenho medo de errar e deixar meu ego falar mais alto. Vejo agora, nesse estranho retorno ao passado, que meu ego já me derrotou uma vez.

— Por isso mesmo ele não a derrotará novamente. Se em tempos passados seus conhecimentos foram usados para lutas e mortes, chegou a hora de usá-los para as conquistas e liberdade, sem que para isso seja preciso que um único ser humano saia diretamente atingido de maneira negativa. *Lembre-se: liberdade não é compatível com algemas, conceitos e regras mundanas, e sim com poder, consciência e doutrina universal.*

— Queria sentir essa certeza no meu coração, mas ainda não consigo.

— O tempo, o somatório de acontecimentos e o acúmulo de conhecimento vão trazer essa certeza. Esteja aberta, pois muitas coisas ainda estão por vir.

— Posso imaginar.

— Não pode não, sua energia atual não permite.

— E o que devo fazer então?

— Por ora, sinta e olhe para tudo o que acontece neste lugar. Perceba a estranheza das pessoas e as disparidades de culturas.

— Já tenho notado algumas loucuras como *punks*, religiosos fanáticos, pessoas tradicionais, reis e rainhas, viciados, estrangeiros, mendigos, artistas. Um universo de pessoas numa mesma quadra. Este lugar é impressionante!

— Projete essa visão agora para o planeta. Aumente o que você viu nesta quadra inglesa para o mundo e perceberá que o mundo está do seu lado constantemente. No fundo, as escalas são sempre iguais.

— Não dá nem para pensar em quantas vidas, ou melhor, em quantas diferentes formas de vida existem neste planeta, mas sinto mesmo que somos muito semelhantes. Mudamos de cultura e de hábitos, mas nos sentimentos, pensamentos e medos, somos bem parecidos.

— E são todos terráqueos. Cada qual com suas características, mas todos muito semelhantes.

— E essa voz? Você fala com todos eles realmente?

— Com todos os seres que já estão de certa forma conscientes, com os outros, falo através de manifestações, como já lhe disse há alguns anos, lembra?

— Lembro vagamente de você na minha vida. Acho mesmo que nunca passei um minuto sem a sua companhia. Só não lembro de tudo o que você disse.

— Lembrar não é o mais importante; o que importa para a consciência é o registro no coração. Isso é a garantia de que cedo ou tarde o ser consciente virá à tona.

— Se eu dissesse para as pessoas o que acontece comigo e como falo com você, dentro de mim mesma, acho que iria direto para o hospício, ou me chamariam de metida e dona da verdade.

— Isso só aconteceria se você confundisse nosso diálogo com a voz de Deus ou com a sua própria razão. Fora isso, você não corre risco algum.

— Há quanto tempo você vem falando com os seres humanos?

— Desde todo o sempre.

— Quem foram as pessoas que mais a ouviram?

— Muitas, muitas mesmo, algumas fizeram história e registraram a consciência na íntegra das mensagens. Mas não vamos falar de nomes. Quero que você desperte sozinha a percepção de saber quando o dito é compatível com o eterno. Será sem dúvida um bom teste para a sua consciência individual.

— Tenho lido coisas sobre Albert Einstein, Isaac Newton, Galileu, li também Richard Bach. Acho que você estava com eles o tempo todo, eu posso entendê-los de uma forma tão completa e consciente que parece que estou do lado deles quando leio um desses livros. Você estava lá, não estava?

— Certamente, com eles e muitos outros. Continue pesquisando e sentirá a consciência em centenas de outros seres humanos.

— Vai ser bom isso. Pelo menos verei que não estou sozinha e que talvez malucos sejam os que não são conscientes das coisas, e não eu.

— Prepare-se para ver muito além dos olhos humanos.

— Imagino, agora eu realmente imagino. E sobre essa minha

viagem: aonde mais devo chegar com ela, e o que devo procurar aqui?

— Aprenda a falar inglês. Você vai precisar, no futuro, se comunicar com pessoas que falam essa língua. Além disso, no mundo atual, o inglês é uma das melhores formas de comunicação. No mais, continue observando tudo e todos, vá a castelos, lugares que marcaram a história, igrejas e todos os museus que puder, aproveite essa oportunidade conheça mais as pessoas, conheça-se também, fique sozinha o máximo que puder e solte-se. Você nunca mais irá ver nenhuma das pessoas que encontrar aqui.

— Por que não? E se fizer algum novo amigo, quem garante que não vou vê-lo?

— Eu garanto.

— Engraçado! Já estou até começando a pensar em inglês. No início foi um sofrimento, mas agora me sinto mais confortável e já entendo melhor o idioma, acho que vou aprender rápido. Quanto às pessoas, tenho feito amigos e já estou de paquera com um suíço, mas, se não vou mais vê-lo, então vou atacar direto.

"Tenho andado sozinha pelas ruas e estou gostando disso, olho para tudo e para todos e me sinto um ser de outro planeta. Já fui a lugares maravilhosos, uma verdadeira escola de mundo, estou encantada com essa experiência e espero não esquecer dela quando voltar à minha vida normal. Sinto que este é o caminho da consciência.

— Sua mente é muito ampla, muitas coisas cabem nela. Por isso, aproveite esses dias solitários para enchê-la de novidades. Agora a deixarei sozinha com seus pensamentos e com algumas confirmações para a sua própria consciência. Quanto à sua volta, muitas coisas ficaram adormecidas, e, por nessa vida você ser ainda muito nova, vai se perder pelo caminho algumas vezes até se achar de vez e se tornar totalmente consciente das coisas. A partir de agora até o finalzinho da sua viagem de volta a você mesma, vou deixá-la sozinha. Divirta-se com suas conclusões e com todos os absurdos.

— Por que isso? É tão bom escutá-la; você me ajuda tanto nas conclusões, não sei se sozinha vou conseguir ver alguma coisa além dos olhos.

— Não posso ser você, nem ver por você. Sou apenas a consciência, mas de nada sirvo se você não for plenamente consciente também. Preciso deixá-la só de tempos em tempos para observar o resultado. Se não fizer isso, seus pensamentos a enlouqueceriam de dúvidas e de inseguranças. Para protegê-la do mundo dos pensamentos e das formas pensantes, deixo-a despertar sua consciência com a sua própria visão. Então estará livre de tudo e de todos.

— É, se deixar por conta dos meus pensamentos, eles vão me levar direto para a minha filha. Penso nela todo o tempo, sinto muita saudade, e esse sentimento dói muito. Você é meu maior consolo, se me deixar vou ficar completamente só com meus terríveis pensamentos e isso vai ser horrível, porque tenho medos, dúvidas e tudo aquilo que me tira, como você disse, do caminho da consciência.

— Ter *flashes* de consciência não significa que você já é um ser consciente e livre dos conflitos e dos problemas diários, muito ao contrário, seres que têm *flashes* de consciência são geralmente problemáticos diante da sociedade em que vivem, porque não conseguem mais se adaptar a ela e isso pode vir a acontecer com você, ou melhor, já acontece com você. Rebeldia, revolta, acusações e desprezo são sentimentos que precisam ser trabalhados dentro de você para que finalmente possa ter sua suprema consciência e não mais ficar sujeita a ser alvo de ninguém. Está mesmo na hora de crescer, e, quando voltar, esses *flashes* da Europa virarão historinhas de viagem.

— Não, isso não foi só uma viagem. Para mim, está sendo uma aula.

— Pois cuide para não ficar reprovada na hora do teste.

— Que teste?

— O teste da vida diária, a múltipla escolha do mundo. Opções tão parecidas que nos fazem errar, a não ser que se saiba exatamente a resposta, e isso só acontece quando ela já faz parte integral de você.

— Quando penso que já está tudo bem comigo, você me dá essas pancadas.

— Está tudo bem com você, e as pancadas são para não fixar sua razão nos *flashes* e fazê-la buscar mais. Tem muito mais de onde vieram essas informações, muito mais.

— Sei disso, sei que não sei nada, mas quero saber tudo e vou buscar sempre.

— Com certeza vai, você não pode mais voltar, nem que pense. Agora está na hora das aventuras solitárias. Vou deixar algumas lições para serem feitas por você e por sua própria consciência. Está pronta para registrar isso no seu pensamento?

— Razão ligada, pode mandar as tarefas.

— Primeiro, sabe a igrejinha que tem perto da praia no caminho do centro para a casa onde está hospedada? Lá existem tumbas muito antigas. Passe no meio delas à noite.

— Tá doido? Eu morro de medo dessas coisas! Vou fazer o quê lá?

— Sentir medo e pensar sobre ele. Segundo: vá ver as noites de Londres com seus amigos e observe cada uma das pessoas. Terceiro: conquiste um homem que não fala seu idioma e nem tem sua cultura. Você tem uma semana para isso.

— Mas isso não me parecem lições. O que posso aprender conscientemente com essas coisas?

— A viver, você pode aprender a viver.

— Com essas besteiras?

— Com esses testes ou você fica reprovada e se adapta a esse tipo de vida e morre como todo mundo, ou você muda de direção e busca algo mais.

— Mas eu já sei que quero algo mais, não preciso fazer esses testes.

— Ótimo, faça-os e tire nota máxima. Será maravilhoso se não precisar passar por experiências mais pesadas no futuro.

— Vou fazer, e você vai ver que não vou ficar pelo caminho Não serão essas coisinhas bobas que vão me pegar.

— Será apenas com você, não vou interferir em nada e nem lhe dar cola.

— Tá bem, vamos à vida!

Final da viagem

— Que semanas intensas, nunca pensei que pudesse ver tanta coisa em tão pouco tempo, parece que tive uma aula particular de história humana. Que lugar fascinantemente decadente e ao mesmo tempo cultural, como me diverti, me sinto adulta de verdade agora, dona completa do meu nariz, pareço uma outra pessoa.

"Agora tudo o que quero é chegar em casa e colocar em prática todo o meu aprendizado, quero ler mais sobre religiões e civilizações, quero saber tudo o que de fato aconteceu com o mundo desde onde puder chegar. Vir para cá me fez abrir novos horizontes, conheci pessoas de todos os lugares e pude ver que no fundo somos todos realmente muito semelhantes.

"Quero voltar logo, estou morrendo de saudade da minha filhinha e preciso organizar meus pensamentos, foram muitas visões ao mesmo tempo, tenho que colocá-las em ordem para não me perder na minha imaginação.

— Você não vai direto para casa.

— Como não vou?

— Não vai, ou você se esqueceu de que sua passagem de volta não está confirmada?

— Caramba! Esqueci de ver isso! E agora, o que faço? Já sei, vou ligar para casa e pedir para tentarem alguma coisa por lá. Só espero que não precise ficar na Espanha, como me disseram. Eu quero ir para casa.

— Não antes de ir para a Espanha. Sua nota não foi muito boa, você se deixou levar por vícios e prazeres muito mundanos e se esqueceu dos detalhes.

— Pára com isso, eu não quero nem pensar nessa possibilidade. Vou dar um jeito de ir direto para casa.

— Náo é uma possibilidade, é uma realidade, e antes de ir para casa você vai precisar passar por uma outra experiência. Vai ver o resultado dos que não passaram em seus testes.

— Não, por favor, eu tenho que fazer pensamento positivo e ir direto para casa.

— Pensamentos positivos não adiantam de nada, somente a vontade pode mudar as situações.

— Vontade eu já tenho.

— Não esse tipo de vontade. Eu me refiro ao poder absoluto de comandar o destino, e isso você ainda não tem. Seu destino não está nas suas mãos e não é dirigido por sua vontade.

— Mas todo mundo fala de que querer é poder e da fé e dos milagres. Não é tudo a mesma coisa?

— Parecidos. Na maioria dos casos, não é um poder consciente, e sim um desejo ardente que, de acordo com a situação, pode dar excelentes resultados.

"Quanto à fé e aos milagres, estes são mais delicados de serem abordados, pois são manipulados pelas igrejas como vindos de Deus, tirando com isso todo o poder da vontade do indivíduo que realizou o feito do milagre.

— Por que eles precisam tirar o poder das pessoas?

— Porque seres poderosos são livres, e liberdade não combina com submissão. Eles não querem pessoas livres, querem fiéis submissos.

— Isso é muito forte e pesado, não sei se tenho estrutura para ouvir essas coisas sem ficar com raiva. Parece que me pisaram e me humilharam. Quando tomo ciência dessas coisas, sinto um aperto no coração e uma vontade louca de me libertar dessa maldita estrutura.

— Acalme-se, não é por aí que deve ir sua vontade e sim para o lado oposto a esse. Não participe onde não há coração, não se exponha com suas idéias e nem discuta; viva buscando a evolução sem dar atenção às mediocridades que passarem na sua frente. Não se afete, prepare-se para retirar o véu.

— Me ajuda para eu não ir para a Espanha antes de ir para casa, estou cansada e com saudades, não quero mais saber dessas barbaridades, estou me sentido perdidamente mal.

— Lamento, mas não há retorno no caminho da consciência.

— Então terei mesmo que parar lá?

— Pelo menos por um dia.

Espanha

— Nunca me senti tão idiota, estou perdida neste lugar sem saber quando vou voltar para casa, não tenho para onde ir e nem sei o que vou fazer, quero minha casa.

— E o que adianta chorar?

— Pelo menos alivia, dá para me deixar chorar, por favor?!

— Dá, mas saiba que de nada adianta ficar chorando.

— Então o que faço?

— Busque as soluções.

— Mas não sei nem por onde começar.

— Pense, não com pena de si mesma, nem com raiva da situação. Pense como guerreira.

— Para mim, toda a viagem foi estragada aqui, estou indignada com o que me aconteceu.

— Vamos lá, pense no que pode fazer para sair desse problema.

— Sei lá, ligar para a agência e ver o que faço, ir para um hotel e esperar ter vôo de volta, é o que me resta.

— Se é o que lhe resta, não chore mais e comece a agir.

— Tá bem, vou tentar sair desse aeroporto e ir para um hotel.

Na manhã seguinte

— Que maluquice, estava dormindo e de repente o telefone toca dizendo que eu ganhei de cortesia uma viagem para um lugar chamado Toledo. Eu não vou.

— Você vai sim.

— Vou fazer o que lá?

— Vai ver uma outra parte da história.

— Tem certeza que tenho que ir? Estou tão infeliz.

— Por isso também, você vai ficar impressionada com aquele lugar.

— Tá bem, eu vou só para você parar de ficar buzinando na minha cabeça, mas eu não vou abrir a boca para falar com ninguém, tem muita gente que fala a minha língua aqui e eu vou fingir que sou inglesa só para não ter que falar com as pessoas.

— Melhor ainda. Quanto mais em silêncio você ficar, mais consciência terá dos fatos.

— Então vamos! Sim, porque com certeza você vem comigo, não é?

— Eu sempre vou com você.

— Sempre não, eu já lhe procurei dentro de mim muitas vezes e você não me respondeu.

— Você é que não me procurou no lugar certo. O dia em que você perceber que não é mentalmente que você me acessa, irá me encontrar plenamente.

— Eu quero sair daqui, quero ir para casa!

— Não adianta, não está nas suas mãos. Agora relaxe e vá logo pegar o ônibus para Toledo.

Toledo

— O que é aquilo que meus olhos estão vendo? Uma cidade perdida no meio do nada? Que torre enorme é aquela? Uma igreja! Nunca vi uma cidade assim.

— Observe a energia deste lugar.

— Me parece assustador, denso e triste.

— Por quê?

— Não sei dizer ao certo ainda, deixa eu entrar no limite dos muros e talvez possa sentir mais alguma coisa.

— Não pegue nenhum guia, não toque em nada, vá sozinha, à distância do grupo, e sinta o lugar.

— Esta igreja me assusta, a cidade é toda espremida, e a igreja é tão ampla e grandiosa, vou entrar nela. Sombria, morta e secreta, é isso que estou vendo e sentindo aqui dentro.

— Que mais?

— Medo, estou sentindo medo, parece que aqui tudo nos observa, tenho medo de ficar sozinha, vou ficar mais próxima do grupo, é tudo muito sinistro e escuro. Eram assim todas as igrejas daquela época?

— A maioria. Aqui, a Igreja conseguiu tomar o controle, e sua torre é alta para que de longe os inimigos pudessem ver e saber que este era um lugar de Deus.

— E para que isso servia?

— Para que não sofressem ataques, caso também fossem seguidores do mesmo Deus, e para intimidar os que se atrevessem a tentar invadir a cidade onde Deus construiu uma morada.

— E os moradores da cidade, gostavam desse tipo de prisão protetora?

— Vá para o centro do salão e olhe para todos os lados e para cima. Eles não tinham escolha, como pode ver. Comparar suas casas com a casa de Deus era humilhante, e era assim que se sentiam, oprimidos e humilhados por tudo e por todos. Então, como bons filhos, poderiam desfrutar desse lugar e buscar amparo e proteção, desde que estivessem dentro das leis, ou aparentemente.

"As pessoas achavam que estavam protegidas de seus pecados, continuavam suas vidas escondidas de si próprias e criaram um padrão externo que era de acordo com a vontade de Deus. Pecavam e se desculpavam, pecavam e se desculpavam, e ficou assim até os dias de hoje."

— E como entravam nas leis, se continuavam pecando?

— Rendiam-se, confessavam-se e entregavam seus filhos ou filhas para serem educados dentro dos padrões da Igreja, como forma de arrependimento. Aqui dentro estavam protegidos, miseráveis mas protegidos, aparentemente humildes a seu Deus. Lá fora odiavam, cobiçavam, maltratavam, traíam, duvidavam, choravam e se lamentavam por suas vidas.

— Por que você me trouxe até aqui?

— Para que veja com seus próprios olhos e com sua própria

consciência o que acontece com os sentimentos humanos quando eles se escondem atrás de falsas doutrinas, para poderem viver uma vida dupla e protegida.

— Eu não quero viver duplamente. Mas o que aconteceu com eles?

— Seus descendentes estão por aí, e eles possivelmente reencarnados com novas formas humanas. Mas naquela época eles se transformaram nas pessoas mais falsas e infelizes, apagaram todas as suas vontades e ficaram retraídos diante dos olhos de um Deus que nunca haviam visto ou sentido, mas que temiam existir como pai e como punidor. Hoje, reencarnados, continuam procurando a salvação, pelo mesmo caminho errado que tomaram há séculos.

"Na época, o jeito foi buscar alívio em bebidas, fumo, sexo, mas tudo devidamente escondido dos olhos puritanos da Igreja e das vistas controladoras dos familiares. Para os pais, seus filhos teriam que ser santos, já que eles não conseguiam. Nada na realidade mudou até o presente momento da humanidade.

— E essas pessoas todas, emocionadas, rezando e achando que isso aqui é o paraíso, por que elas estão assim?

— Porque acreditam em tudo o que estão dizendo para elas e são fiéis seguidoras do Deus que mora nesta casa. Como eu disse, nada mudou. Suas vidas não são muito diferentes, fazem tudo às escondidas e pedem perdão por seus erros.

— Preciso entender mais sobre esse Deus. Ele me parece tão humano quanto qualquer um, só que com plenos poderes sobre a humanidade, e pior é que vejo que Ele não fez isso, as pessoas O fizeram assim.

— As pessoas acharam um jeito mais fácil de se relacionar com Deus, trouxeram-nO para a Terra e Lhe deram casa, dinheiro, voz e poder sobre tudo e sobre todos, assim ficava mais fácil disfarçar o verdadeiro eu que estava dentro de cada um. O Deus deles morreu na dor e na solidão, quem dirá a eles que são simples e miseráveis mortais?

— Esta cidade está me fazendo mal, é tudo muito deprimente, feio e mentiroso.

— Sua viagem termina aqui. Agora seu processo de conscientização vai depender só da sua vontade, e você vai precisar ter muita para se iniciar no eterno. Vou deixá-la com alguns problemas para resolver, sua volta para casa, seu trabalho, sua vida, vou deixar tudo na sua mão e vamos ver até onde vai nas soluções.

— Estou em apuros, me deixar sozinha me faz sentir em apuros, não tenho consciência pessoal suficiente para decidir minhas coisas sem pestanejar, não sei nem como voltar para casa! Diga-me ao menos o que vai ser preciso fazer depois dessa viagem toda.

— Viver suas experiências e lembrar dos momentos conscientes.

— Como posso me esquecer disso tudo? Não me conformo com a idéia de apagar essas informações, como se elas não fossem valiosas e importantes.

— Esquecer, para a mente humana é muito mais fácil do que lembrar, ainda mais quando a vida nos leva para um lado totalmente oposto ao da evolução. Humanos sempre tendem a buscar facilidades e ajuda.

— E quem disse que eu vou para o outro lado? Só se eu for muito burra!

— Não é questão de burrice ou inteligência, a questão é solidão ou companhia, e você vai encontrar muito mais companhia do lado fácil, e, se decidir buscar novos caminhos, terá que entrar em diversos, e a volta só acontece na ida em busca. E na busca tudo se encontra.

— Como assim?

— Volte para a sua vida e procure não se perder demais pelo caminho. Eu a encontro na bifurcação, estarei esperando-a, demore o tempo que for eu estarei lá.

— Mas para onde eu vou?

— Para casa, vá para casa. Aqui já terminamos. A jornada agora é só sua. Comece encontrando o caminho de volta para casa e depois o caminho de volta para a consciência.

Aos 21 anos

— Olha para você! O que é isso na sua mão? Cigarro? Bebida? Que ser humano é esse que você está se tornando? Olhe à sua volta. Moribundos, decadência, vazio. Foi isso que aprendeu na Europa? A ser uma decadente? Olhe aonde você foi parar. Você está igual a eles.

"Não é isso que eu quero para mim. Não é para isso que eu vivo. Não quero terminar como essas pessoas, elas me enojam, sinto vergonha de estar aqui, está tudo errado, o que eu faço? Minha vida está se tornando um inferno. Sinto-me infeliz e incompleta, não sei mais por onde ir! Como meus pensamentos puderam me trazer até esse ponto? Como pude ficar tão perdida? Desejei ser rica e receber a herança do meu chefe. Pensei em ser famosa e não me importei em derrubar pessoas. Me senti superior e desci no nível mais baixo de moral. Que raio de pensamento é esse que nos afunda na lama? Por que temos que ser sempre tão egocêntricos e egoístas? Cadê minha consciência que não fala mais comigo? Estou numa encruzilhada e não atino mais. E agora?

— Estou aqui, onde sempre estive.

— Já não sei mais ao certo quando e qual sou eu entre todas essas vozes. Quando penso que tudo sei, nada mais me acontece, e acabo entrando em desespero, permitindo que os pensamentos mais mundanos e mesquinhos me dominem. Meus medos assumem o papel do futuro, minhas vaidades se manifestam no presente e meus ressentimentos se acumulam no passado. Afundo porque estou estagnada, pesada e cheia de culpas. Sinto o caos na minha cabeça.

— Pode até ser que sua cabeça esteja perdida. Mas o que sente seu coração? Você já lhe perguntou o que ele sente?

— Sente vontade de deixar tudo isso para trás, sente vontade de começar tudo de novo, novas pessoas, novos lugares, uma nova vida, onde ninguém saiba quem sou. Sinto no fundo do meu coração que se ficar aqui me tornarei uma pessoa completamente vazia, uma massa andante e pensante de nada. Não quero isso para mim. Quero conhecer a fundo tudo que envolve uma existência.

— E quem falou com você agora?

— Como assim, quem falou comigo?

— Você pensou que eu a havia abandonado. Quem então está falando com você agora? Lembra que na Europa eu lhe disse que nos veríamos na bifurcação? Pois aqui estamos, e você se trouxe até aqui.

— Não sei mais ao certo quem está falando comigo. Meus pensamentos? Talvez a própria consciência? Meu coração? Não estou em condições de distinguir nada, só sei que quero sumir. Na verdade, estou tão confusa que já não separo mais as coisas. Temo a loucura. Tudo parece fugir do meu controle, inclusive eu mesma.

— Pare de se sentir coitada! Chega de dramas! Quem está lhe falando agora é a consciência que sempre habitou seu coração, e você sabe muito bem disso. Levante daí, o teste que fez na Inglaterra a colocou neste resultado, agora é hora de passar adiante.

— Não tenho forças, tudo parece desabar na minha frente. Não tenho de onde tirar energia, não tenho o que fazer, estou realmente perdida.

— Então saia desta festa agora, vá para casa e durma. Não olhe para trás, simplesmente saia daqui já, você bebeu e não pode me ouvir direito. Amanhã sua consciência estará preparada para uma decisão.

Na manhã seguinte

— Meu Deus! Que noite horrível, só de lembrar me dá angústia, não quero mais ver a cara daquelas pessoas, não dá mais para fingir ser o que não quero. Mas o que vou fazer, tenho que ir trabalhar. Que saco! Vou andar pela praia para ver se refresco um pouco a cabeça, talvez chegue melhor naquele inferno.

— Por que você não pára um pouco o carro no final da praia?

— É uma boa idéia. Dane-se se chegar atrasada, do jeito que

estou não vou mesmo conseguir trabalhar direito, é melhor acalmar meu coração.

"Que fazer? Que fazer? Que fazer? É só essa resposta que preciso, enquanto não definir dentro de mim não vou conseguir dar um passo adiante.

"Essa angústia tão sufocante. Olho para a imensidão desse mar, unindo-se com o infinito do céu, e vejo que realmente existem mais coisas para serem compreendidas. Não posso ficar parada achando que meu problema é o maior que existe no universo. Quem sou eu dentro do universo? Quem é o universo dentro de mim? Como unir as duas forças em uma só?

"Pisar na areia, sentir o frescor do vento e o calor do sol, deixar o mar possuir meu corpo. Isso é mágico! Isso é vida! É isso que quero.

— Então fique aqui.

— Não posso ficar aqui. Vou fazer o quê?

— Por enquanto nada, mas você já está mesmo toda molhada.

— É verdade, deixei meu coração me levar e fui parar dentro d'água. Não tenho como ir trabalhar mais hoje. Também não posso chegar em casa molhada desse jeito, o que minha mãe vai dizer? Meus pais querem tanto que eu continue trabalhando onde estou, eles acreditam que vou ter um grande futuro lá, e se eu abandonar sem mais nem menos, vai ser um caos.

— Não se importe com isso; na verdade todas as intempéries trazem melhorias para o futuro. Às vezes temos que derrubar coisas para que no espaço desocupado construamos algo menos individual e mais universal. Aqueles que se preocupam em satisfazer apenas o mundo que os cerca acabam contrariando o universo que os contém. Não é hora de pensar em seus pais, nem em sua filha e nem nas pessoas. Tudo o que precisa agora é tomar uma decisão consciente e jamais se arrepender dela, aconteça o que acontecer.

— Decisões são coisas difíceis de serem tomadas. Temo tomar uma decisão errada.

— É por isso que toda decisão deve partir de uma consciência vinda do seu coração, e de nenhum outro lugar. Ninguém pode decidir nada por ninguém. Na verdade, deveríamos aprender a não dar palpites na vida alheia. Muitos males seriam evitados se só os corações decidissem por seus destinos.

— Mas é realmente complicado separar o coração da razão. Nunca consegui fazer isso de fato.

— Já conseguiu sim, você é que não se lembra, mas por diversas vezes quem decidiu foi a sabedoria do seu coração, e agora novamente isso pode acontecer. Pare tudo. Não pense em nada e nem em ninguém, não projete imagens e conseqüências, apenas sinta e veja. Desligue-se de tudo.

— Sinto-me leve e forte, sei que tudo em minha vida dependerá apenas de minhas decisões, me sinto bem neste lugar, me sinto livre. Posso olhar aquele homem cortando um coco e sentir sua alegria em estar ali, posso ver o seu sorriso e entender sua simplicidade. Eu quero ser livre.

— E o que falta para isso?

— Falta tirar minhas algemas e sei por onde começar, já decidi. Não volto mais para aquele mundo, ele não é para mim e nem o quero como futuro. Quero mais do que *status* e posição, quero liberdade e segurança, e lá isso não existe.

"Vou dar um jeito de fazer qualquer outra coisa. Sei que posso contar com o apoio do meu pai, e minha mãe vai entender o porquê de minhas decisões; tudo na verdade depende de como você se posiciona em relação a uma situação diferente, e minha posição agora é a mais convicta possível de que não voltarei atrás. É realmente isto que quero.

— Parabéns! Essa é uma decisão consciente, e, apesar de todas as falhas cometidas até aqui, você está acordando para o universo. Isso é o mais importante, começar sua iniciação.

— Começar minha o quê?

— Iniciação.

— Caramba! Me deu um aperto no coração, um medo... ser uma iniciada é muita responsabilidade, não creio que esteja preparada para isso.

— Não está, mais precisa ficar. As coisas vão acontecer muito rápido a partir de agora. Esteja atenta porque este lugar vai ser um marco para a sua vida. Você viverá intensas experiências aqui, pessoas importantes para o seu futuro serão encontradas neste local.

— É cada uma que me acontece... eu nem conheço este lugar direito, não conheço ninguém aqui, como vou poder viver onde não sou nada?

— Não lhe darei nenhuma explicação por enquanto. Primeiro trate de concretizar sua decisão, depois se dê a chance de conhecer novas pessoas e, por fim, viva sua trajetória até que sua consciência a leve novamente para outro lugar em outro nível de conhecimento e você possa finalmente unir-se ao todo.

— Se você soubesse como isso tudo me assusta, eu juro que sei que não estou preparada para nada muito maior que as minhas próprias loucuras internas.

— Não jure porque você não sabe do seu conhecimento adormecido. Vamos despertá-lo aos poucos, de acordo com a dosagem da carga de sua energia. Você não vai ficar louca, ou melhor, loucos já são aqueles que se acreditam sãos e acham que a vida não passa e nem ultrapassa o limite de suas razões.

— É verdade, esses são mesmo loucos.

— Agora prepare-se para viver um novo ciclo em seu destino, abra seu coração e deixe o resto por conta das forças magnéticas, tudo será colocado diante de você.

— Mas vai dar tudo certo?

— Depende só de você.

— Mas como vou saber o que é o certo?

— Basta que saiba o que está errado, o certo na verdade não existe.

— E por que o errado existe?

— Porque errado é tudo o que a prende a este planeta de forma individualista, se você está preso, não é livre e pior que isso, fica estagnado. Você acabou de se sentir assim, por isso tomou uma decisão de liberdade. O errado a cerca como uma cadeia, e poucos atentam para esse fato. Diante dos seus olhos humanos, passam muito mais coisas irreais do que verdadeiras.

— Isso vai contra as regras de ver antes de acreditar. O que me diz disso?

— Digo que, por enquanto, não acredite apenas nos seus olhos. Quem realmente pode ver alguma coisa é o seu coração.

— Parece que tudo está no coração: a voz que devo ouvir, os olhos que me fazem ver. Que órgão é esse tão poderoso?

— Não é o órgão em si; apesar de sua importância orgânica, não é à matéria que me refiro, e sim a um ponto energético que, visto pelo plano da matéria, se encontra bem atrás do coração; de lá parte toda a consciência eternamente agrupada.

"Não existem mentiras, apenas verdades, e elas são absolutas, porque nada está na direção contrária; não existem temores, apenas forças; não existe nada, apenas o infinito e eterno aglomerando tudo. A amplitude de todas as camadas do universo está contida neste ponto.

— Não dá! Por mais que eu tente não dá para entender completamente essas informações. Posso até sentir a importância, mas não tenho capacidade de compreender a fundo.

— Continue se informando através dos livros; eles podem abrir sua compreensão mais claramente.

— Agora que estou desocupada vou poder me dedicar mais à leitura e refletir sobre o que vou fazer do meu futuro. É isso, vou para casa preparar a notícia da minha decisão e vou voltar a essa praia mais vezes. Vou trazer minha filha aqui, gostei deste lugar, ele é bonito e me fez sentir novamente a vida. Só espero que dê mesmo tudo certo!

"Ah não!! Meus pensamentos de novo não. Sai pra lá, medo, eu não posso deixar você tomar conta de mim, que coisa mais chata e difícil de controlar, eu sei que não devo pensar em coisas ruins e negativas, mas ele entra tão forte que parece apagar tudo na sua frente.

"Vem a insegurança, vem a dúvida, vem a ira, vêm as mágoas, uma verdadeira avalanche de sentimentos toma conta da mente e não deixa espaço para nada de bom.

"Não vou deixar, vou manter minha decisão. Não vou voltar para o trabalho, eu não quero, entendeu bem, cabeça dura?, eu não quero.

— Recorde-se.

— O quê?
— Recorde-se.
— Você interrompe tão facilmente meus pensamentos.
— Apenas recorde-se.
— Mas recordar do quê?
— De tudo o que a trouxe até este momento, do seu passado de vidas.
— Como posso me recordar?
— Parando de pensar como estava pensando há pouco.
— Se eu conseguisse. Seria tudo o que gostaria.
— Então recorde-se.

Capítulo 4

O BÁSICO INICIÁTICO

— Vem comigo.

— A escola! Há quanto tempo!

— Nem tanto assim. Aqui, como você sabe, não existe tempo, só contamos os momentos, e estes duram para todo o sempre. Portanto, bem-vinda.

— Estou feliz por estar aqui, para mim lá embaixo existe um tempo e ele é cada dia mais curto, não agüento mais ignorar meus conhecimentos. Por que é tão difícil recordar, se já sei?

— Porque quando você está acordada seu dia-a-dia a consome tanto que não sobra energia para a consciência, todos são assim. Os seres mais conscientes aprendem a mudar esse quadro de desgastes para uma técnica de retenção. Com isso, chegam aos níveis mais altos, sem gastar suas reservas com besteiras humanas.

— Mas nem todos conseguem fazer isso com facilidade, é complicado manter o ciclo de energia ativado. Eu, por exemplo, recebo acompanhamento direto de vocês e da consciência. E os outros, também são acompanhados?

— Não, nem todos, mas todos têm acesso à consciência, os graus de entendimento é que mudam de acordo com a evolução de cada um. Algumas pessoas só precisam parar um minuto e olhar para o céu sem seus pensamentos, e nem isso conseguem fazer durante toda uma vida, que dirá prestar atenção em suas vozes interiores.

— Como podem viver assim?

— Elas ainda não perceberam que a existência dura mais que uma simples vida e fazem de seus pensamentos mundanos a coisa mais importante do planeta, fazem de si próprios o centro do universo.

— E para onde eles vão quando morrem?

— Vão para um espaço intermediário entre a terra e o infinito e ficam indo e voltando centenas e milhares de vezes.

— E para que elas ficam rodando assim?

— Ficam assim até que percebam que existe um além-indivíduo e queiram desvendá-lo; então lançam-se em sua direção e iniciam seus vôos solitários em busca de se libertarem desse ciclo de vidas e vidas num mesmo planeta.

— Libertam-se de tudo o que existe aqui, para sempre?

— De tudo, eternamente.

— E não voltam mais?

— São livres, voltam se quiserem.

— Jesus é um desses?

— Jesus é um mentor nesse ciclo, ele precisa cuidar de assuntos no planeta, mas ele não está livre.

— Por que não?

— Existem muitos karmas em seu nome. Ele terá muito trabalho até que se liberte completamente, muito trabalho.

— Me explica isso.

— Agora não, seus conhecimentos atuais ainda não lhe permitem entender as regras da liberdade.

— Como, as regras? Desde quando liberdade é compatível com regras?

— A liberdade não, mas alcançá-la exige disciplina e cumprimento de regras, ninguém se liberta se não fizer por onde, muitas coisas precisam ser conscientizadas e desenvolvidas para se chegar ao lugar onde habita a liberdade e se tornar a própria liberdade.

— Mais um daqueles enigmas.

— Acertou! Enigmas.

— Ainda nem consegui me lembrar dos velhos enigmas e você já me dá novos.

— Não são novos, são os mesmos.

— Sabe de uma coisa? Eu gosto dessa escola, adoro poder vir aqui. Aqui tudo fica tão claro e fácil de ser entendido.

— Então venha mais vezes.

— Não dá, eu não me lembro acordada, quando acordo tudo isso fica parecendo um sonho.

— Você vai lembrar de tudo um dia, e agora, com 21 anos, terminando o terceiro ciclo do sete, você vai se iniciar na busca. Começaremos pelo básico da iniciação.

— Lá embaixo isso me assusta só de pensar, mas aqui eu não vejo a hora de começar logo o trabalho. O que devo fazer?

— Depois da sua viagem para a Inglaterra, sua energia ficou muito abalada com tudo o que assimilou do passado. Junto em sua memória, vieram a auto-importância e os sentimentos de superioridade. Você realmente achou que era soberana em suas atitudes e caiu do cavalo. Não conseguirá voltar ao ponto onde deixou sua última vida se não voltar ao básico e consertar os erros.

— Mas levantei a tempo. Isso não é levado em conta?

— Levantou, por isso está aqui consciente; novamente, é o sinal que foi levado em conta, mas não conte em acertar os erros, cuide para não errar...

— Por que viver é tão complicado? As coisas seriam tão mais simples se fôssemos sempre conscientes de tudo. Não seria bem melhor? Por que acreditamos que errar é humano?

— Errar pode até ser considerado humano, falando de matéria, mas se torna inadmissível falando de espírito e evolução.

"Existem lugares onde todos os seres são igualmente conscientes. A Terra é um lindo planeta, seu ciclo evolutivo é cheio de surpresas e magias. Para se alcançar as outras camadas, deve se passar pela Terra do jeito que ela é, misteriosamente complexa e consciente. Cabe a cada indivíduo desvendá-la na íntegra e aprender com os erros, não mais os repetindo.

— Para isso precisamos de muitas vidas.

— Muitas vidas, sem dúvida nenhuma.

— E quanto a mim, quão longe estou de sair desse ciclo terrestre?

— Dependerá desta vida.

— Desta? Em uma vida saberei em que nível estou?

— Nesta vida, passarão todos os mistérios diante do seu ser. Os enigmas que estão pendentes na sua energia virão à tona; decifre-os a todos e encontrará a única resposta. Se a encontrar, estará livre do ciclo terrestre e pronta para os novos.

— Quanto tempo terei para isso? Às vezes sinto que morrerei cedo e não haverá tempo suficiente.

— Chegue o mais perto possível e as portas do tempo se abrirão diante da sua vida para que possa manipulá-lo de acordo com suas vontades.

— Por onde devo começar, agora que joguei meu passado para o alto e estou pronta para começar uma nova vida? Você e a escola podem me ajudar um pouco?

— Podemos. Preste atenção ao que vou dizer e tente não esquecer quando acordar pela manhã:

"Existem quatro homens muito importantes para a sua iniciação, e você irá encontrá-los nos próximos dois anos. Dois deles estão sendo preparados, assim como você, para terem plena consciência de tudo o que os cerca e contém.

"Você deverá retornar àquela praia e esperar até que se encontre com eles.

"O primeiro a fará pagar algumas dívidas do passado e a levará de volta ao começo, exercite a paciência, a humildade, e não se deixe cair. Prepare-se para dias muito difíceis.

"Conhecerá o segundo logo em seguida. A princípio haverá simpatia. Veja nele um espelho do que deverá ser o seu oposto, amor e ódio é o que irão sentir um pelo outro. Livre-se desses sentimentos assim que estiver forte e segura de que somos mais do que carne.

"O terceiro será a semelhança exagerada, onde não haverá equilíbrio, amá-lo o manterá sábio. Nunca o abandone, ele é seu fiel mensageiro, o acúmulo de um ancião de vidas e vidas pensantes, a genial máquina cerebral, traga-o à consciência e viverão como parceiros durante toda esta vida. Discutam e escutem um ao outro, ambos decifrarão juntos alguns dos enigmas.

"O quarto será seu escudeiro, sua proteção. Opostos e iguais. O complemento desafiante dos guerreiros, estar solitário dividindo uma proximidade intrigante. O único que poderá estar de acordo com toda a consciência assimilada, um grande guerreiro, seu companheiro de jornada.

— E como vou saber quem são eles? Isso parece conto de fadas.

— Com o tempo. E as fadas contam histórias reais. Permita-os em sua vida e assim será.

— Queria saber por que sou tão diferente acordada, isso me intriga, nunca falo o que sinto de verdade, minhas reações são sempre opostas aos meus sentimentos. Vivo brigando com todos e revoltada com tudo, tenho verdadeira repulsa do mundo, e isso me faz sempre muito mal, gasto energia sentindo raiva e pena, mas no fundo nunca compreendo.

— Muitos sentem como você, mas a maioria se esconde por trás de capas, consegue fazer de suas mentiras uma realidade e vive com elas até o último dia de vida na Terra. Quando então precisam abandonar as capas, junto com seus corpos, aí percebem que terão de voltar e viver tudo novamente, no mesmo nível deixado como disfarce. Então, ficarão esperando nova passagem do ciclo que os puxe de volta como um aspirador, para viverem de novo, até que atinjam um nível maior de consciência e mudem de sintonia.

— Eu também sou mentirosa, também tenho uma capa que me protege dos meus medos e inseguranças e não sei como me livrar dela.

— A capa não protege de nada. Um escudo protege, e você aprenderá a usá-lo com o tempo.

— Um escudo. Como terei um escudo?

— Vivendo suas experiências iniciais, descobrirá o que faz com que as pessoas ataquem primeiro. Não as provoque e o escudo existirá apenas para defendê-la dos ataques que não forem provocados diretamente por você.

— Mas algumas pessoas me irritam, elas são muito idiotas, tenho vontade de voar no pescoço delas.

— Se a irritam é porque você está na alça de mira delas e isso faz de você um alvo passível de ser acertado. Se você ataca, será alvo de muitos outros.

— É preciso se ter muito autocontrole para simplesmente deixar que pisem sem fazer nada de volta. Essa história de dar a outra face é uma coisa que foge do meu controle, eu não consigo, pelo menos por enquanto.

— A outra face é o espelho e não o outro lado do rosto, quando se levanta o escudo, o que reflete é o atacante, e, se este continuar avançando, ele será o único ferido por seu golpe.

— Será que um dia eu chego neste nível de não mais ter orgulho ferido, ego afetado e coração partido?

— Se assim quiser, assim será, seu desejo será uma ordem se este for plenamente consciente.

— Vai levar tempo até que eu consiga me tornar consciente de tudo isso.

— Por isso está sendo orientada desde pequena.

— Para isso a Consciência Plena existe e me acompanha, para me tornar parte dela?

— Existir ela sempre existirá, em todos os cantos de uma existência. Você é que deve unificar-se a ela.

— Ser uma só consciência, você quer dizer?

— Uma única.

— Às vezes me parece que o mundo está contra mim, tenho a impressão de que estou indo para um lado e o restante das pessoas para o outro, fica complicado ser uma única consciência com tantos pensamentos opostos do seu lado.

— Preste atenção ao que vou lhe dizer e tente não se esquecer disso: Só perde quem joga contra. Quem joga a favor não tem como perder, não tem nem como jogar, simplesmente vive e faz o que deve ser feito para viver vitorioso todos os dias. Seu escudo e sua vontade de vencer a tiram da arena da Terra e a colocam em harmonia com o cosmos.

— Mas e as pressões, os desafios, as lutas pela sobrevivência, não fazem parte de um jogo da vida?

— Não. Fazem é parte de muitos times de sentimentos dentro da sua cabeça que a impedem de progredir o tempo todo. Pior que o universo das pessoas que a rodeiam é o universo dos sentimentos que habitam sua mente. Estes precisam deixar de estar contra você e passarem a fazer parte de você definitivamente sob a liderança do seu coração. Agora volte, está quase na hora de despertar, falaremos em breve.

— Sinto que minha vida vai dar uma virada muito radical. Mas estou pronta, eu acho. Vamos lá, direto para as mudanças.

— Direto para a iniciação.

Acordada

Às vezes tenho certeza de que passei a noite toda numa escola conversando com alguém. Isso é tão claro em mim, mas não me lembro de tudo o que falamos, só de alguns *flashes*. Mesmo assim, fica parecido com um sonho, só que um sonho muito real. Tenho que começar a me lembrar de todos os detalhes, não posso deixar que minha vida me faça esquecer das coisas mais importantes para o meu espírito. Passam dois, três dias e tudo apaga.

Li um livro sobre projeção astral, o que sinto se parece com isso, mas não entendo por que não lembro de tudo, tenho que aprender mais e assim dominar meus pensamentos, em vez de ser dominada por eles, preciso saber de onde vêm essas vozes todas e como às vezes eu sei de assuntos que nunca nem estudei. Parece até que eu sou a sabe-tudo, parece que sou a dona da verdade, não posso ignorar esses acontecimentos e deixar minha vaidade achar que vem tudo de mim; isso deve vir de algum lugar que desconheço conscientemente, só sei que é muito estranho.

Queria tanto que aparecesse um mestre para me ajudar, seria tão mais fácil se alguém me desse as respostas de que preciso sem que elas partissem da minha cabeça. Tantos tiveram seus mestres, bem que eu também poderia ter um.

Mestre! Apareça e me ajude, estou tentando sozinha mas não tenho forças ainda.

Que droga! Será que não mereço um mestre?!

Bem! Deixa eu parar de pensar e cuidar da vida. Hoje é sábado e vou levar minha filha naquela praia de novo, algo me diz que vou encontrar alguém lá, quem sabe não acho meu príncipe encantado, já estou cansada de ficar sozinha, queria amar e me divertir um pouco, não me divirto há muito tempo e eu sou gente, mereço ser feliz, com ou sem mestre.

Estou sentindo uma gostosa sensação de liberdade, parece que estou mais forte e pronta para viver uma nova vida. Só de pensar em não mais precisar ser quem eu não sou, só isso já valeu. O dia está lindo e eu estou pronta para ele.

Conflitos dos pensamentos (1 ano)

A VAIDADE

Espelho, espelho meu, diga se não estou maravilhosa hoje.

De hoje ele não me escapa, tenho que fazer esse homem se interessar por mim de qualquer jeito, acho que ele está com medo de gostar de mim, ou talvez se sinta inferior porque acha que eu sou rica.

Mas sei como provocá-lo. Mulher é fogo! Quando quer mesmo consegue emanar uma energia tão provocante que no mínimo não passa despercebida.

Só espero que ele é que perceba, e não um outro.

Estou segura hoje, estou gostando de mim e sei que vamos nos amar muito. Afinal, sou bonita, gostosa, sensual, inteligente, divertida, especial e tudo mais. Ele vai ser muito burro se me desprezar e não quiser ficar comigo. Muito burro.

A AUTO-IMPORTÂNCIA

Sou uma intrusa neste lugar, fica todo mundo me olhando como se eu fosse uma extraterrestre. Quem eles pensam que são para me desprezar assim?! Só porque estou namorando o rei deles, grande porcaria! Eles vão ver só. Vou acabar com esse bando de abutres que só querem ficar voando na carniça, eles pensam que vão me derrubar mas estão muito enganados.

Será que nenhum deles gosta de mim? Mas eu não faço nada de mais, só estou abrindo os olhos de algumas pessoas porque elas são muito medíocres, não conseguem enxergar nem um palmo diante do nariz. Não sei como conseguem viver assim, eu só queria dar um jeito neste lugar e fazer umas melhorias, mas com esse bando de debilóides em volta vai ficar difícil.

Estou sozinha nessa luta, é muito ruim ser desprezada, acho que vou ter que usar da força para ganhar espaço. Eles não perdem por esperar se acham que mulher nasceu para ser inferior e servir a seus desejos. Vou mostrar a eles o que uma mulher é capaz de fazer.

Quem tentar me derrubar vai se dar mal.

A DÚVIDA

Tenho abandonado minha família para viver uma aventura adolescente, mas também eu só tenho 22 anos e quase não aproveitei a vida. Não sei o que faço em relação à minha filha. Minha mãe não quer que eu a traga para participar dessa minha fase, e no fundo acho que ela está certa, mas o que vou fazer? Deixar tudo por causa de um homem? As coisas às vezes se complicam tanto, o que tem de mais eles me aceitarem como eu sou, por que temos sempre que ser como a sociedade impõe, estou tão feliz fazendo o que estou fazendo, por que a felicidade não pode ser completa? Se fico bem em casa, fico mal sentimentalmente, e se fico bem sentimentalmente, fico ferrada de dinheiro. Viver poderia ser bem mais fácil.

Não sei se vou ou se fico, se faço ou se espero, se peço ou se dou. Que merda de dúvida!

O ÓDIO

Que ódio! Que vontade de acabar com tudo e com todos. Será possível que ninguém me deixa em paz?!

Se eu pudesse dava fim num monte de gente que só existe para me prejudicar, será que eles não têm mais o que fazer da vida do que ficar me perturbando?!

Tenho que arrumar uma maneira de me vingar deles, eu odeio o mundo e as pessoas, odeio a mim mesma.

O peito me dói, e parece que vou explodir de tanta raiva.

Meu relacionamento está uma droga, não agüento mais a burrice dele, minha família não me entende e eu quero mais é que eles se danem. Minha filha não gosta de mim, ela prefere minha mãe.

Não vejo graça em nada, o mundo perdeu a cor e está tudo escuro no meu coração. Tudo o que sinto é ódio, e tudo o que quero é que me deixem viver minha vida.

Bando de idiotas!

O DINHEIRO

Preciso arranjar um jeito de ganhar mais dinheiro, viver dura é um saco.

E se eu começasse a organizar alguns eventos aqui na praia? Poderia atrair a atenção das pessoas inventando coisas diferentes. Eu adoro inventar coisas diferentes, e poderia aprender a ganhar dinheiro com isso.

Definitivamente eu não nasci para ser pobre, viver nessa miséria que estou vivendo vai acabar me matando.

Já perdi tudo, carro, casa, família, agora chegou a hora de começar a inverter o jogo e aprender a ganhar.

Meu pai talvez possa me emprestar um dinheiro, e vou tentar ser aceita de volta na minha casa, já vivi as aventuras que queria. Agora vou colocar a cabeça no lugar e crescer como pessoa.

Preciso sustentar minha filha e ter meu próprio dinheiro para comprar as coisas que quero, sei que existe um mundo fora do meu mundinho e quero conquistá-lo.

Vou comprar livros de pessoas de sucesso e vou ler sobre *marketing* e promoções, porque acho que levo jeito para trabalhar nisso.

Vou ser rica, como sempre sonhei!

O MEDO

Cuidado! Olha onde você pisa. Não deixe as coisas darem errado na sua vida, você já se acidentou de carro e viu a morte ao seu lado, vê se toma cuidado que coisas horríveis podem acontecer.

Imagina se sua filha morre?

Não quero nem pensar, eu morro junto.

Imagina se sua mãe morre?

Deus me livre, eu vou ficar com remorso de como a tratei mal.

Imagina se tudo der errado na sua vida e você acabar enlouquecendo?

É, eu penso muito sobre isso e morro de medo de saber que essas coisas podem acontecer comigo.

Então vai devagar, cuidado com as coisas ruins que estão soltas por aí, vê se não se perde pelo caminho. Você às vezes é muito afobada e acaba não medindo as conseqüências.

Acho melhor eu frear um pouco minhas ganâncias e raivas senão posso ser castigada e alguma coisa pode acontecer com as pessoas que eu amo. Aí não vou me perdoar nunca.

Meu medo pode ser um alerta, é melhor eu ouvi-lo.

AS CULPAS

Não tenho sido um bom ser humano. Tenho falhado com minhas obrigações de mãe, de filha, de companheira, de amiga, de irmã. Só tenho pensado em mim e estou fazendo mal para um monte de gente. Às vezes penso que seria melhor se eu sumisse do mundo, desaparecesse da face da Terra, assim deixaria as pessoas em paz e mais felizes.

Não sirvo mesmo para nada, a não ser para trazer discórdias.

Nem eu mesma me agüento, meus pensamentos me fazem mal, não estou conseguindo nem ser eu mesma, estou perdida e atolada dentro de mim mesma, e pior é que não sei mais onde está a saída.

Estes últimos dez meses foram os mais loucos que já passei, cada hora me sinto de um jeito e vem tudo de uma vez, preciso resolver isso.

Não foi essa a vida que eu achei que fosse viver nesse lugar, parece mesmo que não são os lugares e nem as pessoas o problema, e sim eu mesma, a culpa é toda minha.

A INJUSTIÇA

Estou tentando melhorar e ninguém percebe, ninguém me ajuda e me dá um crédito de confiança. Que injustiça!

Será que só eu sei que mudei?

Estou mais calma, mais amiga, mais compreensiva com os outros, e as pessoas continuam me provocando. Assim eu não vou conseguir mudar de verdade, já está sendo um sufoco controlar meus impulsos, se não me ajudarem eu acabo estourando, fica todo mundo me provocando, me provocando.

Será que isso é um teste?

Que vida difícil! Como é complicada e injusta, às vezes parece que quando você amansa aí é que as pessoas pisam.

Deixar as coisas nas mãos desse Deus que eu nem sei quem é, esperando que Ele me recompense pela minha mudança, não está dando muito certo. É tudo muito injusto no mundo, muito injusto.

O DESPREZO

Dane-se todo mundo, eu não quero mais saber! O mundo pode se acabar na minha frente que eu não vou mover uma palha para ajudar alguém. Ninguém merece minha amizade neste lugar. Estou cansada de ser sempre o pivô dos problemas, tudo é culpa minha, tudo foi eu que fiz, vou passar a ignorar completamente tudo o que estão falando a meu respeito, vou fazer minha parte e não estou nem aí para a opinião alheia, eu quero mais é que o mundo se exploda! Eu vou é curtir minha vida, e que se dane o resto.

A CONSCIÊNCIA PESSOAL

Caramba! Quantos pensamentos errados têm passado pela minha cabeça. Quase não tenho feito outra coisa a não ser olhar para mim mesma e me sentir a maior das coitadas e ficar culpando o mundo pelas coisas que acontecem.

Queria sempre ter consciência de que na verdade eu sou assim por reação dos meus pensamentos, o dia em que começar a pensar diferente, passarei a ter resultados diferentes do mundo.

Já li tanto, já estudei tanto, sinto tantas coisas importantes no meu coração, só não entendo por que meus pensamentos diários são sempre mais fortes do que minha própria consciência, parece que fico com ela adormecida e deixo acordada apenas a mente comum humana, e esta é cheia de coisas sujas e poluídas.

Tenho que limpar todo o passado e cuidar das feridas que meus sentimentos acabaram deixando. Não posso combater os outros, a vida não é uma guerra de pensamentos, isso acaba com a energia e mata as pessoas a todo instante, vou acabar como todo mundo, e eu nunca quis isso como destino.

Vou mudar de verdade, não importa se as pessoas vão notar ou não, eu quero mudar e sair dessa briga de foice em que acabei me metendo.

Vou fazer o melhor que puder nas mínimas coisas, já deixei minha vida solta demais. Chega de moleza, sou uma iniciada e não posso mais perder tempo com pensamentos e medos. Eu me rendo! Não quero mais provar nada para ninguém. Eu quero estar e ser consciente.

Vou começar acertando os ponteiros do meu relacionamento com minha filha e com minha família, depois vou resolver o inferno da minha vida pessoal, vou encontrar logo as três pessoas que me faltam para me libertar de vez dessa arena, vou trabalhar para garantir um futuro seguro e vou despertar a luz que está apagada no meu ser. Cansei de ser normal, cansei de ter pensamentos em vez de ter consciência.

A CERTEZA

Quando tenho certeza das coisas que quero, tudo acontece para mim do jeito que ordeno; na dúvida, só deparo com a escuridão; na certeza, tudo fica mais claro diante da minha mente.

No fundo da minha alma, sei o que tenho que levar dessa vida e fico adiando as coisas por puro medo. Às vezes parece que saber me coloca num nível diferente das outras pessoas, e isso acaba assustando, não estou pronta para viver sozinha minhas experiências.

Sinto que dentro da certeza encontrarei outras pessoas e poderemos achar o ponto comum. É disso que preciso: o ponto comum da certeza para nunca mais dar espaço para a dúvida invadir minha vida e sugar minha energia.

Quero ter certeza das coisas, quero não precisar brigar por elas, quero não lutar por verdades, quero simplesmente ter certeza de onde vim e para onde vou.

Estou pronta para me iniciar na busca.

Capítulo 5

EXPERIÊNCIAS EM GRUPO

— Preciso saber se estou finalmente no caminho certo e se algumas dessas pessoas que encontrei na loucura dessa fase são as que vão entrar na jornada iniciática comigo. Será que algum sinal poderia ser dado? Será que perdi tempo ou a espera valeu?

— Que sinal você está esperando?

— Qualquer um, confesso que temo errar novamente. Todas as vezes em que tenho certeza de que estou no caminho certo, levo uma porrada e tomo um tombo. Estou ficando assustada.

— Se você está caindo é porque não aprendeu a voar e continua se atirando de pequenas ribanceiras.

— Me ajuda! Estou querendo parar de pensar e de agir por impulsos mentais.

— Vá deitar e dormir.

— Mas e a resposta?

— Virá com seu desligamento do cotidiano.

— Por que eu não posso saber das coisas acordada? Assim eu não correria o risco de me esquecer.

— Porque quando está acordada você pensa mais do que ouve, e isso atrapalha a comunicação plena da consciência. Você está programada para pensar baseando-se no que sua matéria sente, e não na consciência de seu espírito.

— Mas agora eu estou ouvindo e compreendendo, e estou acordada.

— Só porque você chegou num nível tão profundo de reflexões que seus pensamentos não acompanharam e a deixaram viajar sem eles. Sem a intromissão da razão, tudo fica muito limpo e claro.

— E o que vai acontecer durante a noite?

— Visitas, você irá receber algumas visitas.

— Mestres?

— Não, você não está pronta para mestres.

— Espíritos? Eu tenho um pouco de medo deles.

— Não tente adivinhar, senão sua mente vai criar uma imagem e acreditar nela como realidade, e aí tudo estará adiado. Mude de assunto e vá fazer qualquer outra coisa antes de dormir.

— Vou tentar. Posso ver televisão?

— Pode, mas melhor seria ler um livro.

— Que livro?

— Você não está lendo *Adonai*?! Então continue. Pelo menos é uma novela iniciática e pode acrescentar alguma coisa para você.

A mensagem

— Estamos tentando contato há algum tempo, mas você tem se confundido muito com as mensagens.

— Eu sei, tenho sentido, mas não estou conseguindo captar os lugares e nem as pessoas.

— Você está deixando que muitos participem de suas experiências, e a maioria não está preparada para entendê-las. Vamos nos aproximar muito de você para testarmos sua força e dos seus amigos.

— Mas para isso preciso descobrir quem são os amigos que fazem parte da minha vida.

— Você já os conhece e eles já estão a observando; vocês têm conversado juntos e estão na mesma sintonia. Chegou a hora de se tornarem companheiros de crescimento, e na soma de cada um encontrarão o todo.

— Quando e onde?

— No seu aniversário de 23 anos, reúna algumas pessoas que você considere preparadas para verem algo muito além da imaginação e deixe que elas decidam a hora de irem embora. Não fale nada até receber o sinal.

— E como será o sinal?

— Seu coração irá saber.

— E se ele não souber?

— Ele irá saber, confie. Agora projete-se para a escola. Coisas precisam ser reveladas antes da nossa visita.

— Mas eu não sei o caminho. Espere! Eu acabei de chegar nela! Como fiz isso?

— Quando é que você vai aprender que sua vontade é poderosa?

— Quem está falando? Onde você está que não estou vendo?

— Hoje esta escola vai estar diferente. Você não vai ficar aqui, somente ouvirá minha voz e com ela vamos viajar no mundo do desconhecido. Não pense nem fale nada. Vou levá-la para ver a vida sem os pensamentos e sentimentos humanos.

"Elimine todas as ilusões e idéias e veremos aquilo que a mentira chama de verdades, mas que de fato é a visão que estava encoberta de mentiras; tiraremos os véus por um instante tão rápido que o visto durará para sempre. Venha e veja.

"As vidas se integram de uma maneira tão magnética que passamos o tempo na Terra tentando separá-las. É como se no início do universo alguns pedaços do sopro da vida fossem ficando e se agrupando em níveis até o infinito, que sempre volta para o início, onde começa a imensidão, para então novamente se expandir de volta em sua direção.

"A isso deram o nome eterno, sem maiores explicações.

"No aglomerado magnético, existem sóis, planetas, luzes, cores, fogo, água, gases, vidas, vidas e eternamente vidas, conscientes em campos planetários.

"Matérias se aglomeram com o exemplo do cosmos nos planetas e formam corpos, também conscientes em seus instintos, porém separados por níveis de comunicação e mundos; existem mundos dentro de mundos dentro de mundos, e todos estão dentro do mesmo mundo.

"A liberdade total está em romper as barreiras dos mundos e partir para o eterno, para o controle absoluto da vontade, e deixar as portas abertas para que todos os níveis de consciência possam se comunicar.

"O poder está em liberar a matéria, ordenando um ciclo. Sua vontade pode alterar qualquer carga magnética, desde que comungue com todos eles em igual harmonia, não permitindo aglomerados pesados e incompatíveis, pois estes acabam se destruindo e retornam de onde vieram, ao invés de avançarem.

"Um líder avança com tanta vontade que não corre qualquer risco de ser densificado. Jamais encobre seus passos, porque pisou em lugares aonde só os verdadeiros guerreiros conseguem chegar, e eles sempre serão bem-recebidos, pois sempre trazem mais alguém consigo, não no colo, ou despedaçado, mas ao lado, como companheiro de jornada. Todos estão se esperando, sem qualquer pressa. São livres para começarem qualquer lugar, são livres para serem qualquer coisa, podem até voltar para buscar mais alguém, pois já sabem o caminho, são plenos em suas consciências, podem ir e vir quando assim quiserem.

"Comece a se libertar das coisas que densificam, livre-se de todas as cargas negativas, pois elas têm tempo limitado e vão se encostar no seu ser, para que você as abasteça por um pouco mais de tempo.

"Acople-se a todas as forças e ordenará com elas. Não se deixe parar onde a visão já é mais clara e a luz mais plena, este não é o lugar criado pela sua vontade. Existem pontos que você ainda não compreende. Se parar neste nível, ainda terá um limite; se não, caberia todo o eterno onde chegou e não precisaria mais se limitar com sentimentos e mentiras, partiria deixando a porta aberta, tanto para a sua volta como para a vinda de outros de própria vontade.

"Suas experiências serão bem elevadas, cada vez mais, até que esteja completamente preparada, pouco poderá fazer por si só, muito será feito de acordo com a medida do seu grau de esforço e com um pouco de ajuda magnética.

"Terá que aprender a ter sua própria vontade, e a ter controle absoluto sobre ela, a fazer as coisas sem manipular o desejo de ninguém, e sim mostrando às pessoas a mesma consciência, sem qualquer intervenção emocional, sem algema ou dívida, somente com vontade de evoluir até o sempre.

"Chegou a hora de parar de se alimentar de outros seres vivos que morrem sem cumprir seus ciclos naturais. Torne-se vegetariana. O peixe é o único alimento no reino animal admissível: Na carne morta, os microrganismos que conseguem se manter vivos utilizam-se do seu universo orgânico para retomarem sua jornada de vida, muitos deles não foram programados para serem absorvidos pela sua matéria. Mas a energia humana, de certa forma, é compatível com a deles, e por isso mesmo eles podem se utilizar da sua vida para se manterem vivos. A maior prova dessa compatibilidade é o fato de que você se alimentou deles, tirou suas vidas em prol de um prazer alimentar próprio. Por isso, eles têm todo o direito de a matar também. Esses intrusos acabam quebrando sua cadeia evolutiva orgânica, invertendo o processo: você vira o alimento deles, até que morre por falta de energia e por desgaste vital. Somente parando de admiti-los como intrusos você poderá retomar a fluidez do seu corpo e não mais gastará energia com uma batalha interna sem razão de ser. Respeite-os como vida e deixe-os em seus níveis; só interfira numa cadeia magnética quando tiver poderes para não a afetar ou destruir e souber exatamente como absorver, respirando e soprando vidas em total harmonia com o que entra e o que sai de dentro do seu ser.

"Tudo o que a terra e o mar lhe derem como alternativa alimentar não lhe causará dano algum; porém tudo o que for tomado por você como alimento assassinado a densificará. Na alimentação começa o processo de amor integral, de dentro para fora e de fora para dentro, assim como o infinito, totalmente harmônico com o eterno.

"Amanhã você não se lembrará do que vimos, mas está tudo gravado e registrado na sua consciência, e um dia isso terá que ser posto para fora, talvez sob a forma de um livro, ou mesmo com palavras, mas só sairá quando for entendido. Desse momento em diante, você não terá mais desculpas para não ser a prova de que desvendou uma mentira e chegou de fato na verdade; terá que tocá-la e mostrar para todos onde está, antes de partir. Depois parta; pois só assim outros poderão vir no seu rastro de luz. Não encubra nada, deixe que a consciência de cada um os faça ver.

"Aprenda como pulsar e fluir de acordo com a ordem do ciclo universal e saberá como ordenar a si própria.

"Assim como achou a porta de entrada e nasceu, ache a porta da saída e nunca morrerá. Flua e não destrua. Agora volte.

— Meu Deus! Onde eu estava? Que loucura! Tenho que colocar minhas idéias em ordem e tentar entender o que me aconteceu esta noite. Que loucura! Calma, preciso manter a calma e tentar me lembrar dos detalhes. Deixa eu tentar rever. Eu estava na escola de iniciados, depois fui para o nada e fiquei uma eternidade lá, não me lembro fazendo o quê. Antes disso, me lembro de uma mensagem. Caramba! Uma mensagem de seres de outro planeta que me mandaram reunir meus amigos numa festa de aniversário. Que loucura! Se eu contar isso para alguém vão me internar num hospício. Já sei o que vou fazer. Vou fazer a festa sem falar nada para ninguém. Se tudo isso for mesmo verdade, eles vão aparecer e eu estarei na freqüência certa para entender a mensagem. É isso, silêncio total e vamos esperar para ver o que dá. Sei que estou certa, eles virão, mas acho tudo isso que acontece comigo uma verdadeira loucura.

No dia do 23º aniversário

— Estamos próximos, deixe as pessoas que não forem compatíveis com a experiência partirem.

— Mas como vou mandá-las embora?

— Não será preciso: elas vão começar a se sentir cansadas e desconfortáveis em ficarem aqui.

— Mas quem deve ficar?

— Seus dois amigos. Queremos sentir a energia do grupo.

— E meu atual companheiro, também deve ficar?

— Você não vai poder despachá-lo; deixe-o participar e ele mesmo se excluirá da experiência, pois não tem energia para entender o que vai acontecer aqui esta noite.

— E o que vai acontecer exatamente?

— Vamos fazer-lhes uma visita.

— Todos vamos ver?

— Ver, ouvir e sentir.

— Às vezes penso que sou mesmo louca. Como essas coisas podem acontecer comigo e serem tão mais reais que a própria vida. O que será que vai acontecer aqui hoje?

— Não tenha medo, estamos por perto.

— Quem está por perto?

— Somos os supervisores, se quiser um nome. Estaremos acompanhando sua experiência extraterrestre, não se preocupe. Preocupação consome energia, e você vai precisar de toda que tem. Viemos porque estamos observando vocês por toda essa vida, e na atração magnética vocês três formam um poderoso campo de energia. Estamos avaliando esse campo. Fomos enviados da camada astral da Terra para receber com vocês essa visita interplanetária. Procure não pensar no que irá ver, ouvir e falar. Ajude seus amigos a entenderem a experiência. Eles não estão esperando por isso vai ser uma grande surpresa. Oriente-os e explique o que aconteceu.

— Mas nem eu sei o que vai acontecer!

— Com você falamos diretamente, com eles não. Portanto, usaremos sua matéria se for preciso maiores explicações. Agüente firme, não deixe seus pensamentos atrapalharem os testes. Sua energia será a dosadora do tempo. Toque em seus amigos quando for dado o sinal.

— E como será o sinal?

— Uma carga tão forte que precisará dividir com outros corpos para aliviar a força.

— E eles, o que vão sentir?

— A mesma coisa que você, exatamente a mesma coisa, não haverá dúvidas.

— E vocês, vão ficar durante toda a visita?

— Vamos, mas só voltaremos a nos comunicar quando tiver terminado e você estiver fisicamente relaxada e dormindo.

— As pessoas estão começando a querer ir embora. Vou me despedir delas. E depois, fico só esperando com os outros dois?

— Fiquem tranqüilos conversando, comece a falar de vidas fora da Terra, puxe assuntos místicos e vá preparando as energias magnéticas.

— Que loucura isso tudo! Minha vida é feita de loucuras, uma seguida da outra, mas no fundo eu adoro, não suportaria ser normal e vazia como tantas pessoas. Vamos à experiência! Pelo menos não vou estar sozinha desta vez, isso me dá um alívio. Vou poder finalmente ter experiências em grupo e poderemos discutir e estudá-las juntos.

— Lembre-se, estamos por perto, qualquer coisa é só chamar.

— Como se chamam?

— Ajudantes, chame-nos por ajudantes magnéticos.

— Chamarei, se precisar chamarei com certeza.

Às três horas da manhã (em corpo físico)

— Sintam, eles estão chegando!

— Podemos sentir, mas não podemos ver.

— Que energia é essa? O solo está vibrando, não consigo ficar parado. Que é isso?

— Eles estão estacionados bem acima de nós e querem nos dizer algo.

— Onde eles estão. Estou sentindo uma energia subindo por minha coluna, estou sentindo a pressão do kundalini, que força é essa? Estou explodindo de tanta energia!

— Calma, não fiquem eufóricos senão toda a energia se consome.

— O que eles vieram fazer aqui? Por que eles não aparecem diante de nossos olhos? Sabemos onde estão, podemos sentir tudo mas continuamos sem poder ver.

— Estamos aqui para dizer que vocês três são pessoas especiais e que de agora em diante estarão durante toda essa vida ligados por essa experiência e, por mais que se dividam, sempre se lembrarão deste dia, até que consigam atingir esse ponto novamente e se lembrar de tudo o que estamos fazendo com vocês agora.

Muitos caminhos irão se abrir, e caberá a cada um de vocês optar pelo que melhor se compatibilizar com suas energias. Trabalhem sem cessar, até que descubram e lembrem de tudo o que está acontecendo aqui esta madrugada.

— Eu estou sentindo um fogo arder dentro de mim, não consigo parar de tremer, acho que vou explodir. Meu Deus! Que é isso!?

— Não se deixem pegar pela euforia. Quanto mais eufóricos ficarem, menos se lembrarão do que está acontecendo aqui. Estamos dentro de cada um de vocês três, medindo e sentindo tudo o que vocês são, e saibam que no futuro irão fazer muita diferença para muitas pessoas. Preparem-se para isso. Agora dêem-se as mãos, já estamos quase terminando o contato.

— Não posso encostar nela, a energia sexual está muito forte, não tenho como agüentar a pressão.

— Apenas dêem-se as mãos e a experiência estará finda.

Com as mãos dadas

— Que deslocamento de ar foi esse?

— Que barulho é esse?

— Olhem!

— Uma luz! Azul não, verde florescente, estão vendo?

— Estão ouvindo?
— Estamos.
— Ela está passando por cima de nossas cabeças, estão sentindo?
— Que sensação de alívio, que paz, que luz divinamente linda!
— Eles estão indo embora.
— Estou vendo tudo prateado.
— Eu estou me sentindo recarregado, poderoso. Vocês estão sentindo a mesma coisa?
— A mesma coisa. Vimos, sentimos e ouvimos a mesma coisa.
— Mas o que realmente aconteceu?
— Tivemos um contato extraterrestre.
— Eu sempre sonhei com esse dia. Por que não ficaram mais tempo?
— Porque não estávamos preparados, ficamos eufóricos e não tivemos maturidade para administrar o contato.
— E quando eles vão voltar?
— Algumas outras vezes, sinto.
— Que maravilha de luz, vocês viram?
— Vimos, não há dúvida, nós passamos pela mesma experiência.
— Ainda bem que estávamos juntos.
— Essa união foi planejada. Agora somos amigos para sempre: aconteça o que acontecer, estamos energicamente unidos, cada um carrega um pouco da energia do outro, posso sentir isso.
— Eu também.
— E eu também.
— Mas e o outro lá, está em estado de choque, será que ele viu a mesma coisa?
— Mais ou menos, ele está fora, completamente fora.
— E por que pôde participar então?
— Ele não se lembrará de nada. Nós mesmos não sabemos exatamente o que aconteceu aqui.
— É verdade, vão se passar anos até descobrirmos o que aconteceu durante esses minutos.
— Não foram minutos. Já são cinco da manhã. Foram horas.

— Vocês ouviram o barulho do deslocamento da nave?

— Ouvimos.

— Vocês sentiram a pressão do solo?

— Sentimos.

— Vocês sentiram o Kundaline?

— Só o começo.

— Que pena que fomos imaturos.

— Não adianta ficar lamentando, agora é trabalhar para que da próxima vez tenhamos mais energia para agüentar uma carga maior.

— Acho melhor irmos dormir, temos muito o que pensar.

— Eu não vou conseguir dormir.

— E alguém aqui vai?

— Mas vamos deitar, estou cansada e com dor no coração, preciso me deitar. Durmam bem, amanhã a gente fala mais. Estou precisando ficar sozinha e pensar no que aconteceu.

— Eu vou dormir aqui fora.

— Eu também vou deitar.

— Durmam bem! Até daqui a pouco.

Depois da experiência

— Por mais que me esforce, não consigo pensar em nada, me sinto vazia por dentro, não dá para relatar o que nos aconteceu hoje. Que experiência fantástica e forte! Nunca mais esqueceremos deste dia. Só não entendo por que eles não ficaram mais tempo e por que não foram mais aparentes.

— Porque vocês não agüentariam a carga, eles são pura energia, e para chegarem ainda mais perto, vocês precisariam também estar carregados.

— E não estávamos?

— Não o suficiente; existem ainda muitas falhas no envio de

suas energias, a freqüência não é constante, a vida de vocês ainda está muito cheia de altos e baixos.

— Mas no que isso pode atrapalhar?

— Na absorção das informações. Vocês não registram os fatos em sua plenitude, e isso pode confundir os pensamentos. Para poderem passar por experiências mais fortes, vocês precisam partir para um crescimento individual, acertar as mágoas existentes e transpor os problemas mundanos.

— E aí...

— Aí dependerá de vocês se tornarem mensageiros diretos do universo.

— E para que servem os mensageiros?

— Para auxiliar a humanidade em suas visões do todo, para provar a possibilidade das realizações supremas e, principalmente, para mostrar a força da vontade pessoal. Cada um de vocês recebeu uma dádiva no somatório de suas vidas passadas. Descubram e explorem essa dádiva e repartam-na com seus semelhantes, sem nunca jogar fora uma gota de mágoa.

— Isso me parece impossível, não só para mim como também para eles.

— Agora que são jovens, isso parece distante, mas, com a chegada da experiência e a visão da consciência, vocês conseguirão.

— Explica o que exatamente aconteceu conosco hoje.

— Vocês foram visitados por habitantes do universo que vivem em um planeta mais distante. O motivo da visita se deu porque desde cedo você foi preparada para ser um ponto de contato, e seus amigos buscam vidas além Terra como quem busca água. Por isso, na junção das três vontades, pode se ter uma energia forte e comum para trazer os visitantes bem perto, como vocês puderam ver com os olhos físicos. A experiência só não foi mais além porque seu corpo físico não iria agüentar tanta carga, e um dos seus amigos ficou num estado muito perigoso de euforia.

— Eu só não entendo por que fomos contatados e a NASA e os governos não conseguem esses contatos. Eles me parecem fáceis de serem realizados. Por que nós conseguimos esse feito e eles ainda não?

— Não se iluda com o que lhe informam, nunca acredite completamente no que deixam passar como fatos reais. A intenção é manipular a crença de acordo com a dose necessária para manter o controle do mundo. Eles sabem bem mais do que dizem e fazem bem menos do que mostram.

"Eles sabem e viram muitas coisas, mas, por outro lado, nunca conseguiram controlar isso, as visitas não dependem deles, e nem tampouco sabem ao certo de onde vêem e o que pretendem. Isso os deixa assustados e precavidos, por isso também optaram em deixar a humanidade de fora, até que consigam um acordo que lhes favoreça de alguma forma.

— Mas que tipo de acordo?

— Tecnologia, sabedoria e liberdade de ação no universo.

— Os homens querem isso?

— Ora! Se querem. Para eles, poder explorar o universo e alcançar a tecnologia da velocidade da luz é um grande sonho. Por isso e para isso são capazes de tudo, mas não tem sido fácil.

— E por que não?

— Eles querem receber, mas não estão dispostos a dar; querem o crédito de todas as conquistas, e com isso ganham o poder de controlar a massa humana. Eles querem chegar perto do que há milênios chamam Deus.

— E o que estão realmente fazendo?

— Pesquisas. Os homens já conseguiram obter dos registros universais grandes informações e estão trabalhando nelas para poderem usufruir de suas forças até a última gota, que é onde estão o controle e toda essência divina. Muitos cientistas já foram afastados de suas posições por terem descoberto o sentido do eterno; outros foram mortos acidentalmente por não compactuarem com as mentiras impostas, e muitos estão trabalhando em vão, criam peças sem importância aparente, e estas são levadas a juntar-se a outras a quilômetros de distância, tornando-se extremamente poderosas, sem que o seu descobridor note sua importância.

"Ilusões e imagens são criadas e desenvolvidas para causarem admiração do povo planetário ao órgão que os protege do restante do universo. O que dizem ter feito nunca saiu do papel, e o que dizem ser impossível já está em vias de ser conquistado.

— Mas para que isso? Por que tantas mentiras? O que eles pretendem?

— Calma, uma pergunta de cada vez. Primeiro, o que eles querem é a manipulação e o controle do planeta e dos planetas vizinhos. Para quê? Para poderem estar sempre em posição dominante e superior, para mandarem no mundo sem reservas.

"Segundo, as verdades não são de fato bem-vindas. Os seres humanos preferem mesmo a ilusão do que a visão real, é mais confortável estar amparado por forças de pesquisas protetoras do que dar de cara com coisas que fogem a suas compreensões. Ninguém quer assumir decisões, por isso preferem ignorar o óbvio.

"Terceiro, se o planeta Terra é apenas mais um pontinho na imensidão do cosmos, nos tornamos insignificantes perante ele, e isso tira o poder das mãos dos governantes do planeta, fazendo a humanidade sair em busca de sua grandeza pessoal para atingir o todo. As pessoas abririam então seus corações e seriam livres, o que não interessa a nenhuma cúpula.

— Mas por que não fazem uma espécie de aliança com o cosmos?

— Porque querem descobrir como obter toda força dele, sem limites.

— Mas isso é errado? Eu quero toda a força do universo sem limites.

— Só que eles estão limitados à Terra. Nada é mais importante do que descobrir o poder de ter o planeta nas mãos e encontrar a imortalidade do corpo. Não é a liberdade que eles buscam, é o controle e a imortalidade.

— E eles estão perto disso?

— Nem tanto. Quando pensam que chegaram, o infinito aparece e os surpreende, fazendo-os voltar ao ponto zero. Então, ficam perdidos ali por centenas de vidas novamente.

— E as viagens interplanetárias?

— Que viagens?

— As que o homem está fazendo pelo universo.

— O homem nunca chegou no universo. O máximo que conseguiu foi chegar perto da Lua, e mesmo assim fracassou.

— Pára com isso! Assim você me enlouquece de vez! Você está me dizendo que o homem não pisou na Lua? Isso é um absurdo! Eu vi na televisão! Como posso continuar acreditando em você, depois dessa barbaridade?

— Televisão, imagens e som são um grande feito e causam um enorme efeito realmente. Daí para o ilusório e o imaginário é um passo. Cuidado com o que seus olhos podem ver como verdade.

— Isso é que não pode ser verdade: eles não forjaram tudo, isso não pode ter acontecido! Como eles fizeram? Como poderiam ter sido capazes? Acho isso uma afirmação inaceitável.

— No imaginário, tudo é incrivelmente real, e a visão ilusória das imagens projetadas em vídeos é mais real ainda. Foram capazes de muito mais, são capazes de tudo, de guerras para venderem armas, de traições para ganharem mais espaço, de mentiras para manipularem melhor as mentes humanas. São capazes de tudo.

— Isso é impossível! Eles não teriam coragem. É muita gente participando de uma mentira só, eu não posso acreditar, alguém acabaria abrindo a boca.

— Não importa o que você acredita ou deixa de acreditar. Saiba apenas que o ilusório é mais real do que a realidade e muito mais fácil de ser digerido pela massa. Quanto às pessoas participarem de uma farsa, poucos sabem as verdades dos fatos, eles também são facilmente iludidos pela cúpula. Suas vidas estariam destruídas se descobrissem, e os que sabem se calam. Quanto a você, apenas não compactue com todo esse cenário montado para distrair a vida dos cidadãos espectadores do mundo. No planeta só existem duas posições: ou se é atuante ou se é platéia. A opção é de cada um.

— Mas a maioria nem desconfia de que isso possa acontecer dessa forma tão radical.

— A consciência está em todos os lugares, para todas as pessoas. Não existe uma distinção. É só mudar de freqüência e lá estarão as evidências.

— Então por que não ouvem?

— Porque estão muito ocupados prestando atenção em outras coisas que para eles é mais importante, como emprego, sobrevivência, futilidades, falsos prazeres, televisões e uma série de outros supérfluos da vida.

— Mas e os que sabem algo mais? Que fazem? Como vivem?

— Primeiro tiram as algemas do mundo, depois partem para o conhecimento supremo, a chamada sabedoria, e então são livres.

— Quero voltar à Lua, estou intrigada com essa informação. E os astronautas? As fotos e imagens filmadas? As naves enviadas a Marte e outros planetas? As provas? É tudo mentira?

— Vamos por partes: 1) os astronautas foram os mais iludidos, chegaram a partir para o espaço, mas, ao chegarem perto de seu destino, foram trazidos de volta e postos em isolamento total por mais de um mês, quarentena disseram, para não terem contato nenhum com ninguém, até que as pesquisas terminassem. Como eles não perceberam? Foram drogados durante toda a expedição, pequenas doses de ilusão diária, até não terem mais certeza de nada. Ainda hoje eles não sabem ao certo o que de fato aconteceu. Foram homenageados, considerados heróis, e entraram para a história do planeta, era isso que importava para o mundo. Agora foram colocados à parte de tudo; ao morrerem, serão homenageados novamente, e tudo estará terminado. Foram para o deserto e pensaram ter estado na Lua. Sofrerão esta dúvida até o último suspiro de vida. 2) As fotos e filmes foram produzidos, já se produziam ilusões desde 1930, e a cada dia, com a tecnologia em avanço, fica mais fácil criar imagens que se confundem com a realidade. Um jogo bem-jogado e com o resultado já estipulado. No mundo da ficção e das imagens, tudo pode ser feito. É só ir ao cinema!

"3) As naves enviadas a Marte nunca chegaram lá. Muitas ficam perdidas no espaço, pois a tecnologia ainda não tem um controle ao seu alcance que as envie para muito longe, ou você pensa que Marte é logo ali? O homem da Terra mal consegue sair de sua atmosfera sem danificar seus equipamentos. O universo é tão poderoso que explode qualquer navezinha que se atreva a ir além dos limites de seu inventor. O máximo que enviam são satélites espiões de guerra, de informações e de controle total do que acontece na Terra, isso para eles basta.

"4) Não é que seja tudo mentira absoluta, são apenas informações maltransmitidas. A sorte para essa cúpula manipuladora do planeta é que o ser humano não tem a consciência apurada e nem questiona o que seus olhos estão vendo como verdade. Tudo é possível no mundo da ilusão, inclusive a própria ilusão interna de não admitir que estão sendo enganados. Dá muito trabalho partir em busca das verdades. É melhor deixar tudo como está, todos acreditando nas mesmas mentiras. É lá que habitam os humanos.

"Cuidado ao tentar tirá-los de sua zona de conforto, eles são capazes de matá-la, para não serem acordados e terem que ver.

— É difícil para mim tomar consciência dessa possibilidade, eu nem posso sair falando isso para todo mundo, eles acabariam comigo em dois tempos, sei disso. Mas e agora, como me calar?

— Converse sobre isso apenas com seus dois amigos que participaram das experiências com você. Eles estão sendo alertados das mesmas coisas. Procurem as contradições e encontrarão os fatos reais. Estudem até que não exista mais argumento pendente e tornem-se melhores a cada dia. Superem-se a cada minuto.

— Se procurar eu terei as provas de que precisamos?

— Terá mais do que provas, terá as evidências dos fatos e saberá exatamente o porquê de todas as contradições e mentiras. Não se iluda, seja exigente e clara nas conclusões e nunca feche a porta de nenhum assunto. Enquanto viver, algo sempre será acrescentado.

— E o que faço com as informações?

— Nada, apenas saiba para não mais ser iludida pelos homens que estão no controle planetário. Não se exponha e nem entre em discussões. Saiba como dosar as informações e para quem dá-las. Parta daí para novos contatos interplanetários e interpessoais; estes, sim, irão lhe mostrar tudo, sem obstruir a visão.

— Mas o homem nunca poderá viajar pelo espaço?

— Poderá, assim que dominar a técnica de se locomover na mesma velocidade que consegue transportar imagens e som; assim que a matéria não for o limite, ele poderá ir e vir quando quiser e para onde quiser.

— Antes disso é impossível?

— Antes disso, topará com obstáculos intransponíveis e mortais.

— O que faço agora? Meu mundo desabou!

— Que ótimo! Construa outro.

— Construa outro! Isso leva muito tempo.

— Ou tempo nenhum, depende de como consegue transpor seus limites da razão e criar novos conceitos bem mais conscientes e ordenados.

— Acho tudo isso muito perigoso, eu não tenho coragem de falar para ninguém e nem de assumir essa idéia como uma suspeita minha.

— Quem disse que precisamos de alguém que lute por nossas visões? Não precisamos de porta-vozes. Só estamos em busca de seres a cada instante mais conscientes e que isso dure eternamente. De instante em instante chegamos ao infinito e voltamos ao mesmo ponto. Se você não entende isso, viva em seu tempo, deixe tudo por conta dos acasos e morra naturalmente quando esgotar toda a energia vital que a trouxe até este momento. Toda matéria tem seu tempo limitado de vida, mas transpor a matéria e expandir a energia a faz eterna.

— Onde eu posso mudar esse destino? Tantos já tentaram, mas não me parece que muitos conseguiram.

— Milhares conseguem, você é que não percebe porque alguns simplesmente desaparecem como se nunca tivessem existido, não deixam marcas nem histórias. Outros voltam para buscar seus amigos e alguns se tornam mestres.

— E onde eles estão? Eu tenho medo de não saber aonde ir quando tudo aqui terminar.

— Por isso parta em busca, não fique mais esperando para saber, veja o que de fato acontece e entenda o seu sentido, entre no fluxo evolutivo e ultrapasse todos os seus sentidos. Você está ou não me ouvindo?

— Ouço perfeitamente.

— Você está ou não me vendo?

— Posso vê-lo, mas não com os olhos, e sim com todo o corpo.

— Sou então real ou ilusório?

— É tudo tão óbvio e claro que não poderia chamar a isso ilusão.

— Então o que somos?

— Somos eu.

— E o que é ser eu?

— É ser absolutamente parte de tudo.

— Muito bem, menina, está começando a ficar consciente. Temos ainda muito trabalho pela frente, mas está começando a ver as coisas de dentro para fora, e não vice-versa. Muito bom!

"Deste instante em diante, não mais acredite apenas nos seus olhos. Na dúvida, pare de pensar a respeito das coisas e deixe o universo consciente ampliar sua visão, para que seu corpo todo veja.

"Não precisa tentar mostrar nada a ninguém por enquanto. Venha você primeiro com seus companheiros e depois podem voltar e selecionar alguns que possam vir também.

— Selecionar? Mas quem sou eu para selecionar alguém?

— Quando encontrar a saída, saberá reconhecer aqueles que estão perto; aí traga-os.

— Mas todos podem ser selecionados, não é?

— Então a seleção está nos que sabem disso e não nos que se aprisionam na imensidão. Quando descobrir o elixir, conscientize alguns, assim como estamos fazendo com você, e deixe que eles próprios façam suas partes, assim como você está fazendo a sua.

— Quem garante que vou achar o caminho da saída?

— Você já garantiu.

— Quando?

— Há milênios.

— E por que demorei tanto?

— Apaixonou-se pelo tempo e ficou parada nele.

— Fazendo o quê?

— Fazendo de tudo para não sair mais de seus limites, até que realmente perdeu a direção.

— Mas estou aqui agora, o que me diz disso?

— Felicito-a. Parabéns! Está de volta na busca.

— Mas nunca deixei de estar.

— Deixou sim, ou se esqueceu dos sentimentos de ódio, vingança, paixão, homem, mulher, filho, mãe, irmã, amiga?

— Não, não esqueci, nem poderia; são tantos deixados pelo caminho por tantas vidas...

— Então, chega de procurá-los com culpas. Parta adiante e mostre por onde foi.

— Vamos lá então! Estou pronta para mais mudanças na minha vida. Para onde devo ir agora?

— Para onde seu coração manda, como sempre foi ensinado pela consciência.

— Então deixa eu ver... Meu coração me manda deixar meu atual companheiro e partir em busca de algo mais além de sexo. Também me avisa que é hora de me afastar daquele lugar e buscar novas fontes de trabalho e de vida. Meu coração me tranqüiliza de que estarei no caminho certo com meus amigos, mas devo estudar bem mais e ser bem mais rigorosa comigo mesma se quero chegar além dos limites humanos.

"Meu coração me alerta quanto ao que vejo no mundo como sendo a única verdade e me faz avaliar conscientemente as possíveis probabilidades e doses de verdades e mentiras.

— Muito bom! Ótimo instante de consciência pessoal. Sei que ainda está sob o efeito da experiência extraterrestre, mas falta pouco para conseguir energia suficiente para manter-se lúcida no caminho que os outros chamam de oculto.

"Quanto à temática sexual, logo receberá uma outra visita, uma velha amiga estará vindo vê-la nos próximos dias. Deixe sua energia se equilibrar e não pratique sexo até que a visita chegue. Agora é hora de descansar o corpo, a mente e o espírito. Tenha um bom e merecido descanso.

— Me lembrarei disso tudo amanhã ou será mais uma daquelas manhãs de esquecimento?

— Lembrará. Desta vez terá energia para se lembrar. Veremos o que irá fazer com a recordação.

— E meus amigos? Recordarão de tudo o que aconteceu?

— Para o resto de suas vidas, essa experiência durará por toda uma vida.

— Mas virão outras experiências?

— Inúmeras, dependerá somente de vocês.

— Estou ficando cansada, as imagens estão começando a sumir, não pensei que a mente se cansasse assim.

— E não cansa, o que está baixando é a carga energética. Vá, volte para o seu corpo, falaremos em breve.

No dia seguinte

Não pode ser! Lembro claramente de tudo o que me aconteceu à noite. Essa minha loucura está ficando cada dia mais séria, estou realmente vivendo tudo isso sozinha, meu corpo, minha cabeça, meu coração e meu espírito estão sendo levados para um caminho totalmente contrário ao caminho ensinado pelo mundo. Nunca me senti tão só e vazia, mas ao mesmo tempo feliz e segura. Existe mesmo algo mais e posso vê-lo, ouvi-lo e senti-lo como realidade. Só não sei ainda o que fazer a partir de agora, me sinto tão diferente do resto das pessoas que mal consigo suportá-las. Por que elas precisam ser tão medíocres em seus pensamentos? Por que não conseguem enxergar o que existe além da visão de seus olhos? Será que é tão encoberto assim? O mar, o céu, o ar, o fogo, o sonho? Como eles podem achar isso normal e supérfluo, dando atenção a coisas como rancores, mágoas, vaidades, culpas, vinganças, egocentrismo. Como podem?

É! No fundo eu entendo um pouco. Eu mesma, apesar de todas as experiências por que passei até hoje na minha vida, me pego sentindo essas coisas todas, imagine uma pessoa que talvez nunca tenha visto ou sentido nada além do que vê e sente no seu dia-a-dia.

Seres humanos! Somos tão complexamente parecidos e tão individuais em nossas vivências. Fascina-me saber que terei curtos anos para aprender o máximo que puder sobre minha própria raça. Espero não perder mais meu valioso tempo deixando as influências físicas atrapalharem minhas experiências energéticas. Espero mesmo manter minha consciência plena na hora em que realmente necessitar dela, quando os problemas chegarem, e sei que muitos ainda estão por vir.

E sobre essa madrugada, que coisa incrível! Lamento que não tenhamos tido força suficiente para suportar a carga toda; pena que eles foram embora tão rápido, gostaria de ter conversado mais com eles e de até quem sabe dar uma volta pelo universo. Somos muito imaturos ainda, quase não temos informações para lidar com situações desconhecidas, precisamos nos informar mais sobre tudo.

Vou acompanhar meus amigos nos estudos de alquimia, espiritismo, planetas, bioenergia, química, medicina e tudo o que pudermos saber sobre o que faz parte do planeta. Precisamos realmente estar munidos de informações quando novas experiências vierem para nossas vidas.

Já perdi muito tempo tentando ser normal, cansei de tentar ser normal. Se quiserem me acompanhar, que venham, mas eu não posso esperar por mais ninguém, meu tempo nesta vida é curto e limitado e eu não posso perdê-lo com um bando de coisas inúteis e vazias.

Fico imaginando o que pode se passar na mente das pessoas. Será que elas só conseguem pensar em coisas normais como dinheiro, roupa, intrigas, prazeres, comida, dor, Deus? Será que pelo menos de vez em quando elas acordam e percebem que existem muito mais coisas além disso? Será que elas no fundo estão em busca de algo mais? Tem algumas que eu percebo que sim, mas não sabem por onde começar. A maioria no entanto não está nem um pouco interessada em descobrir o que encobre a existência.

É, está na hora de ir cuidar do meu dia-a-dia, tenho coisas importantes para fazer de hoje em diante, e a primeira é me separar novamente. Ele não tem a mínima condição energética, espiritual e psicológica para entender o que está acontecendo à sua frente. Conviver com um homem que tem sua falsa masculinidade como a coisa mais importante do mundo é para mim demasiado limitado.

Vou deixá-lo livre para continuar na sua vidinha de nada e vou partir em busca de maiores conquistas. Vou precisar também começar a desfazer alguns erros, parar de comer carne e coisas que impeçam o ciclo evolutivo, vou cuidar mais da parte espiritual de minha filha, vou começar a entender mais minha mãe e ajudá-la a superar seus problemas de doença, vou me tornar mais amiga das pessoas, vou dialogar mais com minhas irmãs e vou aos poucos sumindo de circulação dos ambientes que não quero mais que façam parte do meu ciclo e mergulhar nos estudos. Tenho que fazer tudo isso em menos de sete anos, minha meta é que daqui a sete anos eu tenha encontrado equilíbrio e atingido energia suficiente para conhecer mais a mecânica do mundo e a consciência do universo.

Sei que é um grande desafio, principalmente porque sei que terei que passar por mim mesma, e não existe no mundo desafio maior do que se auto-superar e enfrentar os próprios medos, inseguranças, dúvidas, mágoas e todos os sentimentos mundanos e humanos que só servem para impedir nossa passagem para a evolução.

É chegado o momento de agir. Espero estar forte o suficiente para agüentar as pancadas e as quedas que estão no caminho, estou sozinha nesta jornada, mas acompanhada por dois grandes amigos que sei que virão comigo, ao meu lado, e poderei sempre contar com eles, assim como eles poderão sempre contar comigo.

Quando descobrir a verdadeira razão de tudo isso, trarei todos que amo. Eu juro!

Capítulo 6

CONHECIMENTOS GERAIS

Os estudos

Fazer ouro? Os alquimistas faziam.
Curas? Os feiticeiros curavam.
Viagens astrais? Os iniciados se transportavam.
Contatos espirituais? Os médiuns conseguiam.
Transpor os limites do tempo? Os mestres transpuseram.
Imortalidade? Os sábios são imortais.
Controle absoluto? Os guerreiros tinham o poder.

Como deixaram essas informações ficarem tão perdidas no tempo? Como puderam apagar as coisas mais valiosas do passado e substituí-las por vulgaridades?

Quanto mais eu estudo, mais compreendo o funcionamento do universo e menos entendo o funcionamento humano.

Onde estão esses seres que contribuíram tanto para as tão importantes descobertas da humanidade que ainda hoje são aplicadas pelos cientistas modernos? Por que abandonaram o planeta, deixando apenas mensagens curtas e difíceis?

Quando mais eu leio, mais enigmas aparecem diante de mim.

Às vezes tenho certeza de que os desvendei, mas logo adiante aparece uma nova peça e minhas conclusões vão por água abaixo.

Imagino como funcionava a consciência de Papus, Paracelso, Buda, Krishna, Jesus, Nostradamus, Newton, Einstein, Ramatis, Saint Germain, Chico Xavier, as civilizações antigas, os gregos, quantas mentes trabalharam em prol de uma mesma consciência, cada um aperfeiçoando uma parte.

Juntar todas as partes é que é difícil. Entender o resumo das fórmulas sem conhecer toda a mecânica da descoberta é que deixa alguns pedaços mal-encaixados.

Consciência! Estou precisando de você.

Deixa eu me lembrar como acessá-la. Primeiro se isolar de tudo, depois parar de pensar e apagar completamente a razão.

Cair no vazio, ou ir para a luz violeta, como diz Saint Germain.

— Minhas dúvidas estão muito grandes, as disparidades dos fatos estão me deixando cada dia mais ansiosa, faltam peças que não estou conseguindo encontrar.

— Vejo-a bem consciente, mas ainda lhe falta segurança, você é tão inteligente que sua mente consegue forjar muito bem a consciência. Você está atravessando a clareza, onde muitos param achando que é o fim.

— Clareza? Onde muitos param? Do que está falando agora?

— Do lugar onde as duas consciências se cruzam, onde muitos acabaram estacionando e, em vez de avançarem, retornaram para espalhar suas conquistas. Ao retornarem, contaram mais do que realmente viram, fecharam-se em suas conclusões mentais, não perceberam que era a razão e não a consciência que lhes falava e impuseram suas verdades, como se fosse a única, pois todos que ali chegam sabem que só existe uma única e absoluta verdade; e, por estarem tão certos de suas conquistas, acreditavam ter descoberto realmente o todo, a verdade irrefutável.

"Relatavam e pregavam para que o seguissem, mas somente aqueles que pudessem provar o que diziam, avançando cada vez mais, deveriam ter sido vistos como líderes. Desta regra surgiu o enigma do ver para crer.

"Com o decorrer do tempo, a regra foi completamente modificada por falsos líderes que faziam coisas dentro dos olhos da razão, mas sem o acompanhamento da consciência. Disseram que era preciso ver com os olhos e não com a consciência do coração, e, pior ainda, passaram a pregar a crença no que os outros olhos viam, e não os seus próprios.

"Você já cometeu esse erro uma vez, por isso teme tanto a clareza, sabe quão perigoso é liderar, sabe quantos já morreram e se deterioraram por seguir líderes cegos, sabe que primeiro terá que ultrapassar todos os seus limites para depois poder mostrar o caminho.

"Atualmente você já tem consciência de que tudo que é limitado, não cabe no universo, e dentro da clareza sempre vai existir um número de portas igual ao de mentes que lá chegarem, e muitos estão por vir e lutarão por suas verdades, pois a batalha começa ali.

"São deuses, *flashes* de lucidez, certezas individuais, limitações mentais e disputas de espaço, tudo dentro de uma clareza. Todos chegaram de fato ali, mas cada qual em seu solitário caminho, e tudo o que querem é voltar e buscar companhia e reconhecimento.

"Você está chegando novamente num lugar muito perigoso, a porta de saída está dentro de você. Mergulhe em vez de expandir, aprofunde-se ao máximo em seu interior, e lá está a expansão completa.

"Fazendo isso, passará por um lugar que já estudou e também teme, o umbral. Toda a sua existência, desde o início, está arquivada neste lugar. Poderá encontrar de tudo, mortes, traições, escuridão, mal, doença, guerras, prazeres, amores, paixões, vitórias, conquistas, erros, acertos, sol, água, fogo, diabo, Deus. Poderá encontrar de tudo, nunca se sabe até mergulhar no umbral e queimar tudo de uma só vez.

"Um dia você terá que tomar a decisão de partir ao encontro do profundo desconhecido, e é neste instante que muitos decidem por ficar na clareza, pois lá a mente poderá controlar sua própria vida.

"Enquanto houver portas haverá pensamentos, uma particular visão, um olho apenas poderá ver o que há do outro lado, mas o limite da visão é muito pequeno, ao olhar pelo buraco da porta você não verá nada além do que passar pela sua frente, todos os outros lados ficam despercebidos.

"A verdadeira passagem não está fechada com uma porta, são

portais abertos e protegidos por guardiães que só deixaram passar por ali aqueles que estavam livres e não mais olham para trás. Os que se atrevem a atravessar sem terem ardido em seu interior são fulminados pelo fogo do guardião.

"A clareza e o umbral são dois lugares muito interessantes; os portais são os mesmos, e o que para os olhos parece bom pode ser apenas uma porta, pura ilusão, e somente na morte a pessoa verá por um instante o portal, e antes de partir terá seu momento de verdade, então voltará para buscar novamente esse momento e fazê-lo eterno.

"O umbral começa no escuro, e muitos acabam se acostumando com ele, acham-se eternos porque nunca mais conseguem sair de lá, passam a viver um verdadeiro inferno em suas vidas achando que é tudo o que merecem, não se atrevem a se mexer dali, pensam que ficarão cegos com a luz e não permitem que ninguém parta para buscá-la. São também liderados por energias que optaram em ficar ali, assim como na clareza.

"Os dois lugares aprisionam do mesmo jeito; a um chamam inferno, e ao outro, céu. Ambos estão cheios de portas.

— E onde estão os portais?

— Na passagem de um para o outro, no intervalo do eterno, dentro e fora de tudo.

— Onde estou agora?

— Seu momento atual é de clareza, acabou de chegar e está feliz com o que está vendo e percebendo, sabe um pouco mais que a maioria dos seus semelhantes e acredita ter encontrado as respostas para todas as dúvidas vividas na Terra. Tirou o valor das coisas insignificantes e está valorizando coisas que de fato valem ser valorizadas. Aprendeu em seus estudos alquímicos a fazer poções mágicas, embora não tenha atingido o sucesso na fórmula do ouro e nem tenha descoberto ainda o elixir da longa vida, mas fez grandes avanços. Temos que parabenizá-la por ter chegado novamente até aqui.

— Mas e agora? O que devo fazer? Este lugar é tão confortável e sereno que acho que está bom. Por que tenho que sair daqui? Por que devo mergulhar em meu ser?

— Porque este não é um lugar opcional, é apenas uma sala de

espera para a troca de nível, e daqui você tanto pode retornar ao mundo como se nada tivesse mudado, ser um ser humano normal e passar pelo processo naturalmente evolutivo de nascer, crescer e morrer, como pode prosseguir na busca do lugar da liberdade total.

"Quem decide na verdade são seus atos; saiba que o que for feito ou dito por você de agora em diante será levado em conta automaticamente. Quanto mais se abrir para a consciência e se fechar para a razão, mais próxima estará da passagem.

— Mas antes meus atos não eram levados em conta?

— Não completamente, algumas coisas eram relevadas porque você não tinha real consciência do que estava fazendo, sua razão a confundia e seus sentimentos a pegavam, mas agora não tanto mais. Seus erros que forem conscientes e mesmo assim propositais serão registrados em sua energia e seus acertos evolutivos queimarão os erros, numa proporção energética de três para um. Você entrou no circuito de autocombustão, os erros são mais constantes que os acertos e eles esvaziam a matéria até que não sobre mais vida para os acertos.

"Você acabou de ganhar o poder de decidir sobre o seu destino mundano, e caberá a você a responsabilidade dos seus atos. Não culpe nada e a ninguém pelo que vai acontecer, assuma o controle do seu corpo e do seu dia-a-dia para depois tocar em algo mais. Comece a acertar, queime tudo antes mesmo de chegar ao umbral, e nada temerá.

— Mas posso escolher o tempo que preciso ficar aqui?

— Tempo, tempo, tempo, sempre ligada e pensando em tempo. O quanto antes partir melhor, e menos risco correrá de ser atacada por seus semelhantes e cometer os mesmos erros.

"Para partir, você deverá limpar sua matéria, tirar algumas algemas e se livrar de certas cargas e pesos que vem carregando pelas vidas. Não se mergulha para o interior carregando tralhas do exterior. Desfaça-se dos fardos, não carregue nenhuma cruz, o peso a fará afundar em vez de descer, até que acabe ficando por lá, com todos eles.

"Quanto ao tempo, assim que entender o sentido correto da profundidade, saberá como deslocar-se para lá, sem maiores problemas ou sofrimentos. Por enquanto, aprenda com a clareza o valor das informações assimiladas em seus estudos. Não é preciso discutir ou provar nenhuma teoria a ninguém que não esteja apto a desvendar toda a fórmula do crescimento energético e espiritual com você. Reparta a consciência apenas com os companheiros que estiverem na mesma freqüência energética, e visualize a consciência deles, pois todas vêm do mesmo ponto.

"Já que gosta tanto do tempo, não o perca tentando empurrar pessoas para a sua verdade; não fale do que viu, sentiu ou ouviu, principalmente para os que estão cegos, surdos e mudos em suas vidas.

"Saiba que por enquanto, até aqui, você só conhece a sua verdade e a voz da sua consciência.

"Continue a jornada, pois a clareza é muito ampla; aprenda a ouvir e assim falará; tire proveito das experiências que a cercam e verá em todos os sentidos; fale sobre suas vivências sem imposições; compartilhe dos momentos em conjunto, pois na maior parte da vida estará completamente só na busca de sua própria luz.

— Não me sinto só com tantas vozes dentro do meu ser; sinto-me completa, livre e feliz.

— Esse é o verdadeiro estado de um ser solitário; por mais rodeado que ele possa estar de pessoas e vidas, está só com sua consciência e completo em todos os sentidos. Não mais necessita de companhia para chegar a lugar algum, mas também ficará feliz em ter outros companheiros a seu lado, sem nunca se esbarrarem pelo caminho.

"Mas não se esqueça que ainda não fez desse momento o eterno; terá que voltar a todo instante para a matéria, para a vida na Terra, para o presente, passado e futuro, para o tempo e para a espera da morte. Por isso não deve ficar aqui; viver na clareza é tranqüilo em alguns casos, quando o ser consegue não mais ser afetado por seu cotidiano em seu retorno ao mundo e nem faz questão de liderar, passa completamente despercebido, mas não é livre para não mais voltar e nem é livre para decidir por seu destino. Parta da clareza para não se tornar nenhum dos dois casos.

— Mas não estou pronta para o umbral! Sei que serei uma

presa fácil dos meus erros, tenho muitos fardos de muitas vidas para consertar e para me livrar! Preciso de mais tempo.

— Terá o tempo que for preciso, desde que volte para a vida e em cada momento na clareza ilumine um pedaço da sua escuridão. Comece por reparar os pequenos erros diários, depois os erros passados e finalmente os possíveis erros futuros. Não aceite mais tralhas mentais em sua consciência iluminada até que tudo esteja claro, limpo e sem obstáculos obscuros.

— Posso fazer isso suavemente?

— Depende do que chama de suave na sua razão que me fala.

— Não precisa me responder, sei a resposta. Sou imbecil às vezes para não aceitar que entendi e fico buscando formas de provar que ainda não sou capaz de ser responsável por meus atos e pensamentos. Sei exatamente o que preciso fazer para atravessar a clareza, mas temo realmente ser pega por falsas verdades e afundar no umbral com elas.

"Sei o que fui em algumas das minhas vidas e me vejo cometendo os mesmos erros. Por que perdemos a consciência tão completamente é que ainda não consigo aceitar. Poderia aprender com meus próprios erros de outras vidas, e, no entanto, não me lembro.

"Sinto-me bem quando estou consciente, mas mesmo com ela temo por minha existência, até que me recorde completamente. Ainda poderei ser mortalmente surpreendida, e preciso aproveitar o máximo essa minha vida, pois nunca cheguei tão perto da liberdade.

— Tem razão, razão consciente, e agora? Eu é que vou perguntar, o que vai fazer?

— Estudar ainda mais, novamente preciso consertar algumas coisas. Farei da vida o meu pequeno umbral, pagarei com minha doação energética para libertar minhas cargas, agüentarei firme diante das dificuldades e não me deixarei abater por muito tempo. Depois, quando sentir que o umbral da vida se clareou, estarei forte para a viagem final e partirei sem medo.

— Sabe o que a espera?

— Posso ver.

— Está disposta a iniciar já?

— Não tenho escolha; ou me ponho em circulação ou me crucificam.

— Mas para alguns crucificação é sinal de salvação.

— Não para mim. Sei que para salvar é preciso queimar em luz e não apagar na cruz. Sei que o exemplo que foi deixado foi muito mal-interpretado pelas pessoas.

— Nada como o estado sublime de clareza para ativar uma consciência individualmente plena.

— Nada como o mestrado da consciência para clarear a visão de um ser.

— Estaremos do seu lado.

— Eu sei.

— Estará sozinha.

— Eu sei.

— De tempos em tempos essa sua consciência se apagará por alguns momentos, e você não será tão consciente assim das coisas.

— Eu sei.

— Tentarão puxá-la de volta.

— Eu sei.

— Então está pronta?

— Estou. Por tudo e por todos, estou pronta para viver uma realidade diferente dos olhos humanos, e estou pronta para sofrer as pressões do planeta, sem colocar minha vida em risco; me protegerei o quanto puder para não ser atingida e não serei peso na vida de nenhum dos meus semelhantes. Desejarei a todos o mesmo que busco para mim.

— Este é o instante de deixar a clareza. Vamos retornar à consciência normal e traçar objetivamente as metas de ação. Volte imediatamente a seus estudos.

— Voltei, eu tive um *insight*! Eu fui! Eu estava lá! Eu vi! Estive consciente todo o tempo. Estou sentindo uma certeza tão profunda de tudo. Preciso ligar para os meninos e dizer para eles, preciso contar o que me aconteceu, isto é, se conseguir relatar com palavras essa experiência.

"Ah não! Agora não, estão me chamando lá fora. Não quero ir, tenho mais o que fazer, não posso dar atenção às coisas normais, preciso ir mais longe nas minhas descobertas, preciso dar um jeito logo nas coisas. Não estou disposta a abandonar meus estudos agora, estou no caminho certo e não posso permitir que me tirem dele. A primeira coisa que tenho que fazer é me livrar de vez desse homem que se encostou na minha vida. Chega de ficar tentando resgatar coisas que já estão eliminadas, chega de ficar bancando a eterna e achando que o tempo está a meu favor. Não tenho mais tempo a perder, tenho que andar logo, serão sete anos de batalha interna, espero estar mesmo preparada, vou precisar de alguém do meu lado, um guerreiro de verdade, um homem que não tenha medo de nada, que venha comigo e me ajude a entender a força e o poder de uma vontade, que não me deixe cair e que me defenda dos ataques que irei sofrer. Sinto que ele está perto, mas onde? Onde está esse homem? Qual dos três é ele? Preciso da resposta completa.

— Terá que descobrir sozinha.

— Quem está falando, venha! Me diga!

— Terá que descobrir sozinha.

— Eu imaginava isso, terei que descobrir sozinha, mas para isso conhecerei a alma dos três.

Num passado muito distante

— Somente quando estou sozinha no meu quarto é que me dou conta de que ainda não sei nada de nada, faltam dados que não sei de onde vou tirar, leio, estudo, faço meus experimentos, mas falta informação, faltam dados, faltam peças, os livros que estão no mercado não estão mais correspondendo às minhas expectativas, eu preciso e quero saber mais.

"Mas onde vou buscar? Cursos não me servem, eu já tentei. Preciso achar o caminho da fonte, sei que existe uma fonte, só não sei como acessá-la.

"Espera! Deixa eu me lembrar, uma vez, quando era menor,

fui em um lugar e encontrei uma velha amiga, ela pode me ajudar, só preciso encontrá-la, anda, cabecinha, lembra...

"Não, não, não é assim pensando, é ao contrário, parando de pensar, desligando de tudo, isolando todos os sons do exterior e deixando apenas os sons interiores se manifestarem livremente. É isso!

"Parar tudo!

— Que bom que você pensou em mim, fico feliz em poder ajudá-la, o que está se passando nessa sua vida?

— Preciso de algumas informações que me deixam confusas.

— Que informações, por exemplo?

— Conhecimentos gerais, me falta conhecimento de coisas que não se encaixam com o que ensinam como verdade, tem coisas não-compatíveis.

— Que bom que sua sabedoria pessoal já está lhe mostrando esses pontos. Mas onde está mais obscuro?

— O relacionamento entre homem e mulher, a sociedade machista que elege uma forma masculina para ser o Deus e as próprias mulheres que se submetem a todas essas regras.

"Por mais que tente me adaptar, no meu conceito de vida isso está fora dos padrões naturais, não consigo aceitar a determinante masculina como certa, mas também não me considero uma feminista porque não quero inverter as posições, estou confusa, não sei por onde direcionar minhas atitudes, às vezes acabo me tornando agressiva demais e me indisponho com as pessoas.

— Estou vendo seus questionamentos e vou levá-la para conhecer algumas coisas em relação a isso que vão ajudá-la bastante. Venha comigo!

— Para onde vamos?

— Vamos para uma viagem mental. Acompanhe minha visão e mantenha sua atenção apenas em mim.

"Há muito tempo, muito mais tempo do que você pode conceber mentalmente, homens e mulheres disputam a administração do planeta Terra. Ora as mulheres assumem o comando, ora os homens tomam as rédeas; não existe uma cooperação, existe é uma disputa por trás de cada ato. Na era em que você está vivendo, os homens estão no comando, os deuses são masculinos e toda a cúpula administrativa do mundo também, o papel da mulher está relegado ao apoio e ao segundo plano vital, cabendo ao homem as decisões mais importantes. Essa era está por findar e uma nova está por ser iniciada, como vem sendo ininterruptamente.

"A diferença entre os dois sexos começa pela própria matéria física, passando para a energética e espiritual. Homens e mulheres não são iguais, não pensam e nem agem igualmente, e no entanto podem atingir os mesmos níveis de conhecimento, de força, de consciência e de existência. O grande enigma, há milênios, é decifrar a parte de um contida no outro e separadas entre si num mesmo corpo energético, uma fórmula fascinante de existência.

"Tudo começa internamente e parte para o externo à medida que cada um vai entendendo sua própria mecânica existencial.

"Quanto a os deuses serem masculinos ou femininos é uma outra questão de magnetismo; esses deuses não têm sexo e sim fluidos energéticos. O que vocês chamam de deuses, nós chamamos de guardiães do planeta. Vocês estão muito longe de descobrirem a origem do universo, e mais longe ainda de entender Deus. Os guardiães do planeta fluem em níveis masculino e feminino de acordo com o aglomerado que estão administrando.

— Que tipo de aglomerados?

— Por exemplo, os aglomerados vitais são fluidos com 70% de parte feminina, 25% de parte masculina e 5% de campo neutro; chamamo-los de natureza, e sua deusa flui feminino. Já o fogo, a luz, o sol têm um aglomerado que flui 80% masculino, 15% feminino e 5% neutro, e seu deus, seu guardião, flui masculino. E assim vai, aglomerados e guardiães, tudo tem sua própria consciência, e esta é conectada a outras e a outras, e todas somam uma só.

— E nós, como fomos criados, o que aglomeramos, por que somos assim tão estúpidos e inconscientes, tão ridiculamente limitados?

— É engraçado ver você falando assim de sua própria espécie. Não menospreze os humanos, pois dentro do ciclo planetário vocês são os mais conscientes e os mais completos em termos de aglomerados. O que vocês não possuem, vocês acoplam a suas vidas com uma inteligência admirável. O único problema humano é o apego que têm à vida, às pessoas e ao planeta. Isso é um grande entrave no ciclo evolutivo.

"O início da espécie humana não é o resultado de apenas uma origem, como se acredita. A espécie foi o resultado de várias integrações universais e interplanetárias. No mesmo instante, vários ciclos foram aglomerados na Terra e a cada momento outros eram acrescentados ao magnetismo do planeta, tudo ordenado em camadas, ciclos, átomos e matérias tão bem magnetizados e tão inteligentes quanto a própria criação.

"O eterno e o infinito estão presentes no sistema que aglomera o planeta como uma consciência viva, e dentro dessa existência outras vidas foram geradas e conscientizadas de suas funções dentro do cosmos.

— Consigo visualizar o que você está me dizendo, mas tudo parece tão assustadoramente programado e ao mesmo tempo tão aparentemente sem propósito que me pergunto o porquê disso tudo.

— Que diferença faz o porque? Mude sua pergunta e queira saber para que isso tudo.

— Então me diga, para quê isso tudo?

— Agora sim, podemos dar prosseguimento à nossa viagem. Vamos voltar uns vinte mil anos atrás e conhecer uma cidade específica que existiu na Terra por algumas centenas de anos, até que desapareceu do mapa sem deixar vestígios. Uma cidade encantadora, um pedaço do planeta que deu certo, uma experiência evolutiva muito gratificante e importante para os que lá viveram e ainda hoje carregam sua memória e consciência, uma cidade que reuniu mais de cem milhões de humanos dentro de uma mesma sintonia e camada astral.

— E o que aconteceu a essa cidade e a seus habitantes?

— A origem dessa cidade foi mesclada pela chegada de várias vidas inteligentes oriundas de vários outros sistemas planetários e alguns poucos seres evoluídos do próprio planeta, outras cidades existiram no mesmo período, e seus limites eram marcados por linhas astrais tão poderosas que podiam estar no mesmo território sem participarem da existência uma da outra, a não ser que fosse preciso.

"Homens e mulheres eram parceiros de vida, um complementava a informação do outro, e os matrimônios eram opcionais, livres, e duravam o tempo que o casal em questão desejasse como vida em conjunto, sem posse ou poder de liderança um sobre o outro. Filho era outra questão de decisão, tinham um controle tão preciso de natalidade que o casal, ao gerar uma nova vida, sabia que estava depositando ali, naquele novo ser, parte de sua energia, parte de sua matéria e a responsabilidade de trazer um indivíduo para o ciclo evolutivo do planeta; abriam mão de sua própria liberdade em prol de um semelhante, e carregavam essa responsabilidade até que o novo ser estivesse pronto para cumprir com suas próprias obrigações humanas. A partir daí, entregavam esse ser a escolas, amigos, e lhe entregavam seu livre-arbítrio, ou seja, a responsabilidade de fazer daquela vida um somatório de valores positivamente fluidos.

"Muitos jovens optavam em não ter família, estudavam para outras funções, e muitos também optavam em não casar, vivendo como guerreiros da liberdade, e entre eles trabalhavam suas energias humanas para transcender a espécie, isolavam-se em templos iniciáticos e dedicavam-se a aprofundar e expandir suas energias; eram homens e mulheres que se amavam de forma tão mágica que compartilhavam seus corpos e suas energias sexuais com uma plenitude inexplicável. Eram seres completos em todos os sentidos.

"Os governos eram formados por representantes dos conglomerados dentro da cidade; essa escolha era natural, unânime e com tempo indeterminado. Os representantes do governo submetiam suas idéias a um conselho de sábios, que previam os resultados de cada decisão, e, caso os resultados não fossem pelo bem-estar de todos, estes seriam reestudados até que o conselho aprovasse sua execução.

"Na agricultura, tudo era muito bem coordenado com o ciclo da terra, da lua, do sol e das estações; nada era cultivado fora do seu tempo ou em excesso. O carinho que tinham para com a terra e o que plantavam afastava qualquer tipo de praga ou doença possível.

"A água era drenada naturalmente, e não se alimentavam de animais para não atrapalhar o ciclo vital do planeta e nem o ciclo vital de cada indivíduo. Eram saudáveis e tinham uma vida média de 150 anos bem-vividos e sem problemas de doenças. Morriam tranqüilos e sem maiores sofrimentos.

"Os meios de transporte eram um outro fator interessante: tinham cavalos, bicicletas, e para viagens longas usavam o corpo e o transporte molecular. Os mais evoluídos simplesmente apareciam e desapareciam nos lugares, e os menos experientes usavam aparelhos energéticos locomotores tão velozes que os olhos não acompanhavam seu movimento e seu deslocamento.

"Em comunidade, eram todos muito sinceros e amigos; divertiam-se, praticavam diversos esportes, brincavam e faziam até das mais árduas tarefas um motivo de lazer. Alguns optavam pela arte e desenvolviam suas técnicas em pintura, música, dança e escrita com exímia perfeição.

"Os ciclos naturais do planeta eram belos e harmônicos, pois ninguém os atingia ou violentava em prol de uma minoria existente.

"A administração e o relacionamento entre outros povos eram cordiais e atentos; observavam tudo, sem impor nada.

"Com outros sistemas e outros planetas, tinham uma comunicação clara e ampla; não havia interferências e nem cobranças, mas uma troca de conhecimento e de experiências de vida.

"Demoraram séculos para atingir o nível da perfeição humana, e muito trabalho continuava sendo feito para superar essa perfeição e continuar evoluindo sem cessar. O objetivo era que cada vez mais pessoas conseguissem limpar completamente suas razões pessoais e ficassem com isso livres para participar de outras existências e também para sair do ciclo de morte e vida que ainda lhes era de certa forma imposto pela natureza vital do planeta e da matéria humana. Estavam construindo um outro planeta dentro do próprio planeta.

— E aí? O que aconteceu?

— As intempéries.

— Foram dizimados?

— Não, nem todos. O que aconteceu estava previsto, e eles

sabiam que aconteceria. Então, prepararam as novas gerações para que fossem os transportadores da cidade.

"O planeta passa por períodos de mudanças muito radicais, e, de tempos em tempos, todo o ciclo é refeito pelas forças do universo. Isso não é classificado como bom ou ruim, simplesmente acontece e ponto final.

"Sabiam disso naquela cidade, e, ao se aproximarem do momento da reciclagem, já haviam formado verdadeiros guerreiros da liberdade, seres tão poderosos que eram capazes de amenizar as forças da natureza e controlar com suas vontades qualquer coisa existente por sobre a Terra; estavam preparados para uma liderança num momento turbulento. Prepararam as pessoas para uma partida voluntária e sem sofrimento no momento das manifestações da natureza; ensinaram técnicas de desapego da matéria e iluminação total antes que fossem pegos de forma que não pudessem mais evitar a morte; aumentaram suas resistências a ponto de sobreviver meses em qualquer situação que lhes impusesse o universo; prepararam real e conscientemente a todos para uma mudança completa.

"Para todos os lugares foram enviados guerreiros; homens e mulheres de extrema força e poder estavam a postos para transportar todos os que atingissem um alto nível de consciência.

"Sabiam que alguns iam ficar e afundar com a cidade, mas orientavam a todos de forma a que estes se tornassem minoria. Também compreendiam a importância de deixar gravado na consciência do planeta um vestígio daquela existência, pois isso seria um rastro para que os que ficassem, encontrassem no futuro novamente a fórmula e o caminho da liberdade.

"Outros povos foram alertados, mas alguns não quiseram ver o que estava por acontecer, pois se achavam intocáveis e não acreditavam na hipótese de uma destruição generalizada.

— E então? Como foi a destruição?

— Terrível para uns e linda para aquela cidade que foi quase por inteiro transportada para outra dimensão no momento exato. Aqueles que tiveram que ficar, ao entrarem na explosão energética do planeta, viraram raios de luz e voltaram para começar um novo ciclo evolutivo na Terra. Houve os que simplesmente desapareceram e optaram por partir sozinhos para novas vidas em outros lugares.

— É a primeira vez que vejo alguém falar de destruição pelo lado bonito e não trágico da coisa.

— Foi trágico para aqueles que não tinham consciência do que estava acontecendo e foram obrigados a ficar e começar tudo de novo do básico. Mas foi bom para o básico, que ganhou um novo mundo para evoluir. Isso é um ciclo, e todo ciclo é lindo quando compreendido como força e poder.

— Mas onde está essa cidade agora, e onde estão os que ficaram?

— A cidade está cada vez mais linda e seus habitantes continuam lá por liberdade de opção, eu moro nesta cidade e sou uma vestal. Escolhi não me casar, não gerar novas vidas e me dedicar integralmente ao universo e seus habitantes. Recebo energias masculinas e me sintonizo com elas em viagens extraordinárias pelo cosmos. Amo tudo e todos da mesma forma.

"Dos que ficaram, muitos já conseguiram encontrar suas essências e estão prestes a libertarem-se enfim; outros continuam perdidos, de tanto que se mesclaram com vidas em tantas vidas vividas no Egito, nas cidades incas, maias, astecas, toltecas e diversas outras, desde a reciclagem do mundo. Alguns desses vão demorar ainda algumas outras vidas até que se encontrem por completo; outros já foram e não precisam mais voltar, e, por incrível que pareça, existem aqueles que não foram pegos pelas intempéries, mas optaram em ficar apenas para estar com aqueles que estão perto de atingir a liberdade, e existem ainda os que foram embora e agora decidiram voltar para preparar um comitê de boas-vindas para os que resistiram bravamente a todos os tempos sem perder a vontade de chegar.

— E as outras cidades que havia naquele tempo?

— Passaram pelo mesmo processo, só que deixaram tantas pessoas de almas perdidas e desesperadas que só sobraram ruínas como ponto de referência; são espíritos que ainda estão a séculos de entender o ocorrido, estão esperando por outras intempéries para tentarem um destino melhor; entregaram-se e continuam entregues ao ciclo natural, tentando controlar um ao outro como se fossem os deuses da existência.

"São os geradores de povos bem menos evoluídos, que acabaram por ser a maioria no mundo atual; transformaram tudo o que vivenciaram em pânico, ódio e injustiça, e vivem assim até os dias de hoje.

— E eu? Onde entro nessa história?

— Você me conhece?

— Conheço.

— De onde?

— Não sei direito.

— Então junte as peças e descobrirá de onde nos conhecemos.

— Mas como vou poder afirmar para o mundo essas histórias? Ninguém vai acreditar em mim.

— Afirme para você e deixe que o mundo fique batendo a cabeça tentando inventar coisas mais confortáveis para a mente deles. Não se importe muito com os que não conseguem ver e ouvir a consciência, fale com aqueles que conseguem entender o que está sendo dito, não como palavras, mas como relato real de uma existência.

— E o nome da cidade? Preciso saber o nome da cidade.

— Atlântida, o continente desaparecido, a cidade-modelo do planeta, a cidade que conseguiu pela força e o poder de seus líderes livrar milhares de seres do ciclo humano.

— Mas Atlântida está submersa, não está?

— Atlântida está intacta numa outra esfera, e muitos dos seus habitantes que ficaram na reciclagem do planeta estão retomando suas consciências para partirem em breve, e muitos dos que foram estão voltando para buscá-los.

— Vamos ter outra intempérie?

— Com certeza que sim.

— Quando? Eu vou estar viva para ver isso acontecer no mundo?

— Depende de vários fatores, mas o ideal é que se prepare para partir um instante antes da chegada da sua morte; viva para não ser pega; desapegue-se.

— Não sei ao certo se terei forças para ver coisas horríveis acontecerem e ficar inteira.

— Você já ficou inteira uma vez, e coisas horríveis, como você diz, acontecem a todo momento nesta vida desde o seu nascimento: bombas, guerras, furacões, maremotos, vulcões, doenças, igrejas, injustiças, maldades, terremotos e violências estão acontecendo, e essas coisas passam como normais e naturais para todas as pessoas. Na verdade, são pequenas doses do movimento constante do universo e das pressões magnéticas provocadas pela força dos seres humanos por sobre o planeta. Tudo é magnético, a energia é a força que dita os acontecimentos.

— E foi isso que aconteceu em Atlantida?

— Em Atlântida não, mas nas redondezas sim. Muitos começaram a usar o pouco conhecimento que tinham para bens pessoais, e levavam uma verdadeira legião de seguidores para lugares completamente obscuros. Fizeram da alegria orgia. Do amor, traição. Do alimento, a gula. Da amizade, o interesse. Dos governos, a ganância. Do sexo, o vampirismo, e assim foram invertendo todos os valores. Por isso não foram capazes de se salvar como os atlantes; distraíram-se com seus mundos medíocres, enquanto o planeta estava passando por seu momento de transformação completa.

— Sei que conheci Atlântida, posso vê-la claramente diante dos meus olhos, tudo harmonioso, feliz, limpo, lindo, claro, fluido, natural, leve, apaixonante, eternamente entusiasmante. Eu já estive lá, esse é meu conceito de paraíso.

— Esteve. Que bom que se lembra! Que bom que pode ver.

— Que bom que você está aqui comigo me ajudando a saber de tudo isso. Às vezes eu preciso encontrar as provas para não me sentir louca.

— Não pense; sinta e veja conscientemente tudo isso e logo irá adquirir sabedoria para mexer com todas essas forças favoráveis. É tudo divinamente maravilhoso para todos que assim sonharem, para os seres de vontade.

"Tem mais uma coisa que gostaria de lhe dizer. Tome conta de seu companheiro. Ele é uma pessoa muito especial, é um guerreiro, um líder, seu escudeiro, e também está prestes a conquistar sua liberdade. Você é uma magista, uma guerreira, uma guardiã.

"Juntem suas forças e juntem-se a nós. Conheça de fato a liberdade.

— Quem é ele?

— Um amigo, um grande amigo, meu e seu.

— Não será nada fácil.

— Ninguém disse que é fácil, mas com certeza é possível. Tudo é possível no universo.

— Tudo?

— No universo cabe tudo.

— E para onde devo ir dentro desse tudo?

— Vá para dentro da expansão, deixe de lado os conceitos da matéria.

— Aqui é sempre muito fácil de entender isso, mas quando chego no dia-a-dia fico completamente voltada para os meus pensamentos, conceitos e sentimentos materiais.

— Esse é o desafio.

— Quando a verei novamente?

— Um dia. Sem programações, nos veremos um dia. Fique bem!

— Ficarei, não se preocupe.

— Não me preocupo com nada há muito tempo. Apenas sonho com o dia de tê-la conosco novamente.

— Eu estou indo!

De volta no tempo

Quantas coisas me acontecem ao mesmo tempo! Primeiro somos visitados por seres de outro planeta, depois sou transportada por uma amiga de muitas vidas a ver o passado do meu próprio planeta. Só espero saber trabalhar todas essas informações dentro de mim de forma que não misture os canais e acabe me perdendo neste tempo que nem existe de fato.

Essas minhas vozes que ficam me atormentando toda hora, me fazendo ter dúvidas do que minha consciência vê, me falando coisas tão estúpidas e sem sentido, mas que às vezes conseguem me deixar bastante confusa... preciso aprender a separar meus sentimentos e razões do dia-a-dia dos fatos e histórias narrados pela verdade; tenho que aprender a ser estrategista e não me expor tanto. Sinto-me ainda muito imatura para colocar esses aprendizados de consciência em prática. A cada hora percebo o quanto me falta para chegar perto de poder dizer que entendi tudo e estou pronta para a liberdade. Tenho muitos medos que ainda me impedem de dar passos mais firmes e seguros em relação ao que os outros não podem nem ver, nem ouvir e nem mencionar como existente, mas que para mim são absolutamente normais, reais e claros diante do meu ser. Preciso amadurecer isso tudo, preciso estar pronta para as coisas da vida, não posso ser pega desprevenida e nem deixar os detalhes escaparem por meus dedos. Tenho que despertar a guerreira que existe dentro de mim e me livrar das algemas que as vidas me deram como prova dos meus fracassos passados. Já tenho 23 anos, e, se não começar logo a ter vontade de realizar as transformações em meu ser, terei que voltar outras vidas e serei pega novamente pelas intempéries. Tenho que me apressar, preciso de pelo menos mais cinqüenta anos nessa existência para despertar completamente, tenho que andar logo, chega de perder tempo deixando-o passar por mim sem que eu lhe dê o devido valor. Tenho que transformar o fator tempo em amigo e não em inimigo, como tenho feito até agora.

É, minha amiga mente, vamos ter que nos aliar e trabalhar para colocar para fora todas as fúrias existentes dentro de mim e transformá-las em nada. Não poderei ter nem uma gota de ressentimento por nada nem por ninguém. Só assim estarei pronta para conquistar algo mais além das manifestações de mim mesma. Intempéries novamente não.

Capítulo 7

CRISES E CONFLITOS

— Meu Deus do céu! De novo no fundo do poço?! O que eu fiz de errado desta vez para merecer tudo isso que estão fazendo comigo? Estava tudo tão maravilhoso, o que aconteceu? Estou me sentindo numa fogueira, queimada como uma bruxa, todos me odeiam tanto que chegaram a fazer um boneco com meu nome para enforcar, pisar e arrebentar na minha frente como manifestação de sua ira. O que fiz para eles? Por mais que tente achar a resposta não consigo, só consigo sentir raiva e mágoa pelo que estão fazendo, até meus melhores amigos me abandonaram, estou me sentindo só, ainda bem que tenho meu maior amigo comigo, meu companheiro que no meio de tudo isso foi a melhor coisa que me aconteceu. Se não fosse ele, acho que estaria arruinada.

"Gostaria de parar de pensar e de sofrer por tudo isso, mas não estou conseguindo, minhas vozes não se calam e meus sentimentos estão todos à flor da pele, pulsando de indignação. Não estou nem em condições de me conectar com a consciência e relaxar. Alguém precisa me ajudar antes que eu estoure meus miolos de tantas mágoas.

— Se quer mesmo saber o que está acontecendo, pergunte à sua consciência, lá encontrará a resposta.

— Mas não tenho feito outra coisa a não ser pedir ajuda a todas as forças existentes.

— Eu não disse pedir ajuda, eu falei em procurar a solução, é muito diferente de esperar a solução cair do céu enviada pelas mãos divinas. Você sabe que não é assim que o universo funciona. Não espere ser carregada por nenhum Deus.

— Eu sei, mas estou tão sem energia que alguma coisa precisa me ajudar antes que eu afunde. Confesso que não estou mais agüentando tanta pressão para baixo.

— Você não vai afundar. Pare de ficar fazendo drama e de sentir tanta pena de si mesma, assim você está parecendo aquelas pessoas que se entregam a qualquer destino, achando que lutaram ao máximo por coisas maiores mas foram derrotadas do mesmo jeito.

— Você está falando isso porque não é seu corpo nem sua vida que estão de cabeça para baixo, prestes a cair num precipício.

— Chega de falar asneiras, sua razão já se manifestou muito por todos esses meses. Basta de autopiedade e de ressentimentos; abra sua consciência e veja tudo como se você não fizesse parte dos acontecimentos. Suas crises e conflitos já estão durando mais tempo do que o necessário para o seu crescimento. Ou você sai já daí ou estará se comparando aos seres humanos energeticamente mais pobres que já passaram diante de você nesta vida. A escolha é sua, e precisa ser feita agora.

— Claro que eu quero me livrar disso tudo, só não estou conseguindo é ver o caminho da saída. Parece que fiquei andando em círculos e agora estou tonta, cega e perdida.

— Então pare com tudo e deixe sua consciência conduzi-la a ver a solução. Vamos viajar por acontecimentos que trouxeram o mundo até este ponto para que você perceba as semelhanças.

— Que acontecimentos?

— Guerras, conflitos, revoluções e total falta de consciência.

— Mas do que me interessa o passado? Eu estou preocupada com o meu presente.

— E o que é o presente se não uma reação do passado e uma ação para o futuro?

— Está bem! Deixo tudo de lado, paro de pensar em mim mesma e nos meus problemas e vou com você até onde você quiser que minha consciência chegue. Aqui eu não estou mesmo encontrando saída, quem sabe você me indica alguma.

— Você tem consciência do que é o ódio?

— Tenho, mas evito pensar sobre ele.

— Evita porque teme senti-lo.

— Talvez, mas sei que não devo sentir.

— Por quê?

— Porque o ódio corrói e mata quem o admite em sua vida.

— Mas conscientemente falando, você compreende a mecânica do ódio?

— Não muito bem; apenas sei que é o sentimento responsável por muitas desgraças do planeta.

— Então veja isso: quando se chega ao ódio, é o sinal claro da manifestação de sucção já em estado muito avançado de decomposição energética causada pela excessiva importância dada à matéria individual.

"O indivíduo que odeia deixa de ser um doador e começa a ser apenas receptor, fazendo desse sentimento uma força motivadora em sua vida. Seu combustível passa a ser a vingança, e seu prazer maior é o de causar feridas em quem quer que se atreva a enfrentá-lo.

"O ódio nasce da mágoa e do ressentimento; ele cega a tal ponto que a pessoa que o carrega em sua vida acredita plenamente em seus motivos e trava, a partir dessa certeza, uma guerra pessoal em que muitas vezes outros seres são envolvidos e contagiados pelo mesmo sentimento de ódio, sem nem perceberem ao certo em que estão se alinhando.

"Tudo parte de um ponto às vezes tão pequeno quanto um inseto, mas que, ao acumular energia, vai tomando dimensões monstruosas na cabeça do ser que foi picado.

"O resultado disso é uma corrosão tão profunda que, dependendo da força grupal desse ódio, ele atrai as cargas mais destruidoras que existem em cada um, atingindo com isso milhares de inocentes.

"Se for em nível menor, os destruídos são os próprios seres alimentadores de seus sentimentos de ódio; eles definham e acabam transformando suas vidas em um mar de lama, onde afundam mortalmente.

"Muitos odeiam neste mundo, estão magoados com a vida e ressentidos com seus semelhantes a ponto de desejar eliminá-los de seus caminhos. Sentem-se injustiçados, traídos, humilhados, desprezados, maltratados, abandonados pelo suposto Deus e tudo que somado causa dor em seus egos, o ponto onde nasce a ferida do ódio e que cria tantos outros sentimentos.

"Para aliviar essa dor, provoca-se propositadamente uma ferida maior no ego da outra pessoa e faz-se o possível para transferir o pesadelo a quem é julgado responsável pelas mágoas sentidas individualmente.

"Perigoso sentimento humano, muito destrutivo e primata, no estado de ódio a consciência não é ouvida em momento algum, só quem fala é o ego, e este só se preocupa com o tempo da matéria. Nada mais importa a não ser ele próprio e seu rancor.

— Por que todos estão me dizendo isso? Primeiro recebo uma mensagem escrita de Saint Germain me falando sobre mágoa, depois todos me atacam como se eu fosse uma praga que precisa ser destruída, e agora você me mostra o ódio como sendo um grande mal. O que preciso entender dessa experiência dolorosa que estou vivendo?

— Precisa não sentir ódio, nem mágoa, nem vontade de vingança; precisa simplesmente olhar para tudo sem que nada afete a consciência do seu coração. Deve prosseguir sua jornada evolutiva deixando que o tempo apague todas as marcas desse futuro passado, sem dor.

— Mas estou tão triste e magoada que não sei como eliminar de imediato esses sentimentos. Ódio eu não estou sentindo, mas o resto dos sentimentos que o antecedem sim.

— O resto é ódio do mesmo jeito, apenas menos intensivo e menos destrutivo, mas, como ainda está podendo ouvir a consciência, é sinal de que o seu ego não foi afetado e podemos lhe indicar algumas saídas, começando por lhe mostrar resultados do mundo para que você possa fazer sua escolha de vida.

— De que resultados está falando?

— Do ódio. Vamos analisar conscientemente aonde o ódio levou diversas pessoas no mundo e você verá se é o que deseja como futuro.

— De antemão eu já sei que não quero. Tenho consciência dos males desse sentimento e não os desejo nem para mim nem para nenhum ser vivo.

— Ótimo. Mesmo assim, vamos falar sobre o assunto para que a cada ataque que sofra você aumente sua defesa até que saia definitivamente da mira dos atacantes. Faça-os ver com o exemplo dos seus atos.

"Aquele que vê e conhece a verdade não tem a mínima necessidade de entrar em atrito com nenhuma outra energia; respeita o nível de consciência de cada um e conscientiza aqueles que estão à procura de mais informações. Fale alto, forte e em bom tom, deixe que vejam por seus próprios corpos, senão será apenas a sua verdade, e estará correndo o risco de ser apagada por opiniões alheias.

"Quem possui a visão da consciência não pode mais errar, essa desculpa humana deixa de existir completamente, não é admissível.

"O iniciado que erra despenca da altura que estiver, pois suas asas são a verdade da criação aberta e clara, para todos que chegarem às alturas e tiverem coragem de saltar como ele

"Se elas deixam de existir a seu dono, por um erro humano, é sinal de que ainda há ego naquela energia; o ego pesa e fecha as asas, fazendo a energia retornar para limpá-lo, até que suba de novo, completamente fluido.

"Enquanto precisar brigar por uma verdade, é porque ainda duvida, e por isso quer que alguém vá na sua frente, não confia integralmente ou não se julga capaz ou merecedor. Tudo isso é puro ego, e ego é o gerador humano, não vai muito longe.

"Brigar para provar o que nem mesmo viu plenamente é colocar combustível num gerador prestes a explodir e transformar tudo novamente em migalhas. Esse é o maior erro humano, e só o atinge aquele que chegou muito perto da verdade e transformou-a, escondendo-a por trás de falsas palavras, pronunciadas não pela consciência, mas sim pela razão.

"Os ainda ínfimos humanos acreditam também nessas verdades e, pela mais primata ignorância, as tomam como suas e morrem por elas sem nunca terem visto nem sequer um lampejo dessa luz.

"O ego cega a tal ponto que, mesmo banhado em sangue, o ser

continua atacando para todos os lados, pois não consegue ver o que está fazendo; tudo o que quer é se manter vivo e cada vez mais poderoso.

"Não se briga com um ser assim, é burrice e total falta de consciência.

"O procedimento correto é ir se iluminando e se transformando num facho de luz que não ofusque a visão de ninguém, motivando todos a abrir os olhos.

"Vá você na frente e mostre o caminho sem querer absolutamente nada do que ficou para trás e nem recompensa alguma de volta; receba de bom grado os que chegam a seu lado e admire e siga os que estão na sua frente. A soma desses fachos de luz aquece o planeta, e assim muitos conseguem sentir o calor e enxergar a claridade; eles sabem que primeiro precisam arder em sonhos, para depois partirem também em busca do sonho maior de liberdade.

"Os mais poderosos voltam quantas vezes quiserem, não para discutir, ou provar, ou implorar por nada, mas porque optaram por auxiliar mais alguns que estão com vontade de iniciar a jornada.

— Muitos já fizeram isso no mundo?

— Algumas centenas de humanos já percorreram seu caminho, muitos foram para não mais voltar, alguns ficam na administração do planeta, existem milhares que continuam no ciclo humano por milênios, evoluindo muito pouco, e existem os que transcendem, voam antes de chegar até o topo.

— E os que odeiam, brigam e vivem só para seus egos? O que acontece com eles?

— Acabam tropeçando e caindo no próprio ego, passam vidas desencarnados numa escuridão profunda e sem rumo algum, atingem um estado energético lamentavelmente parasitado, alimentam-se da vida alheia, uma triste visão e excelente conscientização para os que não querem chegar no mesmo nível miserável e deploravelmente humano.

— E como fazem para sair?

— Começam tudo de novo pelo básico e podem levar, em tempos terráqueos, uns três mil anos para ganharem consciência novamente.

— Na eternidade isso não é nada; o que os faz prosseguir?

— A vida na Terra não é eterna, e não há dor maior do que a de nascer cego para o universo e morrer na escuridão do vazio.

— Por que existem tantos conflitos?

— Porque não existem tantos corações conscientes, mas com certeza estes estão sendo devidamente trabalhados por diversos tipos de energias cósmicas e por centenas de novos iniciados que continuam na pele humana para suas aprovações finais.

"São estes que quase sempre fazem o trabalho iniciático mais forte e acabam ajudando muitos outros a encontrarem um caminho, porque, ao partirem, deixam um lampião na mão do que estiver mais próximo e que for mais iluminado para que este prossiga sua jornada com a mesma consciência e plenitude, devolvendo o lampião que lhe foi confiado quando este também encontrar sua liberdade, deixando para o próximo guerreiro uma chama de sua luz, que assim vai passando de um para o outro.

"E, nessa jornada, não há tempo e nem energia para se perder com o ego, o ódio, a dúvida e todas aquelas coisinhas humanas.

"Se alguém sucumbe a isso, é porque não está preparado para ver além dos seus olhos, que continuam cegos e por isso humanos por mais algumas vidas, errando aqui e ali.

— Como isso tudo começou?

— Desde que o processo evolutivo ficou claro para a humanidade, a cobiça, a inveja, o medo e o ódio se apropriaram dos corações e preencheram os sentimentos dos menos evoluídos, criando uma mossa escura que os cegava e os prendia à matéria.

"Dessa mossa de sentidos contrários ao ciclo nasceu um espaço interno a que chamaram ego; ali depositavam todas as mágoas e ressentimentos contra a existência suprema.

"O pavor de ficar só num planeta onde a ordem do crescimento espiritual é igual para todos fez do ego uma forma de defesa para se enraizar no solo humano e não sair dele; descobriram que no ego se garante uma moradia terrestre duradoura.

"Enquanto alguns buscavam a liberação da matéria, os egocêntricos criavam um mundo onde os valores estavam contidos no que possuíam e dominavam como único e verdadeiro.

"Faziam com que seus semelhantes afins a seus sentimentos compreendessem o mundo como a única morada, e lutavam com todas as forças para não ver nada além do que os limites dos sentimentos humanos permitiam. Se admitissem a consciência, teriam que partir em busca da plenitude, e isso os tiraria do planeta Terra e da forma humana, cedo ou tarde.

"Criaram, como no tempo, uma zona protetora da espécie; trouxeram para suas vidas diversas crenças ilusórias e diferentes muletas religiosas para disfarçarem sua ignorância em relação a assuntos relativos à evolução. Esta era a fronteira que separava os fatos reais das suas verdades pessoais.

"Por não entenderem a morte, foram obrigados a conviver com técnicas e buscas externas que acalmavam suas dúvidas e seus ódios. Com sacrifícios presenteavam a seus deuses, que recebiam a morte de poucos como forma de recompensa pela vida de muitos.

"Aprenderam a alimentar o próprio ódio e a ira de seus corpos com sangue, e ofereciam também sangue para acalmar a ira dos deuses.

"Uma troca que sempre justificou qualquer coisa, em cada gota derramada; com lutas, mortes e vinganças por causas pessoais conseguia-se aumentar o tempo de renascer no ciclo do planeta; chamavam a isso vitória, e quando, apesar de todas as tentativas de vencer, morriam como simples mortais, seus espíritos descobriam que o regresso seria muito mais doloroso, e a vitória de antes tornava-se o karma de depois.

— E os que não odiavam mas eram expostos a torturas e guerras pelas causas alheias à sua vontade?

— Ou se rendiam ao ódio e morriam jurando vingança ou ignoravam a dor e partiam livres para estágios maiores.

— Por que o ódio é tão forte? Às vezes parece mais forte que o bem.

— O ódio mora no ego, e no ego reside uma inteligência tão poderosa quanto a que mora no coração.

— Onde fica o ego?

— No coração.

— Mas como isso funciona se os dois moram no mesmo lugar?

— Esse é realmente um grande enigma a ser descoberto, as duas faces do mesmo ponto, em que um liberta e o outro aprisiona. Um coração é consciente e nele pulsa a vida eterna, e o outro é inteligente e bate no limite humano. Qual dos dois é real e verdadeiro?

— Como assim, qual dos dois? O ego e os sentimentos que ocupam seu espaço são os falsos, é claro! Sinto isso fortemente dentro de mim.

— São de fato; agora olhe o que muitas vezes acontece: os sentimentos possuem uma inteligência própria, um coração próprio e uma vontade própria, e são capazes de simular as situações mais reais e iludir muito facilmente o restante da matéria em questão. Muitas vezes os sentimentos de posse, de egoísmo, de medo ficam disfarçados em amor, e criam as mais diversas formas de armadilhas para atingir seu objetivo. Fingem-se de doentes, mimam, criam dependências físicas e sentimentais, fazem cobranças querendo de volta o suposto amor que estão dando, aprisionam com chantagens emocionais, fazem de tudo para alimentar o sentimento e dividir a carga com a pessoa amada. A única voz que escutam é a da sua própria razão, que às vezes é muito inteligente e sabe imitar a consciência tão bem que convence o ser de que seus motivos estão corretos e suas verdades são absolutas. Algumas vezes aponta os mesmos erros que a consciência apontaria, para confundir ainda mais. Inteligente a razão! Não acha?

— Fico é assustada de pensar em todas as minhas vozes, e temo não saber a diferença, já que são todas tão parecidas. Não sei se agora por exemplo estou falando com a minha razão ou com a minha consciência.

— É muito fácil saber, basta que veja com todo o seu ser. A razão não tem clarividência, só tem inteligência, e esta se apaga assim que a luz acende todo o corpo. A inteligência no estágio humano é muito interessante; o ser que a possui já está num bom nível de vivência no planeta, encarnou muitas vezes e sabe as artimanhas da mente, usa essa experiência como arma de proteção e de ataque, e acaba conseguindo uma vida materialmente mais estável, o que já lhe satisfaz, pois não acredita que poderá sair dessa rotina planetária de nascer e morrer.

"Já a consciência é um pouquinho diferente da inteligência dos sentimentos; ela não é nada paternal, mostra o que deve ser mostrado e espera que o indivíduo veja completamente e por si só, demore quantas vidas demorar para visualizar a verdade.

"A consciência não encobre nada, não tem piedade de ninguém, não possui a matéria, pois está contida nela, e nem tampouco facilita as coisas para seus visionários; ela é a verdade dita, vista, e ponto inicial e final.

— Mas isso me parece muito radical.

— E é, por isso as pessoas preferem as vozes da razão e dos sentimentos, pois estes são bem mais compreensíveis, paternalistas e piedosos; a razão é parcial e a consciência é plena, a razão muda de acordo com a conveniência do ego de cada um e a consciência não modifica uma vírgula, seja para quem for; continuará lá eternamente até que um por um seja capaz de vê-la em sua plenitude. Não é ela quem tem pressa.

— Eu só tenho *flashes* de visão, na maioria das vezes fico apenas com meus sentimentos e suas razões, falo pouco com a consciência e muito comigo mesma.

— Então sabe bem o que suas verdades são capazes de fazer com você, não sabe?

— Sei, tanto que estou em apuros por causa delas. Acabei me deixando levar por um somatório de coisinhas miúdas, que agrupadas me trouxeram um caos mental e uma confusão sentimental.

— Os sentimentos assumem a forma que lhes convier. O ódio pode assumir um papel de amor e acabar matando, pisando e destruindo o ser amado. Medos e inseguranças podem se disfarçar em liderança e destruir multidões. Mágoas e rancores podem causar suicídios ou vinganças, mas passam bem em forma de amizade. Dor se confunde facilmente com prazer e muda para masoquismo. Ganância vira generosidade numa rapidez estúpida e coloca diversos gananciosos em posições de poder em governos e igrejas.

"E assim vai, um disfarçado do outro, até que ninguém mais se entenda mutuamente e muito menos individualmente; todos desconfiam do sentimento alheio, pois eles próprios não são sinceros em seus sentimentos, entram no jogo humano do salve-se quem puder.

— E por que os sentimentos e a razão parecem sempre vencer as pessoas?

— Depende em que campo de visão você acha isso; eles nunca venceram, mesmo que pareça como tal. A derrota é total para os que conquistaram qualquer coisa partindo de seus egos. Eles ficam por várias vidas dependentes do que trouxeram para sua energia e não conseguem se livrar tão facilmente da carga negativa que carregam por terem se deixado ficar presos aos sentimentos rudimentares humanos.

"Você não tem noção do que é para um espírito regredir energeticamente; é com certeza milhões de vezes pior do que a morte, e sua dor é centenas de vidas mais duradoura do que a dor física.

"Você regrediu pouco em sua jornada, mas estagnou há algum tempo, e isso também é angustiante.

"Não se vence com o ódio nem com qualquer tipo de sentimento corpóreo, mas em vida não se tem consciência disso. Somente quando a morte desperta é que aquele ex-humano, todo cheio de si, cai nas profundezas do seu espaço vazio e escuro, o intervalo entre a prisão da matéria e a liberdade do espírito, que a inteligência restrita não pode explicar, mas a consciência plena sabe ver.

"Quem viveu seu ego como único universo pára diante desse limite, mas quem transpôs os limites da razão parte livre para o universo infinito.

— E por que existem tantas formas mágicas de se destruir coisas e pessoas? No meu caso, até trabalhos de macumba estão fazendo para acabar comigo. Como podem receber ajuda para isso? De onde vem essa magia?

— Às vezes, o campo magnético odiante é tão intenso que os espíritos que não ficam nem de um lado e nem do outro, acabam se aliando a humanos. Nesta parceria, um alimenta o ego do outro com trocas de favores e oferendas magnéticas.

"Existe de tudo no campo mágico do desconhecido; você é uma magista e sabe muito bem como é esse processo de dar e receber.

— Mas por que às vezes a maldade não volta a quem a desejou e um inocente é atingido?

— Inocentes só são atingidos se forem ingênuos ou ignorantes, e a lei magística universal diz que o bruxo receberá de volta a mesma carga emitida, somada ao reflexo recebido como resultado magnético da energia atingida pela magia, ou seja: cuidado e atenção ao realizar um efeito mágico, porque em algum momento haverá um retorno em dobro.

— Todas as formas e manifestações de entidades espirituais são assim dependentes? E aquelas que dizem estar ajudando?

"Eu tenho ido a centros espíritas e estou estudando muito o espiritismo, mas continuo tendo dúvidas em relação à veracidade de algumas coisas e não gosto do que estou vendo como ajuda.

— Nem todas as manifestações espirituais são reais; a inteligência da razão pode colocar uma pessoa em transe e esta viver uma realidade encarnada em outra pessoa; outras são de fato verdadeiras: alguns espíritos podem fazer a opção de pagar seus karmas auxiliando seres encarnados a terem uma vida melhor. Estas são entidades que adquiriram alguma luz e por liberdade de decisão pagam em espírito as cargas feitas em suas vidas passadas e aliviam uma próxima vida, caso precisem existir como seres humanos novamente.

"Tudo pode acontecer em se falando da matéria e dos seus sentimentos, dos espíritos e suas influências. O problema maior é que os seres humanos, desesperados, acabam se agarrando a tudo que podem para não afundarem completamente, e fazem dos centros espíritas e das entidades seu alívio, pedindo, implorando, suplicando e lamentando aos espíritos por uma vida material melhor; fazem de tudo para convencê-los de que são miseráveis e incapazes de se mexer por seus próprios espíritos, e acabam adotando outros como forma de ajuda.

"Os espíritos de luz não admitem essa dependência de forma alguma, mas os menos iluminados e os sem luz alguma até gostam dessa dependência humana.

— E os espíritos do mal? Como conseguem voltar?

— Eles não voltam porque nunca foram a parte alguma, apenas perderam um corpo e, em alguns casos, nem sabem disso, ficam vagando pelo mundo sem qualquer consciência do que lhes aconteceu.

"Outros são mesmo negativos, foram em vida e continuam sendo na morte, tornam-se espíritos vingadores, e, para serem alimentados energeticamente, propõem trocas de favores aos seres inconscientes e cheios de ego. Vingam para eles e em troca sugam suas vidas e comem do éter das oferendas pedidas como forma de pagamento. Para ficarem na Terra, juntam-se aos sentimentos humanos mais baixos e odientos; assim, ficam densos e pesados por milhares de anos.

— Mas esses espíritos podem mesmo causar danos a qualquer um?

— Depende do somatório de vários fatores energéticos; primeiro do ser humano que solicitou e ofertou o pedido, segundo da entidade que está disposta a atender, e terceiro da pessoa que supostamente irá receber a carga. Juntando todos os três, posso lhe garantir que os dois primeiros saem sempre prejudicados, e o terceiro, dependendo do seu nível de consciência, nem é tocado.

— Que nível nos deixa livres dessas influências negativas?

— Qualquer nível acima dos dois primeiros. Saiba que energias pesadas e densas nunca conseguem subir um milímetro do seu próprio ego, e este está muito abaixo do primeiro nível de consciência. Não sucumba a eles e nem permita que cheguem perto dos seus pés.

— Bem, então posso ficar tranqüila que nunca vão me afetar.

— Enquanto você não permitir descer ao nível de ódio deles, nunca irão atingi-la, pois nenhuma dessas manifestações tem poder de fogo para tal. Você está a vidas de distância da mira deles.

— Há quanto tempo essa luta de ódios foi iniciada na Terra?

— Desde o momento em que o espírito ganhou uma forma de vida humana e depois perdeu e ganhou outra, e depois perdeu e ganhou mais outra e depois perdeu... isso fez com que muitos se confundissem nos caminhos, e acabaram por valorizar cada vida como única, egoística, egocêntrica, paranoicamente, pois não tinham consciência do que havia depois dela.

"Você tem todos esses egos, traumas e sentimentos, mas, por ter um nível alto de consciência, não mais se deixará ser pega por si mesma; quanto a muitos que a cercam, esses terão muitos abismos para atravessar ou cair.

"O processo evolutivo é assim, níveis baixos se misturam com níveis altos no mesmo plano da matéria, e cada um tem suas etapas e desafios a passar ou a sucumbir. Sua vida está basicamente em suas mãos.

— Que mundo cão esse!

— Que fascinante desafio, não acha?

— Por enquanto não; no momento ainda não consigo não ficar indignada com todas essas barbaridades do mundo, e não aceito muitas regras.

— Para você ver: são guerras, mortes a troco de nada, fome e alimentos se estragando por não serem repartidos, sofrimentos e dores profundas na camada física, perdas e dependências emocionais, destruição da própria fonte vital, armas, doenças implantadas na atmosfera do planeta, drogas usadas como fuga para um inferno ainda pior. Tudo isso e ainda mais dentro do único espaço da vida humana que não fala à consciência, na mossa do ego onde muitos decidem implantar suas vidas e fazer crescer seus mundos.

"Essas com certeza não são as regras da eternidade; são as leis do limite, matar ou morrer.

— Não é possível que tantos conflitos venham somente dos egos. E os guerreiros? Aqueles que lutavam pela liberdade? Qual era a diferença entre eles e os odiantes?

— Não lutavam com ódio, e sim com poder; não atacavam, apenas se defendiam, deixavam que o próprio ódio de seus inimigos os derrotasse, usavam a força deles contra eles mesmos. Não eram atingidos; mesmo que fossem mortos, eram livres e eternos.

— Como assim?

— Pense! O que destrói no ódio?

— Pelo que sei, o próprio ódio.

— Certo. Então o que os guerreiros faziam?

— Deixavam seus inimigos se destruírem sozinhos?

— Exatamente; eram apenas portadores de uma grande vontade, sabiam que se odiassem estavam se colocando na reta dos ataques, e, se não sentissem nada além da vontade de vencer seus sentimentos, voltariam com o dobro da potência imprimida pelo atacante, e assim seriam imbatíveis.

— Mas muitos morriam.

— Morrer não significa perder; entregar-se aos sentimentos de raiva, revolta e vingança sim. Eles não se entregam nunca; mesmo que morram, outros continuarão buscando o caminho, e em seus retornos ao mundo humano assumem novamente o comando do ponto em que foi interrompido.

— Estou entendendo a mensagem. Sei que não posso mesmo deixar minhas mágoas atrapalharem minha busca. Devo deixar que eles ataquem sozinhos, vou partir em retirada.

— Isso! Faça isso, parta para outros lados menos tumultuados e mais fluidos.

— Eu só acho que se me torturassem e maltratassem como faziam no passado eu não sei se agüentaria a dor sem sentir ódio.

— Muitos agüentaram firme as mais duras provas de dor e nem assim se renderam. Nesta vida, se você agir com disciplina e cautela, não sofrerá nenhum ataque direto, e se for mesmo consciente de tudo não haverá nenhum tipo de repressão indireta. Poderá passar pela vida deixando apenas o que desejar como exemplo de guerreira.

"As torturas, sofrimentos e revoltas já foram sentidos em algumas vidas passadas, e garanto que seu espírito não vai repetir o erro do ego magoado.

— Por que a dor é tão assustadora? Por que as pessoas precisam sempre ferir para não serem feridas? Por que não amam e pronto, e tudo seria mais fácil?

— Por que você mesma não é assim?

— Porque às vezes perco o controle, e, quando vejo, já estourei de raiva e fiz alguma coisa não muito recomendável.

— As pessoas são assim impulsivas. Imagine aquelas que, além do impulso, são por índole más, ciumentas, possessivas, egoístas e donas da verdade.

— Essas são insuportáveis. Conheço algumas delas, eu mesma sou assim de vez em quando, ainda mais falando de ciúme.

— Ciúme é insegurança e certeza de que não se é correto.

— Como assim?

— Se você fosse uma iniciada consciente e plena em seus atos, a palavra ciúme não faria parte do seu vocabulário mental. Você não temeria perder porque nada iria querer.

— Pior é que sei disso e fico ainda mais furiosa quando ajo como uma mulher normal, insegura e cheia de complexos.

— Vamos falar sobre ser mulher mais tarde. Agora é hora de voltar aos seres insuportavelmente medíocres. Aqueles que você conhece não chegam aos pés dos que além de todos os sentimentos que moram no espaço do ego ainda cobiçam o poder e o domínio dos seus semelhantes; esses se tornam por vezes governantes ou líderes religiosos e levam uma verdadeira legião de pessoas à morte inconsciente e à escuridão total após a vida. Detecte esses seres e afaste-se deles. Liderança não é cobiça e sim exemplo.

— Tem também aqueles que só pensam em ganhos materiais, não querem o poder, apenas o dinheiro. Esses são perigosos?

— Depende do que fazem para chegar a seus ganhos. Se tudo for construído em cima de destruições, esse ser ficará aprisionado a seus bens materiais, até que cada centavo roubado ou tirado de outrem por meios cruéis seja devolvido. A matéria só tem valor divino se for conquistada por sonhos e multiplicada infinitamente para todos de igual potencial de conquista.

— Quando teremos paz nessa Terra?

— Quando os seres atingirem a paz interior e não mais precisarem do externo ilusório para serem felizes por inteiro; quando findarem suas crises pessoais e estiverem dispostos a prosseguir, mesmo que sozinhos.

— E esse dia é possível de chegar?

— Para qualquer um que se lançar no sentido natural evolutivo e parar de tentar bloquear o ciclo vital fazendo coisas erradas só para não estar só. É justamente na solidão que a paz será encontrada. Saiba disso desde já.

— Cada um ter que cuidar de si? Isso não é uma forma de egoísmo?

— Se cada um cuidasse de si, não mais se intrometeria com a vida do outro, pois ninguém teria tempo a perder com nada além de sua evolução. Ao mesmo tempo, todos seriam aceitos, desde que não interrompessem a jornada alheia. Quanto mais alto se chega, mais se pode ajudar os que estão vindo. Um ritmo pessoal dentro de um ciclo natural, fluindo em plena paz e harmonia para todas as pessoas que se aventuram solitárias na busca de crescimento como ser humano. Você pode visualizar isso?

— Posso, só não sei se consigo realizar. Para mim, hoje, ser xingada e difamada sem me manifestar contra é muito difícil. As vozes dos sentimentos do ego são muito fortes e decididas, só calam quando revidam mais alto.

— Ou calam quando não escutam os agressores.

— Mas como podem não escutar se eles gritam?

— Não receba injúrias daqueles que refletem o que estão acusando; o próprio ato de julgar e acusar é por si só um espelho. Não escute e não permitirá que chegue até o seu ego. Não dê motivos para que coloquem na sua boca coisas que não disse; fale somente quando seu ego estiver calado e sua consciência tranqüila e segura; ensine a eles.

— Às vezes fico triste porque dentro da minha própria casa, com as pessoas que mais amo no mundo, perco o controle e acabo magoando, brigando e sentindo raiva delas. Quando percebo já revidei com uma reação bem pesada, me arrependo e nem sempre tenho coragem de me desculpar.

— Você e praticamente todo o planeta começam a alimentar as mágoas e os sentimentos egocêntricos dentro da própria família. Todos pensam racionalmente que a família deveria entender tudo o que se passa dentro de cada cabeça, ficam indignados quando são acusados de coisas que não sentiram realmente, cobram atitudes de compreensão e paciência e não dão nada em troca. Descarregam suas frustrações e rancores do mundo em seus próprios lares e depois saem às ruas para afogar as mágoas em falsas diversões e prazeres.

"Esse ciclo dura em determinadas vidas por toda a jornada humana; chegam à velhice sós e desamparados, porque as novas gerações na família não estarão dispostas a agüentar um ser insuportável.

"É na família que o iniciado começa sua doutrina; de lá para o mundo cotidiano é um passo. Se você conseguir superar seus traumas e frustrações com sua mãe, sua filha, suas irmãs, seu pai, seu companheiro, tudo ficará muito mais fácil de ser ultrapassado lá fora, principalmente porque ganhará grandes e fortes aliados.

"Comece mudando suas atitudes e reações internas; passe essas atitudes e reações para a sua família e então para o mundo. De agora em diante, quando estiver prestes a explodir com aqueles que ama, pare por um instante e transfira os sentimentos de lugar; do ódio ao amor, só se precisa de um instante de transferência. Pense: Por que estou sentindo ódio se na verdade amo este ser?

— Já tentei fazer isso, mas a resposta que obtenho de mim mesma é: Mas ele não merece meu amor.

— Se esta é a resposta, é porque está julgando os sentimentos alheios.

— Estou julgando com base no que eles me fizeram.

— E eles revidam com o mesmo julgamento, baseados no que você está fazendo a eles. Igualdade de sentimentos e de interpretações erradas, causando com isso tantas brigas e nenhuma consciência. Todos ficam estáticos em seus julgamentos, certos de que o errado é o outro e não ele, esperam um pedido oficial de desculpa que às vezes nunca chega e guardam o ocorrido na mente, esperando o dia da vingança, quando poderão jogar de volta a mágoa, com uma dose maior de ressentimento.

— E como se sai desse ciclo?

— Primeiro não se magoando, segundo mudando de atitude quando for revidada, e terceiro não magoando a mais ninguém com as suas atitudes propositais.

— Que controle vou precisar ter. Só de imaginar me desanima.

— Ninguém está ordenando uma mudança imediata. O que estou lhe mostrando é o caminho dos acontecimentos, que, somados a anos de vida, acabam com a energia vital de qualquer um.

Você já parou para sentir e refletir de onde vêm as famílias, os filhos e os companheiros de vida?

— Já. Já pesquisei e estudei várias hipóteses, a do karma de outras vidas, a da afinidade magnética, a do destino casual, já pensei em tudo.

— E o que concluiu conscientemente?

— Que todas essas manifestações são possíveis. Só não sei qual se encaixa a mim e às pessoas que vieram para fazer parte da minha família.

— Tem certeza de que não sabe?

— Quer dizer, sei de algumas coisas, sei quem é minha mãe e quem foi para mim no passado. Sei quem é meu pai, sei de algumas irmãs, sei quem é minha filha, não tenho a mínima idéia de quem é meu companheiro e do que ele está fazendo na minha vida e tenho dúvidas em relação a minhas certezas, então acabo não sabendo de mais nada.

— Você está correta na maioria das conclusões, o que só a deixa numa situação ainda mais delicada. Se sabe, por que não age de acordo com essa certeza? Estamos ordenando as coisas para que você veja o caminho de forma clara. Agora, ou você segue por ele plenamente consciente ou continua batendo sua cabeça na cabeça de seus semelhantes, até que se matem de tanto interromperem as jornadas um do outro.

"Compreenda que o seu caminho é único para você, na mesma direção, cabem infinitas linhas paralelas que são magneticamente atraídas para o mesmo ponto. Cada qual cumpre sua própria jornada. Pode haver milhares de linhas fluindo na mesma sintonia, mas, enquanto não chegarem ao objetivo único, serão individuais, e todas devem ser naturalmente respeitadas como forças geradoras da própria luz. Algumas podem ser inclusive copiadas como exemplo de sucesso e seguidas como fonte de inspiração.

"Não há necessidade de discórdias. Se sabe o caminho, vá na frente e atraia outros magneticamente, puxe pela vontade individual. Lidere sempre dando o seu exemplo e não se deixe enredar por tentações humanas fatais. Errar é humano até certo ponto, como já lhe disse, mas um iniciado não é mais um simples mortal, já que busca a imortalidade do ser. Seus erros são duplamente fatais, primeiro por ter permitido o erro em sua jornada, estando consciente dele, e segundo por aceitá-lo como desculpa e depois cair arrependida.

"Um iniciado não vive se desculpando e nem tampouco interrompe sua caminhada para consertar as falhas cometidas; vive sem nunca precisar se lamentar ou pedir perdão por ter agido erradamente. Só faz aquilo que sua consciência aponta como atitude correta e coerente com a harmonia do universo.

— Mas eles não podem errar nunca?

— Podem, desde que não seja um erro consciente e que aprendam com ele para não precisarem mais falhar no mesmo ponto.

— O que é exatamente um erro consciente?

— Errar sabendo conscientemente que aquilo não é correto, e mesmo assim achar uma desculpa para cometê-lo, usar o estado da clareza para se defender das falhas eminentes.

— Essa é a impecabilidade de que Don Juan fala em seus livros?

— Uma parte dela.

— No ponto em que estou hoje em minha vida, com tantos erros já cometidos no passado, não vejo como mudar determinadas situações já existentes no meu caminho. Já fiz, e agora?

— Não se muda o passado, apenas se fortifica o presente para não mais ser derrubado pelas cargas que estão por vir. Muitas pessoas decidem pela mudança e esperam que no dia seguinte a ela tudo esteja diferente. Quando percebem que por anos ainda virão reflexos e reações de atitudes passadas, desistem da decisão e voltam à guerra ainda mais iradas porque acreditam realmente que tentaram uma mudança, mas foram impedidas pela injustiça de seus semelhantes.

"Se você iniciar uma mudança imediatamente e percorrer a trajetória cada dia mais segura de sua decisão, mesmo que o mundo caia diante de seus olhos, no futuro estará livre, pois o reflexo e as reações plantadas nesse novo passado não poderão ser mudados e serão altamente gratificantes, bem-sucedidos, sem falhas, sem mágoas e sempre baseados nos princípios evolutivos. Você não precisará voltar para consertar nada e não terá gasto energia sofrendo com sentimentos sucessores do ego. Estará cada vez mais forte e poderá orientar outros motivando-os a terem também uma atitude pessoal de mudança do presente momento. É isso que importa: atitudes corretas em cada presente momento de cada vida.

— Quais são as tentações humanas fatais?

— São aquelas em que sua consciência não está presente, seus instintos impedem, suas vibrações rejeitam, seu coração se fecha e sua alma chora.

"O resultado dessas tentações realizadas mesmo com todos esses avisos é geralmente muito conflitante; dependendo do ocorrido, o indivíduo pode causar danos só pessoais, como doenças, infelicidade, dores de consciência, culpa, destruição de lares, feridas profundas na alma, ou então danos maiores, afetando outras pessoas, como guerras, ódios mortais, desejos externos de vingança, movimentos de revolta e perda completa de energia, de bens materiais e de valores humanos.

"O somatório dessas cargas ativadas mesmo contra todos os alertas é a perda de energia ao ponto de uma descida de nível tão radical que o indivíduo regride a pontos muito degradantes em suas próximas vindas à vida humana.

— Mas, por exemplo, se eu fico tentada a comer alguma coisa que me faça mal, se fico tentada a trair meu companheiro, se sinto vontade de violar algumas regras da sociedade, qual é a minha punição, e de onde ela vem?

— A punição é puramente energética; você atrai e reflete os seus atos energeticamente; nos exemplos que você deu, dependendo do resultado externo, podem trazer danos ou não. Isso vai depender do número de pessoas que você atinge com suas atitudes.

"Se você tem um amante e isso é puro, bonito e saudável, e mesmo assim você ama seu companheiro e sua relação com ele não é afetada, não existe punição; isso passa a ser uma atitude só sua, sem mágoas ou ressentimentos. Isso não é uma tentação negativa. No mundo das energias, não existe posse, ninguém é dono de ninguém.

"Comer algo que faça mal é problema seu e do seu corpo. Dependendo do que for ingerido e da quantidade, pode afetar sua matéria, diminuindo seu tempo de vida na Terra. Hoje você já tem consciência do quanto uma alimentação saudável e pura é positiva para a vida de sua matéria física. Caso venha a se envenenar, será um desses erros conscientes. Mas também você pode conseguir tanto acúmulo de energia que o que entra por sua boca é queimado no mesmo instante, não lhe causando mal algum. Quando se chega nesse estágio, comer já não é mais importante e nem necessário. A opção será sua.

"Violar algumas regras da sociedade sem afetar nenhum outro indivíduo negativamente pode até ser positivo se você trouxer melhorias àquelas regras e com isso contribuir para uma evolução social. Existem leis humanas muito castradoras e sem sentido.

"Na verdade, tudo depende da energia implementada na ação e no que a ação gera como reflexo e reação. Fica difícil falar-se de uma tentação e classificá-la, pois são atos e reflexos muito bem engajados.

"E quem pune não é Deus, e sim a própria tentação. Quando você se rende a ela, ela a consome e a possui. Deus não tem tempo, por isso não o perde com tentações humanas.

— E as regras e as punições de Deus? Os mandamentos?

— As regras foram implantadas pelos homens com o intuito de colocar leis básicas nos indivíduos e algemá-los à Terra. Algumas até que são coerentes e positivas, outras são severas e possessivas. No contexto total, diria que estão ultrapassadas e não andam funcionando muito bem já há algumas centenas de anos. E os homens já descobriram isso.

"As punições de Deus não acontecem como dizem, e muitos já descobriram isso também. Munidos dessa certeza, fazem suas próprias regras, assumiram o papel divino e nunca foram punidos por Ele, porém punem cruelmente quando suas leis não são cumpridas por seus seguidores, viram o diabo para manterem a ordem divina.

"Deus não julga ninguém. A ordem universal é muito clara e inteligente, cada indivíduo é dono de seus atos e responsável pelas cargas que eles geram. Deus mora no ser, no ter, no estar e em tudo que se manifesta no cosmos, portanto você é um ponto magneticamente divino e todos os seus atos são contados na sua existência, somando ou diminuindo. De acordo com esse ciclo, a consciência se manifesta mais ou menos intensamente.

"Aquele Deus que pune, briga, tortura, se vinga, mata, perdoa e abençoa é tão humano quanto qualquer um, e assim está passível de erros, deixando tudo muito mais fácil para aqueles que, guiados pelo exemplo ilusório, acham que estão no caminho desse Deus. Perdoam suas próprias injustiças e maldades, pois Deus também erra. Então lamentam: 'Olhem só para a minha vida! Que foi que eu fiz a Deus para merecer isso? Por que tanta injustiça?' E passam a vida assim, lamentando e julgando tudo e todos, mas não largam da mão desse Deus. Não percebem onde Ele está de fato, não conseguem vê-Lo com seus olhos humanos, não O ouvem com a audição da matéria e não sabem expressar as palavras que vêm Dele; apagaram as evidências da consciência e deram lugar às dúvidas. Vão vivendo assim, lamentando de um lado para o outro a espera de uma luz. Não percebem que estão na direção oposta, de volta ao passado, onde irão encontrar o menor ponto de luz possível e impossível de ser encontrado. Então começam tudo de novo.

"É assim que funciona; cada ciclo tem sua característica própria de agrupamento. São cadeias eternas que não têm onde parar, o famoso infinito que estranhamente tem um início, um ponto onde tudo, inclusive você, começa mas não tem um fim.

"Por isso, muitos andam para trás, na esperança de que, se retornarem, encontrarão esse começo e, lá, as respostas perdidas; acreditam que, se voltarem e passarem novamente pelos sofrimentos e dores, estarão na direção correta.

"Então voltam lamentando e sofrendo porque no fundo sabem que se forem livres serão possuidores dessa informação e a liberdade está adiante, à frente, no ilimitado.

"É tudo incrível e misteriosamente elaborado, as revelações são individuais e ao mesmo tempo estão aí para que todos as vejam.

"Assim é o ciclo da Terra, e está na hora de você entendê-lo; tudo é dito, tudo está às claras, não se faça de cega como tantos outros, dando a mão para o resto da humanidade.

"Rebanhos humanos vivem cercados no planeta, trocando de líderes em cada virada de ciclo, mudando de pasto, mas sempre acabam tendo um limite, o da matéria. No meio do rebanho, existem alguns seres brilhantes, que vêem os verdadeiros guerreiros que estão ali para auxiliar numa passagem de nível, pois eles também o são; aliam-se então a esses guerreiros, cada qual na sua própria jornada, mas tornam-se eternamente companheiros, mesmo que nunca mais se encontrem em vida.

"Não há deuses diferentes ou rivais; todos são conscientemente iguais, e os que já cumpriram as etapas devem ser vistos e acompanhados pelos outros; voltam livres e de acordo com sua vontade, respeitam a ordem e a mantêm intacta. Controlam-se energicamente numa plenitude divina, são fluidos, não têm amarras, não carregam cruz, não entram em guerras pelo poder, voltam e vão sem deixar estilhaços, são seres inteiros e absolutos, livres, vão para onde sonharem.

"Guerras e conflitos, dores e amores deixam de ser importantes para os guerreiros da liberdade, pois, como o nome diz, a única coisa que lhes importa é a liberdade total.

"Você já se conectou a essa consciência, agora é a sua parte; coloque-a em prática se você realmente acredita no que está acontecendo com você agora.

— Eu acredito! Consigo ver que você não tem forma nem cor e ao mesmo tempo está em tudo, está em mim. Sei que você não é esse Deus de que falam e nem vou pensar que sim, não me ajoelharei aos pés de nenhum líder, mas admirarei aqueles que o forem de verdade; jamais permitirei que se ajoelhem aos meus quando estiver pronta para liderar.

"Entendo a humildade e sinto por estar ainda tão longe dela; retornei algumas vidas, mas sei que posso avançar. Espero sinceramente ter tempo para cumprir essa parte em minha existência humana.

— Faça o seu tempo andar menos rápido, estando sempre à sua frente. Quem anda atrás do tempo acaba se perdendo no vaivém, nasce, morre, nasce, morre.

— E quem anda na frente?

— Precisa aprender a voar, porque tempos deixam pegadas marcadas pelas vidas, mas à sua frente só existe a imensidão do nada, onde você se torna o criador do seu caminho; chamamos a isso asas da liberdade. Com elas, você decide onde quer pousar, se é que quer pousar.

— Mas ainda tenho muito chão para caminhar.

— Que bom que tem consciência disso; agora resta saber como vai percorrê-lo.

— Isso é que é difícil. Se errar, caio, e tenho medo da queda.

— Se acertar, voa. Atreva-se e confie.

— Será que consigo?

— Se começar logo, pode ir armazenando força e energia.

— De quanto tempo preciso?

— Todo o tempo do mundo, sob seu comando.

— Mas em prática?

— Diria que mais uns cinqüenta anos.

— É muito tempo; estou com 24, com mais cinqüenta são 74, não sei se consigo.

— Então apresse o passo; se começar logo e mantiver o ritmo a cada dia com mais consciência e certeza, em breve estará pronta para a escala maior. Só pare onde reinar a harmonia, e fique lá por pouco tempo; sempre que puder, traga alguém com você. Comece por eliminar suas crises e conflitos, antes de querer que a acompanhem, senão a convivência com um semelhante se torna impossível. Má liderança é pior que má companhia, pode ter certeza disso.

— Sei disso tudo; aliás, sempre soube. É tudo tão rotineiro e ao mesmo tempo tão novo!

— A rotina do universo é fascinantemente misteriosa; ao mesmo tempo em que se sabe que o Sol vai estar lá e que a Terra vai girar com sua Lua, não se conhecem os segredos de sua criação.

"Esse processo vai ser repetido até que se dominem por completo todas as informações necessárias para mudar de nível. Antes disso, você continuará na rotina da Terra dos humanos.

— Só espero viver o tempo necessário para adquirir o poder da minha vida e decidir por meu destino. Este é meu maior sonho. Quero começar logo a retrabalhar minhas mágoas e iras. Estou tendo um bom desafio atualmente, quase todos à minha volta me provocam e eu a eles. Tenho que ser a primeira a parar e não ser mais alvo e motivo de guerra para ninguém, largar as armas, sair desse ciclo negativo e continuar minha jornada, mesmo que todos fiquem, inclusive os que amo.

"A cada decisão que tomo conscientemente, sei que não poderei mais voltar. Já tive vários momentos decisivos, e este é mais um.

— Vou deixá-la só por dois anos, e então retomaremos os trabalhos.

— Sozinha novamente? Mas como vou me tornar consciente sem a sua ajuda?

— Há uma consciência pulsando junto com o seu ser; desperte-a.

— Eu sei, mas preferiria se ganhasse um mestre. Quando vou ter um?

— Um mestre? Você continua esperando por um mestre?

— Tantos tiveram direito a um! Gostaria muito se pudesse encontrar o meu.

— Quem sabe o encontre em suas buscas? Só não fique parada esperando e nem perca muito tempo procurando; seja dinâmica, ágil e desperta, não durma nos detalhes, esteja sempre alerta a tudo e a todos, faça dos livros seu maior mestre.

— E depois destes dois anos?

— Vamos ver onde estará sua vida e como estará sua energia; cuide de todos os pontos; pessoal, profissional, social, material e físico.

— E em dois anos vou conseguir fazer tudo isso?

— Espero imensamente que consiga.

— Eu desejo ardentemente conseguir.

— Estarei com você.

— Sei disso, são 24 anos que a escuto, mesmo não a ouvindo o tempo todo. Bem! Lá vamos nós mais uma vez, para os leões.

— Conquiste-os com todo o seu amor e não os queira para si como troféu.

Capítulo 8

A JORNADA

— Parabéns por suas conquistas!

— Não estou acreditando que vocês voltaram a dar sinal de existência. Estava quase esquecendo de que esta escola existia e que já andei muito por aqui.

— O bom aluno à escola volta.

— Duvidei de ter sido boa aluna, faz muito tempo que nada de diferente acontece comigo, estou me sentindo terrivelmente normal. Achei que tinha errado seriamente, e por isso fui abandonada.

— Seus pensamentos não têm jeito mesmo, sempre que eles se manifestam acabam convencendo-a da sua incapacidade de realizações.

— É verdade. Mas o que fez vocês me trazerem para cá esta noite?

— O momento. Temos que complementar algumas coisas que ainda estão pendentes na montagem do seu futuro, e este é o momento.

— Mas por que agora?

— Porque você tem vivido e conduzido muito bem seu destino, tem conquistado muitas etapas com resultados vitoriosos e tem acumulado um bom nível de energia.

— Tenho me esforçado bastante para sair da lama, iniciar minha jornada e um dia alçar meu vôo solitário rumo ao infinito.

— Sabemos disso, estamos acompanhando-a.

— Estou tão feliz de estar de volta. O que vamos aprender hoje? Estava cansada de só me dedicar à vida material, pensei que tinha que deixar um pelo outro.

— O universo não negocia trocas; um ser iluminado tem completo domínio de sua matéria e do seu espírito, um está ligado ao outro na Terra, e este é o seu planeta. Agora vamos levá-la a um lugar aonde poucos tiveram acesso consciente.

— Aonde vamos?

— Vamos ao arquivo.

— Que arquivo?

— Venha e verá.

— Mas aqui é lugar nenhum, não tem nada, está tudo vazio!

— Pense em alguma coisa que gostaria muito de ver ou conhecer, algo o que, se fosse possível, se houvesse uma máquina do tempo, você iria.

— Jerusalém. Iria a Jerusalém conhecer esse famoso Cristo.

— Aqui estamos!

— Mas como isso é possível?

— Este é o arquivo da Terra e o registro do Universo; tudo o que acontece fica eternizado aqui.

— Um arquivo do Tempo?

— Absolutamente todos os atos de todos os seres vivos ficam registrados neste lugar, não podendo mais ser modificados.

— Aquele é Jesus?

— É.

— Mas ele é diferente das fotos. Ele é alto, forte, bonito, e não me parece nada pacífico.

— Ele é um guerreiro.

— Posso chegar perto dele?

— Agora não, daqui a pouco voltaremos e poderá assistir a uma cena do passado. Irá ouvir, mas não poderá tocar em nada.

— Mas é tudo real?

— Tudo real, como se estivesse acontecendo agora: o momento foi congelado eternamente.

— Aqui é o túnel do tempo?

— Alguns cientistas que vieram até aqui chamaram assim.

— E por que me trouxeram para cá?

— Para que conheça este lugar e saiba que todos os seus atos estão aqui registrados.

— Todos, não fica nenhum de fora?

— Todos eles.

— E isso é imediato? Fez, registra?

— Boa pergunta! Preste atenção nisso. Dê-me sua mão.

— O que você está fazendo com esse facão?

— Vou cortar seu dedo.

— Para que vai cortar meu dedo?

— Para lhe mostrar o intervalo entre o ato e o registro. Agora olhe.

— Meu dedo! Você cortou meu dedo! Quem é esse que está do seu lado?

— Um mensageiro; ele só está auxiliando nossa experiência com sua energia.

— Meu dedo está de volta no lugar. O que você fez, afinal?

— Cortei seu dedo e, antes que o corte fosse registrado, eu o coloquei de volta.

— Como pôde?

— Existe um intervalo de centésimos de segundos entre o ato e seu registro; um ato só é real e conscientizado quando entra no arquivo. Antes disso, é só uma intenção que pode ser manipulada e modificada pelo guerreiro.

— Posso modificar coisas que estão acontecendo?

— Se for mais rápida que o intervalo e tiver poder suficiente, sim.

— Isso é impressionante. Posso evitar inclusive mortes?

— Se elas não estiverem ainda registradas e não fizerem parte de um karma imutável, sim.

— Me ensina a fazer isso?

— Com um acúmulo inesgotável de energia, quando descobrir

a fonte da existência, poderá entrar nesse arquivo e poderá descobrir nele antecipadamente muitas coisas e evitar tantas outras.

— No meu tarô, quando abro as cartas para as pessoas, entro no arquivo delas?

— Entra. Além do arquivo da Terra e dos registros universais, cada indivíduo tem uma programação, um disquete pessoal. Você consegue, através do seu tarô e com a ajuda dos auxiliares arcanos, ver o passado, o presente e o futuro das pessoas que estão diante de você.

— Sempre joguei, mas nunca entendi muito bem como funcionava e como podia saber de tantas coisas particulares de pessoas que nem conhecia. Às vezes até eu mesma duvidava do que via.

— Você é muito boa taróloga, só precisa tomar cuidado em como dizer as coisas para as pessoas. Muitas vezes elas não estão preparadas para entender o que acontece em suas vidas e por quê.

— Já notei isso e tenho me controlado. Mas agora quero voltar a falar do arquivo, me leve para passear dentro dele.

— Levo, mas precisa pensar em algo que queira ver, para estar lá precisa querer, e então poderemos reviver os fatos. Venha entender a importância dos seus atos.

— Incrível! São todos normais, desde os mais antigos, mesmos sentimentos, mesmas dores, mesmos amores, mesmos medos, não mudou nada?

— Não muita coisa, como pode ver, não muita coisa.

— Nostradamus esteve aqui?

— Esteve muitas vezes e inclusive pôde conhecer toda a história, ficando o futuro claro para ele.

— E eu não posso conhecer a história por quê?

— Porque você ainda não está pronta, mas quando estiver, saberá dos detalhes de tudo o que faz parte do seu mundo e do cosmos. Por enquanto, leve com você a imagem do arquivo, converse com seu companheiro e com seu amigo de estudos sobre este lugar, deixe-os saber que você esteve aqui, que cortamos seu dedo, e sobre o intervalo entre agir e registrar, diga a eles que os atos deles, assim como os seus, estão sendo levados em conta e registrados para todo o sempre.

— Existe uma forma de deletar esses fatos? Apagá-los?

— Em situações normais não, mas existe um único jeito de isso acontecer.

— E qual é?

— Quando se chega à liberdade, pode-se levar consigo toda a sua história se assim se desejar; poderá sumir dos arquivos como se nunca tivesse passado pela Terra, deixando apenas contribuições conscientes para a humanidade.

— Por que Jesus ainda está aqui?

— Porque, como lhe disse quando ainda era uma adolescente, ele não está livre.

— Por que não?

— Porque tomaram o nome de Jesus e sua forma humana para fazerem outras histórias e registraram muitas coisas em nome dele que não foram reais; até hoje seu nome é usado para comércio religioso e outras coisas mais.

— Ele não pode fazer nada?

— Nada; tudo o que fizer só reforçará as histórias mentirosas a seu respeito. Sua imagem foi degradada e destruída pelas igrejas dos homens, não poderá mais ser recuperada. Esse ser não existiu da forma que o mundo acredita.

— E agora? O que se faz?

— Estamos deixando que eles mesmos se destruam e levem consigo suas mentiras, o anti-Cristo que esperam já é o Cristo que construíram, eles mesmos estão cuidando de trazer o fim para suas vidas.

— Isso é muito sério e perigoso.

— A terceira guerra, que o mundo tanto teme e espera, tende a ser entre entidades religiosas; elas vão lutar entre si em nome de suas verdades e de seus cristos. Será um longo e sangrento massacre.

— Mas por que isso precisa acontecer?

— Vamos deixar que veja um pouquinho a imagem do homem que a chamam Jesus o salvador e poderá ver com sua própria consciência o que aconteceu.

— Onde ele está?

— Diante dos seus olhos, veja!

— Sou um homem como vocês, apenas não permito ser levado por aqueles que só querem o poder do mundo e usam Deus como arma e escudo. Deus é a força criadora do Universo, e todos temos a semente da criação em nossos corações. Estar vivo é um milagre, amar é um milagre, sonhar com um mundo justo e melhor é um milagre, e todos podemos realizar esses milagres, porque, como eu, tu és filho de Deus e como tal, somos sua imagem e semelhança.

— Chega, já ouviu o bastante.

— Não, me deixe ouvir mais. Ele é encantador, poderoso, e está dizendo coisas importantes.

— Seus ditos foram transformados depois de sua morte. Outros interpretaram suas afirmações e não admitiram o fato de ele ter dito que todos temos o mesmo poder divino. Disseram que ele era o filho de Deus e o resto do mundo não, e até hoje acreditam nisso.

"Nunca procure a verdade em nenhuma Igreja, pois nelas só encontrará um mercado de crenças e de pessoas submissas a um Deus que temem.

"Afaste-se de assuntos religiosos, siga seu caminho com amor, e creia que o universo é justo e poderoso. Faça do seu coração a maior de todas as forças, pois é lá que está a inteligência divina da criação.

— Fiquei com medo agora. Isso tudo me parece muito perigoso e destrutivo.

— Sabemos disso, e é bom que saiba também, por isso evitamos falar sobre Jesus com você. É melhor que não se envolva nisso e nem tome muito conhecimento dos fatos, o que você já leu e estudou é suficiente para entender que este Cristo das pessoas não é o guerreiro que viveu há séculos e que acabou de conhecer, e sim uma imagem criada por cúpulas para montar um mercado de fé, esperança, dinheiro e poder.

"Repito, mantenha-se o mais longe que puder dessas igrejas pois elas estão com seus dias contados, e seus fiéis, que tanto temem a besta e o apocalipse, estão condenados a afundar com elas. A terceira grande guerra será a guerra das religiões e dos fanáticos religiosos. Não discuta e nem se envolva com nada que tenha Deus como tema, deixe que a ordem do cosmos cuide de limpar o planeta. Essa tarefa não é sua, é nossa, e estamos cuidando disso.

— Mas o que faço se conheço os fatos? Fico quieta?

— Calada, serena, e continue fazendo sua parte com o mais puro e verdadeiro sentimento de amor. Prove com suas atitudes que existem coisas além das farsas que estão escritas. E vamos encerrar este assunto agora, antes que o arquivo registre coisas que possam comprometê-la, quero deixá-la livre desta vez, pois já participou de outra guerra, em outra vida.

— Deixe-me ver Avalon? Sei de que outra guerra está falando. Deixe-me ver a cidade de Avalon. Preciso saber se de fato existiu este lugar.

— Lá está ela.

— Exatamente como imaginei: mágica, tranqüila e poderosa. Quantas coisas já aconteceram neste mundo, quantas maravilhas foram destruídas ou ficaram perdidas!

— É por isso que temos esse arquivo, para que as coisas continuem com seus registros inabaláveis e que homens e mulheres de poder possam compartilhar da história na sua íntegra.

"Avalon está guardada e seus habitantes estão vivos num novo mundo, trabalhando para um final melhor para todos aqueles que têm consciência da eternidade e conhecem o funcionamento do universo. Fique tranqüila, você não representa nenhuma ameaça e os que se aproximarem de você saberão disso. Faça sua parte e liberte-se. Bem! Seu tempo no arquivo acabou.

— Por quê?

— Sua energia não pode ficar mais aqui. Se continuarmos nossos estudos, você vai acabar esquecendo do ponto principal, e preciso que se lembre de tudo o que está vendo neste lugar. Existem muitos espíritos encarnados que fazem visitas freqüentes a esta fonte de informações e escrevem livros magníficos sobre acontecimentos passados. Procure esses livros.

— Como saberei se são informações tiradas do arquivo?

— Ao ler, verá as imagens reais e não terá dúvida.

— Parei de ler por enquanto; às vezes não tenho cabeça para fazer muitas coisas ao mesmo tempo e tenho optado por cuidar da minha segurança material. É difícil viver na Terra e manter as coisas sob controle. Tenho tido muito trabalho ultimamente, sobretudo porque sou mulher e estou escalando um campo onde só os homens têm vez.

— Tudo isso faz parte dos seus desafios pessoais. Não se entregue nunca, e, quando tiver que se expor, faça-o com muita cautela e eficiência. Não se deixe pegar em detalhes. Tudo está sendo registrado, e, enquanto estiver viva, poderá consertar os erros e modificar o rumo de sua história.

— Interessante como cada um tem mesmo sua própria jornada.

— Mais interessante ainda é o que cada um faz durante essa jornada.

— O que devo fazer para melhorar a minha vida normal, meu trabalho e tudo o mais?

— Continue agindo como tem feito, e nunca abandone sua iniciação. Chegar até esse ponto é o sonho de muitos, e você chegou. Não despreze isso, mas não se sinta completa. Ainda falta muito chão até que alce seu próprio vôo.

— Eu não abandonei minha iniciação, apenas diminuí o ritmo de um lado e acelerei o outro que é meu sustento humano e meu futuro material. Quando estiver vitoriosa como pessoa, encontrarei o equilíbrio.

— Você está correta. Enganam-se aqueles que pensam que abandonar a matéria sem ter conquistado o sucesso completo dela estarão livres. Só pode abandonar aquele que tem o que deixar para trás, não o que nunca teve e finge desprezar tudo em nome da liberdade. No fundo, estes nunca sentiram o valor da conquista humana completa. O sucesso e a prosperidade são dois ingredientes fundamentais para a fórmula da liberdade. O controle e a harmonia da matéria com o espírito é que fazem do guerreiro um ser especialmente evoluído e pronto para enfrentar novos desafios a cada dia.

— Confesso que às vezes fico desanimada em perceber o

quanto ainda me falta para chegar a esse ponto. Mas também sei que não posso parar, pois se fico o tempo me devora.

— Isso é a vida, minha amiga. Trate de dominar tudo o que disser respeito à sua e não deixe nada nas mãos de ninguém. Faça você mesma quando o assunto for seu destino e suas conquistas.

— Não posso confiar em ninguém?

— Confie na sua percepção, na sua intuição, e não deixe seu ego enganá-la. Algumas pessoas parecem confiáveis, mas não valem um níquel quando precisam salvar suas peles e alimentar suas vaidades humanas. Não entregue a fórmula do ouro completa até que lhe provem a capacidade de fazê-lo valioso.

— Quando saberei que são pessoas capazes?

— Quando seus olhos brilharem, seus sonhos arderem e suas vontades forem maiores que seus desafios. Estes são os seres valiosos, que devem ser respeitados, amados e honrados por você.

— Aproveitando que ainda estamos no arquivo, teria ainda um pouco de energia para ver a minha vida?

— Presente, passada ou projeções futuras?

— Em algum momento do passado me lembro de fórmulas mágicas, sonho com magia desde criança, e queria saber de onde vêm essas imagens.

— Lá está você.

— Eu? Posso chegar mais perto?

— Claro, o quanto quiser.

— Sou morena, bonita e atlética. Meus olhos são puros e poderosos, minhas roupas são leves e tenho algumas jóias com pedras preciosas representando figuras mágicas. Tenho uma bolsinha na cintura e uma pequena foice de ouro. Sou uma bruxa!

— Uma bonita e poderosa guerreira e feiticeira.

— Como morri? Que ano é esse?

— Ano de 1572. Estamos em Gales. Você morreu porque dominava os homens com seu amor e os bispos do rei a condenaram como prostituta e bruxa.

— Mas eu não era prostituta! Os homens eram meus amigos e minhas mágicas eram boas, ajudava todos a buscarem suas magias internas, e também dava aulas para as crianças.

— Quer ver sua morte?

— Não! Creio que não estou preparada, isso pode me trazer revoltas e prefiro não mexer com isso por enquanto. Injustiças sempre me incomodaram.

— Você não perdoou pelo que lhe fizeram, morreu indignada e não se libertou, se expôs muito achando que estava protegida e quando foi pega sucumbiu à dor da humilhação, passando a ter raiva dos homens pela forma com que a trataram. Seu coração ainda não se libertou dessa mágoa.

— É por isso que sou tão competitiva com os homens? É por isso que não aceito o domínio masculino do mundo? Agora entendo meus sentimentos feministas e revoltados.

— E a sua recordação de magia vem desta vida.

— Foi a minha última antes desta?

— Muitas coisas nesta sua vida são herança da que acabou de ver, mas ela não foi a última; houve outra bem mais poderosa e mais delicada, que no momento ainda não está em condições de rever. Primeiro elimine os vestígios da vida que acabou de ver e depois lhe mostraremos desafios maiores e definitivos para que complete seu conhecimento a respeito de si mesma.

— Vivi no Egito?

— Viveu.

— Vivi em Jerusalém?

— Viveu.

— Vivi na Grécia?

— Viveu.

— Como sei que estive nestes lugares?

— Sua consciência lhe disse, e seu coração sabe de tudo o que se passou com seu espírito durante toda a sua jornada existencial.

— Parece loucura esses sentimentos tão estranhamente comuns para mim.

— Tudo o que para o momento social humano parece loucura, para o espírito é só um instante de lucidez. Não se assuste com a idéia de que o que está vendo e sentindo não é explicado no seu dia-a-dia. Isso é um assunto seu e só diz respeito à sua vida. Não tente provar nada, só você está aqui comigo, somente você tomou conhecimento disso. Talvez nem aqueles a quem mais ama acreditem em você. Não gaste seu tempo tentando provar o passado. Registre um futuro grandioso e com certeza as pessoas irão acreditar em suas visões. Veja! O sol está nascendo para o seu país. É hora de voltar e acordar para mais um novo dia.

— Quando vai voltar novamente?

— Muitas vezes ainda, fique tranqüila.

— Gostaria de falar com a consciência o mais breve possível, pode ser?

— Fale, nada a está impedindo.

— Eu não consigo parar de pensar de deixá-la fluir. Você não tem nenhuma técnica mais fácil para me ensinar?

— Esqueça tudo o que sabe e abra sua energia para saber mais. A consciência está onde o conhecimento é infindável, e os mestres continuam sendo eternos aprendizes.

— Sei que às vezes penso que já sei muitas coisas e isso acaba me bloqueando para aprender mais. Esse arquivo me deixou vazia e certa de que ainda não sei nada. Preciso da minha consciência constantemente informada. Pode pedir para a minha amiga vestal me visitar? Preciso muito falar com ela.

— Isso eu posso fazer. Vou mandá-la por estes dias.

— Durante toda a minha vida tenho sido acompanhada por vocês. Obrigada por todos esses conhecimentos e ajuda.

— Agradeça, isso faz bem ao coração, mas continue merecendo esse trabalho e tenha sabedoria para passá-lo adiante. É isso que esperamos dos seres conscientes, é isso que esperamos de você.

Três dias depois

— Você estava querendo falar comigo?

— Há meses venho tentando uma comunicação, mas você não me escuta!

— Suas mensagens não estão chegando até mim, sua vontade

e sua intenção não estão com carga de poder suficiente, eu só escuto a voz da vontade, e, pelo que me parece, a sua está um pouco fraca.

— Talvez, mas o importante é que você está aqui, então de certa forma acabei conseguindo por outros meios.

— É verdade, mas com o poder da vontade esse processo fica bem mais direto.

— Sei que minha força de vontade não tem poder, sinto que meus desejos e minha magia estão enfraquecidos e atribuo isso à minha energia feminina. Não estou conseguindo controlá-la, não me entendo como mulher, e isso me deixa louca de raiva de mim mesma. Preciso de algumas informações que sei que você tem, preciso muito da sua ajuda.

— O que a está preocupando tanto?

— Eu mesma e minha condição feminina. Por que nós mulheres somos tão complicadas? Eu não consigo entender meus humores e amores, frustrações e tristezas. Quando percebo, esses sentimentos já tomaram conta de mim, e, mesmo que saiba que não são positivos para a minha energia, eles não vão embora com a minha vontade e ficam me perturbando, até que de repente desaparecem com a mesma velocidade com que apareceram. Aí tudo volta ao normal.

— E o que quer saber de fato sobre essas ondas de emoções femininas?

— Como posso controlá-las?

— A primeira coisa a ser feita é entendê-las, depois aceitá-las como são, e finalmente controlá-las com a força da sua vontade. Para entendê-las você deve conhecer os fatos e a mecânica que causam essas manifestações. Vamos começar pelo ciclo feminino, que é acompanhado pelo ciclo lunar. Sua lua ovular tem um ritmo individual e harmônico com a rotação da Terra e a influência da lua do planeta. Quando descobrir essa harmonia, saberá quando estará recebendo cargas mais fortes e quando deve se recolher e se preservar. Sua menstruação a irrita e a incomoda?

— Muito, fico transtornada, alguns dias antes de ficar menstruada pareço outra pessoa.

— Você está no ciclo natural porque não toma nenhum produto

químico anticoncepcional. Isso faz com que seu organismo aja completamente de acordo com os hormônios da lua, e, se estes forem deixados sem controle, eles realmente parecem enfurecedores quando refletidos na mulher.

— Tá bem, e o que faço então?

— Bem, deixe eu continuar minha explicação: antigamente, as mulheres aprendiam a conhecer seus ciclos e a dominá-los completamente de acordo com a sua vontade; transformavam tudo em poder e magia, sabiam quando e como agir de acordo com suas luas e viviam em plena paz interior, pois não estavam contra a natureza humana.

"Controlavam sua menstruação, controlavam a força dos humores das marés altas, divertiam-se nas marés baixas e sentiam a lua do planeta agindo na pele, nos cabelos e corpos como uma grande aliada.

"Sabiam como transformar as tristezas em meditações profundas; suas iras eram empregadas nas artes, e suas dores eram aliviadas com poções mágicas.

"Com a chegada dos tempos modernos e a imposição de conceitos sociais, essa individualidade feminina foi generalizada; seu ciclo natural foi punido pelos homens e escondido dos demais como algo sujo e repugnante.

"A lua foi ignorada e o controle, proibido; as mulheres passaram a ser escravas de seus ciclos, e, por perderem o comando, acabavam gerando filhos atrás de filhos.

"O tempo continuou passando e a modernidade tratou de improvisar artifícios para disfarçar os ciclos femininos. Panos foram inventados para impedir o fluxo sangüíneo, já que não mais sabiam como controlar sua saída, remédios foram criados para evitar a concepção de filhos, o que modificava sua natureza, e a evolução social acabou por aumentar o estresse e as tensões pré-menstruais. Tudo virou de cabeça para baixo, e a mulher acabou por sofrer todas as conseqüências dessa virada tão absurdamente radical.

"O resultado disso é o mesmo que existe ainda nos dias de hoje: mulheres nervosas que descontam sua ira nos maridos e filhos, mulheres envelhecidas e cansadas porque esgotam suas fontes tentando em vão se autocompreender e mulheres mal-amadas porque não expandem sua sexualidade como desejam seus corações. Presumo que seja isso que está sentindo, não é?

— É bem isso mesmo; sou igual a todas as minhas companheiras, quando se trata de ciclo feminino.

— Posso lhe ensinar algumas formas de controle e ajudá-la a conhecer seu próprio ciclo.

— Isso é tudo o que preciso para começar a agir e mudar esse destino feminino tão cruel, quando não se dominam essas forças. Cansei mesmo de ser levada por ondas energéticas que me enlouquecem.

— Então vamos às técnicas, mas saiba que, se começar a aplicá-las agora, só daqui a alguns anos começarão a aparecer os resultados.

— Por que tanto tempo?

— Porque decisões são acompanhadas de ações, e os dois juntos refletem mudanças; essas mudanças resultam em um processo que modifica velhos hábitos e cria novos. Tudo isso leva tempo.

— Não importa quanto tempo leve, quero aprender a controlar minhas emoções femininas. Se é de uma decisão que preciso, ela já está tomada: eu quero mudar.

— Ótimo começo. Agora vamos à ação.

"Organicamente falando, seu corpo tem um movimento circular hormonal que se inicia com a preparação de um óvulo para a fecundação; toda a parede uterina é revestida de uma química natural que forma a casa deste óvulo fecundado, que se transformará em uma futura vida humana.

"Quando o óvulo não é fecundado, todo o preparativo desmorona, e junto com essa eliminação saem também alguns resíduos que limpam os órgãos reprodutores da mulher.

"Emocionalmente falando, todos os meses a mulher é preparada para ser mãe: informações e cargas energéticas são recebidas pela mente dela e preenchidas de sentimentos maternos instintivos e latentes em seu ser. Quando ocorre o desmoronamento, dá-se um vazio durante os dois primeiros dias, causando tristeza, dor, sofrimentos e dúvidas.

— Mas e a revolta que sentimos antes de findar o processo?

— Esta é causada também por um instinto protetor feminino; o período que antecede o final do ciclo é o mais aguçado e o mais delicado, pois todo o corpo está pronto, mas o óvulo não foi fecundado. A ira foge do controle da razão, e nos instintos o macho é o responsável pela não-fecundação. Então a fêmea o rejeita como culpado e maldiz tudo o que a cerca.

"No mundo moderno, sexo virou apenas prazer; nem o homem e nem a mulher estão preocupados com ciclos, e muito menos com a importância da fecundação. Fazem sexo constantemente e, para evitar filhos, usam de recursos artificiais; os homens eliminam até a última gota de seu líquido sagrado e chamam a isso gozo, como se este fosse o máximo do prazer.

"A mulher, por sua vez, não consegue na maioria das vezes atingir seu ponto máximo, pois este está determinado por outros fatores que não o mero prazer carnal, e é aí que as coisas começam a causar os bloqueios energéticos e as tensões pré-menstruais, um somatório de dias que densificam o ciclo, causando descargas vibratórias negativas.

— E como se harmonizar com o ciclo?

— Observando o processo feminino da própria Terra, que tem o óvulo da lua como medidor determinante de cada ciclo planetário. Para a Terra, a lua orienta, com sua energia harmonizada com cada elemento, os períodos energéticos. Plantas, mares, estações, corpos, cabelos, animais, tudo se movimenta em ciclos lunares. Veja alguns exemplos: sementes plantadas na terra, no período da lua nova, acompanham um crescimento e um ritmo bastante harmonioso e eficiente; já as sementes germinadas na lua cheia tendem a se atrapalhar e atrasar seu crescimento natural.

"Na lua nova a energia latente está na camada interna do planeta; na crescente, ela vai subindo para a superfície; na cheia, é puxada para expandir no ar, e na minguante, volta com força para a camada interna da Terra.

"No ser humano, a lua nova representa a interiorização, a

reflexão; a lua crescente, o amadurecimento da energia; a lua cheia, a expansão, a magia; e a lua minguante, o princípio novamente encaminhado.

"Para a mulher, o ciclo energético menstrual e as formas de manifestações são individuais e precisam ser conhecidos por cada uma. É importante primeiro descobrir seu ciclo e, através dele, harmonizar sua vida.

— Conheço meu ciclo: menstruo no final da lua cheia e no princípio da minguante.

— Ótimo, então vamos à análise da sua manifestação feminina. Quando chegar a lua nova, você estará fértil, pois seu óvulo terá retornado à casa uterina; durante as luas cheia, crescente e minguante, seu processo estará em movimento, e os melhores períodos para trabalhos sexuais são entre a passagem da lua cheia para minguante e crescente para cheia.

"Se precisar realizar feitos mágicos, o melhor dia é o primeiro dia da lua nova, e o pior é o primeiro dia da lua crescente.

"Conheça todos os seus processos sentindo as luas, mesmo que as nuvens não a deixem ver o céu.

"A gravidez também deve ser contada por luas e não por meses, como fazem os médicos hoje.

"Quanto aos seus humores, absorva a força do sol e respeite seu ciclo, não deixando que ele possua seu corpo por falta de controle.

"Não tome remédios que interrompam seu ciclo, não coma alimentos que piorem suas tensões, não se comporte como uma histérica e aprenda a dominar o músculo interno que elimina o sangue.

— Como controlar o músculo interno?

— Da mesma forma que pode controlar sua urina, as fezes e os gases, você pode controlar o sangue menstrual do seu corpo. Existe um músculo específico para ele, e, ao controlá-lo, você estará a caminho de controlar também os humores e as dores. Ou você acha que as mulheres do mundo antigo usavam absorventes?

— Não sei, nunca pensei sobre isso.

— Pois lhe digo que não necessitavam, pois tinham controle

absoluto da saída de seu sangue, e, quando precisavam eliminá-lo, faziam como com as outras necessidades fisiológicas.

— Mas ficavam grávidas com facilidade? Tinham muitos filhos?

— Não, sabiam sobre seus períodos férteis, e, se se relacionassem sexualmente com um homem dentro desse período, era ele quem controlava a ejaculação.

— Estamos falando de quanto tempo atrás?

— Estamos falando de seres de conhecimento que viveram há dez mil, dois mil, ou quinhentos anos; ainda hoje existem mulheres que dominam essas informações e homens que conhecem o poder iniciático do líquido do esperma, e não o trocam por segundos de prazer.

— Já estudei o tantra, remédios eu não tomo porque meu companheiro é um iniciado e sabe como controlar, me alimento bem... só me falta controlar as dores, os humores e a minha menstruação.

— Então comece por sentir seu ciclo, faça amizade com ele e exercite seu músculo vaginal para que o sangue não saia descontroladamente.

— Ter relações sexuais menstruada é ruim?

— Não, pode ser um momento de muita integração se o homem for puro e estiver disposto a dar sua energia mais sagrada numa mistura química muito envolvente, quente e poderosa.

— Quando esse ciclo termina?

— Quando a mulher satura sua cota materna e pára de ovular.

— A chamada menopausa?

— Sim.

— Todas as mulheres param de ovular?

— Não, só aquelas que esgotam sua energia vital.

— E as iniciadas, sempre ficam menstruadas?

— Não com tanta freqüência, seus períodos são reduzidos, e, dependendo de cada uma delas, chegam a menstruar apenas quatro vezes ao ano.

— Posso atingir esse estágio?

— Claro que pode, comece por controlar completamente sua

magia individual de ser mulher e depois ovule apenas nas estações do sol. A lua é amiga do ser da Terra e relata sua influência, o planeta emerge essa consciência e assegura sua jornada, mas, ao se harmonizar com o sol, você encontrará a realização plena de todas as forças e o poder absoluto sobre sua própria existência, podendo então partir para o cosmos numa jornada muito maior.

— Faltavam-me essas informações para conhecer meu ciclo conflitante e não deixar mais que ele me domine com suas erupções internas. Agora só depende de mim o controle de cada movimento energético do meu corpo.

— Desde de que você nasceu, muitas tarefas lhe estão sendo dadas, e à medida que você cresce, essas tarefas vão sendo compreendidas e realizadas por seu esforço pessoal. Você está se saindo bem. Se aprender a controlar esses fatores hormonais e emocionais, seu equilíbrio estará garantido.

— Acho que mais difícil que entender a escola espiritual, vidas e deuses, luas e sóis é compreender a individualidade dentro da unicidade. Isso para mim é o mais complicado no momento; penso que sei e não sei, acho que vou e fico, quero agir e paro, temo temer e freio.

— São conflitos normais e devem ser superados; por isso vim lhe ensinar o caminho do autoconhecimento, e por isso os mestres ancestrais levaram-na para o arquivo. É importante que saiba que sua vida e suas ações estão sob seu comando e sob a orientação da sua consciência individual.

— Isso eu já entendi faz algum tempo.

— De nada adianta o entendimento se não for colocado em prova, e todas as vezes em que se coloca em prova, acaba sucumbindo à dúvida, e esta a deixa se perder pelo caminho.

— Minhas dúvidas são decorrentes de muitas informações atravessadas e muitas tentativas fracassadas.

— Saiba que mesmo que demore toda a vida para adquirir a sabedoria plena, se nunca duvidar dela já será sábia, e a liberdade será uma questão de instantes.

— Antes que você se vá, posso fazer mais uma pergunta?

— Claro que pode, é sempre um prazer ajudá-la a encontrar as respostas.

— Que devo fazer nos momentos que não sei por onde ir?

— Como dizia um poema que leu quando tinha treze anos; "Espera, aguarda, não te inquietes, a vida não é só um combate rude, é apenas uma sucessão contínua de dias e noites..."

— ..."Alegres ou tristes, uma eterna e bem clara lição, perene promessa de renovação." Lembro dele! Lembro que achei maravilhoso!

— Então, nos momentos em que não souber para onde ir, confie em seu coração e deixe a poeira assentar até que possa ver novamente o caminho que deve seguir. Sua jornada é sagrada, é sua e só poderá ser conquistada por você.

— E as pessoas que amo? Como posso ajudá-las?

— Fazendo-as verem seus caminhos através do seu. Podem andar juntas, mas sempre realizará cada qual suas etapas e desafios, um pode ajudar o outro se for preciso, o amor permite esse feito.

— Quando você volta?

— Quando você vem?

— Eu não sei, acho que ainda vai demorar um pouco.

— Eu espero, sempre esperarei seu sucesso.

— Obrigada por ter vindo, nossa conversa foi de muita ajuda; você sempre me deixa sentir que posso fazer as coisas se tornarem verdade na minha vida. Mesmo que só eu e minha consciência possam vê-la, sei que você existe em algum lugar dentro deste infindável mundo desconhecido.

Capítulo 9

O DESPERTAR DA MAGIA

— Tenho jogado tarô há dois anos, e já pude ver o futuro de muitas pessoas se realizarem conforme as cartas me diziam. Sinto uma força latente dentro de mim me impulsionando para um lado mágico e encantado, mas não consigo completar esse quebra-cabeça, ainda estão me faltando algumas pessoas e minha consciência não está me ajudando, meus amigos invisíveis também não. Sinto que este é um outro departamento cujas portas tenho que abrir, mas como?

"Talvez se invocasse espíritos em um ritual eles viessem me dizer algo; tem alguém querendo me dizer alguma coisa que não estou conseguindo entender.

"Que saco isso! Às vezes não consigo me conectar, por mais que queira, estou sentindo um limite.

"Meu altar! Meu quarto! Minha floresta! Meu desejo! Onde mais devo procurar a magia?

— Na força de Ísis.

— Na força de quem? Quem está me mandando esse recado? Fale novamente.

— Sua magia está na força, e sendo apoiada por Ísis.

— Ísis, a deusa egípcia?

— Não a deusa das lendas, mas uma deusa com poderes femininos e a força mágica da Terra.

— E como devo invocar essa magia?

— Falando sempre com um ritmo e mostrando a ela sua vontade em realizar um feito extraordinário.

— Quem é você? Sua forma de falar comigo não é igual à forma da consciência.

— Sou uma mensageira de Ísis e vim ajudá-la a despertar sua magia. Chegou a hora de você receber seu primeiro batismo de feiticeira.

— Batismo de feiticeira... mas não sei quase nada sobre fórmulas mágicas, apenas vou seguindo a minha intuição e acabo realizando alguns feitos.

— Ísis quer que você saiba tudo sobre ela, e eu vou lhe contar a história dessa deusa que é sua madrinha.

— Que devo fazer?

— Apenas preste atenção e me acompanhe com sua imaginação ao mundo da magia, um mundo que funciona paralelamente ao seu, em outra dimensão, mas na mesma esfera e espaço.

"Ísis é uma força que aglomera magneticamente todas as formas de manifestações femininas do seu planeta. É uma deusa muito poderosa que já reinou na Terra durante algumas centenas de anos. Atualmente sua influência continua sendo de muita importância: divide a administração suprema do mundo humano com outras forças, e é a responsável pelas ações da natureza e seu equilíbrio. Os ventos, as marés as luas, as plantações, os raios, as tempestades, os furacões, terremotos, vulcões, tudo que significa manifestações naturais e descargas energéticas está sob seu comando.

— Mas nunca gostei muito de cultuar deuses e deusas. Eles me parecem tão humanos e normais que me incomoda.

— Deuses e deusas não são os criadores, são apenas supervisores da existência, que, quando necessário, assumem a forma humana para melhor se comunicarem. Mas estão longe de serem humanos. Isso é coisa da cabeça dessa raça tão ignorante nos assuntos da criação. As pessoas gostam da idéia de materializar deuses e lhes dar corpo, vida normal e morte trágica. Isso lhes faz bem psicologicamente falando, e o mais grave é que chamam aos deuses criadores, sem terem a menor noção do que o criador significa na eternidade, no infinito, no universo e no cosmos. Imagine você, um criador que só cuida dos assuntos de um planetinha pequenininho no meio da imensidão do tudo. Só os humanos mesmo para pensarem isso.

"Acontece que todas as forças que recebem o título de deus representam a concentração absoluta de determinadas energias e inteligências; nunca foram humanos e nem semelhantes a eles. Existem concentrações divinas de vários aglomerados, e cada um tem sua função e influência sobre o planeta e sobre o universo, dependendo da força.

"Ísis é uma dessas manifestações, e, quando necessita de uma aparição mais materializada e concentrada, assume a forma de uma mulher muito grande, longos cabelos escuros, um semblante forte e um corpo sem forma coberto por um manto transparente.

— E o que ela quer de mim?

— Ela não quer nada de você, você é que quer dela.

— E o que quero dela?

— Você quer as peças que estão com ela para que entenda sua magia e possa manipulá-la de acordo com a sua vontade. Mágica e força feminina são os domínios de Ísis.

— E você, quem é?

— Sou mensageira de Ísis, estou desencarnada e auxilio as feiticeiras encarnadas a encontrarem suas magias.

— Sempre gostei do nome Ísis, lembro que quando era criança assistia muito a um seriado com esse nome, e ela era poderosa e boa.

— Ísis é muito poderosa, e, ao se conectar a esse poder, você poderá realizar grandes feitos mágicos.

— O que preciso exatamente fazer para me conectar à força de Ísis?

— Precisa encontrá-la.

— Mas como posso encontrá-la se não sei onde está?

— Claro que sabe! Você vem sendo trabalhada na sua consciência desde que nasceu e já aprendeu que tudo está dentro da sua vontade e da sua intenção. Ísis é tudo o que a cerca visto pelo campo energético feminino, e, como você é um aglomerado feminino nesta vida, sua conexão com a força de Ísis é a coisa mais simples de se realizar.

— O que vou fazer depois que me conectar?

— Terá a responsabilidade de executar a mais pura e sagrada magia.

— E o que exatamente significa isso?

— A magia é o poder de fazer o bem. Todas as fórmulas mágicas que irá aprender só poderão ser usadas se mais de uma pessoa sair beneficiada com ela; quando tentar utilizar uma poção mágica para seu próprio benefício, sem que isso também reflita outros bens, a mágica não será concluída, e você perderá crédito com os elementos auxiliadores essenciais da magia.

— Quem são os elementos auxiliadores?

— Espíritos elementais não-orgânicos que compõem todos os elementos orgânicos do planeta. Em toda fórmula mágica, quatro são os elementos básicos.

— Eu sei: água, fogo, ar e terra.

— Exato, e seis formam os grupos auxiliares desses primeiros elementos.

— Esses eu não sei quais são.

— São iodo, azoto, ferro, enxofre, cristal e ouro. Existem os elementos de um segundo grupo, que também são importantes nas mágicas individuais: sal, trigo, alho, ervas diversas, raízes específicas, flores e folhas de várias espécies.

— Mas como vou aprender a identificar cada um dos elementos e saber para que servem?

— É justamente por isso que os elementais existem; são eles que lhe dão as fórmulas corretas para cada caso de magia.

— Então eu penso no que quero e eles me dão a receita?

— Mais ou menos assim. Para a receita ser completamente entendida pelo magista, este tem que estar conectado a todas as forças mágicas, por completo.

— E onde Ísis entra?

— É ela quem permite a comunicação entre o ser humano mágico e os elementos naturais da magia. Sem a permissão de Ísis, a mágica não se completa.

— Em toda magia é Ísis que dá esse aval?

— Não; existem feiticeiros e feiticeiras que não precisam mais de nenhuma permissão para realizarem suas mágicas. Apenas os aprendizes são orientados por Ísis, e também por outras forças-deuses aglomeradas no cosmos. No seu caso é Ísis.

— Um dia poderei ser dona da minha magia?

— Um dia poderá ser livre e trazer consigo, dentro de você, todos os componentes mágicos do universo. Nesse dia, não mais precisará de nada de mim nem de ninguém para realizar sua vontade suprema e mágica, e Ísis será uma grande amiga a quem admirará como energia sagrada.

— Já a admiro muito; embora não tenha energia suficiente para falar diretamente com ela, sinto sua força ouvindo você. Como devo convocá-la e o que devo fazer a partir de agora?

— Lembra de quando estudou yoga?

— Claro!

— Lembra dos mantras?

— Lembro de alguns. Mas o que têm eles?

— Os mantras são formas de se convocar forças e entrar em auto-hipnose mágica. Eles mudam a mente de canal e colocam o magista em estado de completa harmonia com níveis invisíveis do planeta. Existem vários mantras, e cada um representa um canal e um nível de consciência. Antes de fazer qualquer magia, ponha-se em meditação, expresse seu desejo em forma de sons mântricos, recolha os elementos mágicos de acordo com a orientação dos elementais e deixe a fórmula fluir do seu coração.

— É só isso que tenho que fazer?

— Parece simples, mas existe uma parte nisso tudo que nem sempre está de acordo com as exigências supremas.

— Que parte é essa?

— Você.

— Como assim?

— Se você não estiver de acordo com as regras básicas de um

magista, essa conexão se torna impossível, e a mágica jamais será realizada.

— E como devo estar para me conectar?

— Pura de intenções, limpa de espírito e forte no desejo.

— E ainda existem pessoas que têm coragem de dizer que feiticeiros são seres do mal.

— Elas não sabem o que estão dizendo; ouviram isso de suas igrejas e nunca questionaram a origem dessas informações.

— Eu sei disso, são ignorantes em tudo o que foge aos padrões impostos pelos limites da sociedade e seus deuses fictícios.

— Cuidado com esses ignorantes: eles são ameaçadores quando se sentem ameaçados.

— Também já aprendi essa lição há pouco tempo, mas me manterei discreta e estudiosa para não falhar na minha parte.

— Bem! É hora de testar sua magia. Vamos realizar alguma coisa.

— O quê, por exemplo?

— Não sei, me diga o que gostaria de fazer como teste.

— Onda. Gostaria de aprender a fazer ondas no mar.

— Está bem! Vamos aprender a fazer ondas. Amanhã vá até a praia e a ensinarei a mexer com os ventos e com as marés. Agora vou apagar sua consciência para que Ísis possa lhe dar muitas receitas mágicas. Amanhã, quando acordar, será uma magista batizada por Ísis e saberá de coisas que muitos não sabem a respeito de fórmulas e poções mágicas.

— Um dia vou poder vê-la?

— Somente depois de senti-la por completo.

Manhã seguinte

— Tenho que ir até a praia. Só espero que consiga provar para mim mesma que não estou me alucinando com meus pensamentos.

"Claro que não estou, não sei por que ainda duvido das coisas que acontecem comigo, acho que tenho medo de me decepcionar se algo não der certo.

"Mas estou tão tranqüila e segura hoje, tenho uma certeza absoluta de que carrego a magia no meu coração, nunca me senti tão feiticeira como estou me sentindo agora, nunca me senti tão poderosa e segura de minha magia.

"Ísis está comigo! Sinto que está e posso vê-la em tudo, no ar, na água, no fogo, em mim, e isso é maravilhoso!

"Bem! Aqui estou. O mar está lindo e calmo, o que devo fazer agora? Deixa eu sentir...

"Já sei!

"Vou sentar na beira da água e vou me cercar por um círculo desenhado na areia.

"Agora... vou ver para que lado está o vento e devo saber que vento deve soprar para subir as ondas.

"Sudoeste, esse é o vento que deve soprar para as ondas subirem.

"Como fazer o sudoeste soprar?

"Convocando as forças do ar, chamando por Ísis.

"Para chamar Ísis tenho que manter um ritmo mântrico.

"Senhora dos ventos senhora do ar, estou te pedindo que faça o sudoeste soprar.

"Agora tenho que soprar com minha vontade para indicar a direção que quero o vento.

"Soprando sete vezes o vento estará registrado, e Ísis terá respondido se uma brisa sudoeste tocar meu rosto.

"Devo meditar e esperar alguns segundos.

"Estou sentindo a brisa. A magia está terminada, e amanhã haverá ondas e vento sudoeste.

— Parabéns!

— Quem é você?

— Sou eu novamente, a mensageira de Ísis.

Puxa, por que não apareceu antes?

— Não foi preciso, você conseguiu fazer tudo sozinha.

— Consegui mesmo. Estou feliz por isso, as coisas foram aparecendo para mim como um passe de mágica.

— E é justamente o que é: um passe de mágica entre o magista e as forças poderosas da natureza.

— Vou sempre saber como se realizam as fórmulas?

— Sempre que estiver conectada.

— Que grande responsabilidade tenho nas minhas mãos.

— Que bom que sabe disso. Assim, não vai se deixar levar por desejos pessoais.

— Posso fazer qualquer magia?

— Não, apenas mágicas básicas como leituras de vida, auxílio para saúde, paz espiritual e mudanças de clima, como este que fez hoje.

— Quando aumentarei essa força?

— Quando estiver dominando completamente a arte de ser feiticeira.

— Acho que ninguém vai acreditar em mim, como sempre.

— Que importa se acreditam ou não? Magia é a força manifesta dos deuses, quem não acredita nisso não acredita que cada elemento que compõe a vida, o planeta e o universo é mágico, divino, poderoso e parte de Deus.

"Você não precisa provar nada para ninguém. Faça da sua magia a sua arte mais secreta e só passe essa arte para aqueles que como você tiverem despertado primeiro a magia interior e depois puderem expandir esse interno para o externo, com o auxílio de todos os componentes harmonicamente integrados entre si.

— Eu entendo a magia e espero ser merecedora desse voto de confiança.

— Pode ter certeza de que nenhum deus é traído por um humano mortal. Já na intenção ele é pego e perde todo o poder de agir de forma incorreta.

— Isso me deixa numa dúvida: se a inteligência criadora e os deuses que administram o planeta sabem de tudo o que se passa, por que existem seres humanos que podem causar danos ao mundo e provocar guerras, mortes, doenças e destruições tão grandes e injustas?

— Porque estes seres lideram, com suas maldades, intenções de domínio e poder material, outros seres humanos, criando um grupo energético forte o suficiente para criar estragos e causar danos ao planeta e a seus semelhantes. Eles não são impedidos porque a autodestruição acontece naturalmente, e seus exemplos passam a valer como ensinamento para que outros percebam o erro do caminho percorrido pelos falsos líderes. Os deuses não precisam ficar punindo: isso é uma reação natural.

— Mas mesmo depois de destruídos esses líderes continuam influenciando negativamente muitas pessoas.

— Porque são pessoas que têm índoles e espíritos voltados para o lado oposto ao da evolução, que é a destruição. Eles querem o lugar dos deuses, mesmo que num inferno. São pessoas que preferem a prisão encarnada do que a expansão espiritualizada, optaram por aumentar suas cargas negativas só para não partirem do planeta.

— Mas o que acontece com elas quando morrem?

— Ficam presas na esfera espiritual terrestre e são obrigadas a voltar cada vez mais ignorantes e cegas.

— Mas e o estrago que causaram?

— Terão de reparar por vidas e vidas e mais vidas. Serão vingadas e sofrerão na pele dos que foram os sofredores. Para um espírito eu diria que encarnarão várias vezes um inferno humano e um infernal mundo na Terra, pois é isso que estão buscando.

— É por isso que os deuses nada fazem para impedir os estragos dos líderes maus?

— É por haver uma lei magnética extremamente justa e eterna que os deuses não interferem no que é causado por livre vontade e opção. A interferência só se dá quando deuses e deusas decidem por isso, de acordo com um senso consciente comum.

— E aquelas pessoas que vivem pedindo tudo para Deus?

— São infelizes mendigos humanos, não recebem mais do que as migalhas do mundo.

— Os deuses não dão nada para ninguém?

— Não, muito pelo contrário, dão tudo para todos: deixando que cada um conquiste o que lhes é oferecido todos os dias como dádiva maior, suas próprias vidas e o poder incomensurável de amar.

— E aqueles que pensam que estão agradando a Deus, rezam, pedem perdão e são sofredores e devotos?

— Estes recebem cargas constantes de alerta, mas mesmo assim muitos não despertam para a realidade de suas vidas e acabam afundando em suas próprias mágoas.

— Que tipo de cargas de alerta está falando?

— Cargas no dia-a-dia: perdem coisas, ficam na miséria ou passam grandes sofrimentos para que despertem e comecem a agir de forma menos dependente em suas vidas, mas em muitos casos isso não adianta, estão tão cegos e tão convencidos de que Deus controla cada detalhe que dizem: Que assim seja, pois essa é a vontade de Deus.

— Cada vez que conheço mais a história humana, mais me convenço de que loucos são eles e não eu em pensar que sou livre e posso ser responsável pelos meus atos.

— Quanto mais se sentir responsável, mais terá que buscar a perfeição no seu agir. Os outros, quanto mais culparem a Deus e O responsabilizarem por tudo que lhes acontece, mais poderão falhar, mais poderão pecar, mais poderão lamentar, e nunca precisarão agir por suas vontades.

— Isso é terrível. Como podem preferir uma vida assim?

— Ignoram o poder que têm nas mãos, nem imaginam o que podem realizar como humanos, nem passa por suas mentes o poder mágico que têm só por estarem vivos neste planeta. Atribuem tudo a um Deus que não entendem, não conhecem e temem como o todo-poderoso e o dono de tudo e de todos.

— Posso fazer alguma coisa para ajudá-las a ver esse erro?

— Não pode e nem deve. Faça a sua parte e deixe que cada um cuide de descobrir seus caminhos e seus poderes. Não é da sua alçada mexer neste assunto tão sério e delicado.

— Está bem, eu não vou fazer nada, vou simplesmente aprender a desenvolver mais minha magia e ajudar as pessoas de outras maneiras. Mas não posso deixar de lamentar pela pobreza e pela ignorância dessas pessoas.

— Não lamente por nada. Alegre-se por aqueles que já saíram da escuridão e estão partindo em direção ao universo dos sonhos, das conquistas e das realizações completas. Seja um desses, em vez de ser como aqueles que fazem dos deuses o motivo de suas mortes e ruínas.

— Respeito os deuses administradores, e mostrarei que, com minha vontade, vencerei na vida e chegarei ao nível de poder me comunicar com todas as forças e trazê-las para dentro de mim no sentimento que hoje entendo bem: o do amor incondicional.

— Perfeito! Agora vou deixá-la com sua magia. Lembre-se: Ísis a está acompanhando. Procure viver sem ter que pedir perdão, procure agir sem ter que pedir desculpas e recorra às forças supremas apenas quando o assunto fugir completamente de suas mãos.

— Pode deixar, entendi o que tenho que fazer com minha própria existência; entendo de quem é a responsabilidade das reações que causar ao meu redor. Se um dia quiser fazer realmente algo de importante para os meus semelhantes, primeiro terei de fazer por mim mesma. Somente aprendendo e praticando é que poderei um dia ensinar.

— Saiba que toda magia foi registrada na sua memória consciente e que, ao provar sua capacidade de liderar, irá, em doses, soltando sua força mágica, e um dia chegará ao nível dos grandes magos.

— Será que conseguirei?

— Se se mantiver exigente e rigorosa consigo mesma, antes de abandonar esse seu corpo, poderá receber o batismo final de maga.

— Devo utilizar a ajuda dos duendes, fadas, gnomos, ondinas e silvos?

— Sem problema algum; será um prazer para eles auxiliarem uma magista em suas práticas. Eles gostam muito de atravessar os mundos quando são convocados.

— Devo passar o portal para o lado de lá?

— Não, mantenha-se do lado de cá. Passar para o outro lado implica muitas coisas que você ainda não pode entender e dominar.

— E o tarô? Devo continuar jogando para as pessoas? Às vezes fico assustada com as revelações, e outras vezes temo errar nas previsões.

— Essa etapa da sua magia terá um tempo limitado. Chegará o dia em que não mais precisará de tarô, nem de altar e nem de artifícios para executar sua vontade. O verdadeiro magista carrega o poder da vontade dentro do seu coração, não necessita de nenhum instrumento externo para representar o seu interno. Simplesmente sonha e realiza.

— Não me sinto merecedora desse batismo: ainda não controlo minhas emoções pessoais, sou mal-humorada, triste, fico facilmente deprimida e estou sempre em atrito com aqueles a quem amo e com quem convivo diariamente. Receio não corresponder à responsabilidade que estão depositando em mim.

— Isso é o seu desafio pessoal. Enquanto deixar as pessoas a incomodarem, enquanto você for um incômodo para as pessoas que a cercam, não ultrapassará os limites dos mundos e não poderá realizar grandes feitos. Portanto, sua parte, para que toda a magia que foi lhe dada como conquista de vida passadas desperte, é se superar a cada momento, se controlar em cada emoção e ultrapassar todos os seus medos. Quando atingir esse nível, estará pronta para o restante do conhecimento. Antes disso, terá provado apenas uma pequena dose do gosto saboroso e doce dos milagres da vida.

— Juro que tenho me esforçado, mas existem um desgaste muito grande e um sentimento de revolta muito profundo dentro de mim que não consigo controlar, por mais que tente.

— Toda e qualquer tentativa só é válida quando se atinge o objetivo final; se não, não passa de uma fracassada tentativa, e tentativas não têm qualquer valor, por mais que jure ter feito o máximo.

— Mas isso é muito rigoroso! Vocês não dão crédito aos que se esforçam?

— Claro que sim, mas damos real valor àqueles que conseguem.

— Já vi que não tenho desculpas. Só me resta continuar tentando até conseguir amar a todos verdadeiramente, entendê-los e conviver em plena harmonia, principalmente com a minha família.

— Esses pontos são de fato importantes, porém o mais importante é que consiga viver em plena harmonia consigo mesma. Quero ver é você superar o desafio de si mesma.

— Esse sem dúvida é o mais difícil.

— Este sem dúvida é o mais importante, principalmente quando chegar a última etapa iniciática.

— E qual é ela?

— A velhice.

— Nossa! Só de pensar na velhice me arrepio toda. Tenho verdadeiro pavor de me imaginar velha.

— É na velhice que os magos se libertam, vivem até duzentos anos se conseguirem chegar aos setenta com plenos poderes e com suas energias intactas. Nada perde a forma e o valor, são eternamente jovens de espíritos e completamente revitalizados em magnetismos, não morrem se não quiserem.

— Tenho 26 anos e já me sinto uma velha. Sou muito vaidosa e tenho pavor de pensar em ver meu corpo todo enrugado, meu rosto desgastado, minha locomoção prejudicada, meus sentidos apagados. Temo a velhice desde os treze anos.

— Um ser humano velho não precisa estar acabado e desgastado. Existem magistas de mais de oitenta anos que têm mais vigor e energia que muitos jovens de vinte.

— Imagino que sim, mas o tempo passa muito rápido e me preocupa ainda estar tão atrasada em meu nível iniciático. Gostaria muito de poder aumentar minhas conquistas ainda na idade adulta.

— Isso é possível. Quando chegar aos 35 anos, poderá estar muito bem e realizando grandes feitos em sua vida. Só depende de você começar logo as mudanças.

— Meu sonho é esse: chegar aos 35 anos bem bonita, forte, saudável, materialmente rica, feliz e segura, realizada como pessoa e com muitos amigos na mesma situação.

— Esse sonho é possível. Você tem nove anos pela frente para alcançá-lo, mas não espere que as coisas aconteçam para você. Faça com que as coisas aconteçam do jeito que lhe convier e da maneira que determinar. Nunca se esqueça de que está tudo em suas mãos, inclusive a última etapa: a velhice e a morte humana.

— Tenho mais uma pergunta a fazer sobre esse assunto. Posso fazer plástica, se precisar?

— Pode. Os recursos de laboratório podem ser aplicados se não agredirem os ciclos naturais. A energia verdadeira é aquela que você absorve como matéria. Faça exercícios, mantenha uma alimentação equilibrada, a mente saudável, divirta-se no seu mundo e divida a alegria com os amigos. Pratique a mágica do bem e não se envolva com campos magnéticos que podem desgastar sua força.

— Que tipo de campos magnéticos?

— Vampiros energéticos, pessoas que sugam, prejudicam e atrapalham o fluxo do seu templo sagrado que é você. Não permita vampiros em sua vida.

— Mas como detecto esses vampiros?

— Sentindo pela intenção deles o que de fato desejam de você. Muitas vezes os vampiros humanos são sugadores dependentes, não sabem dar, apenas querem receber.

— E o que devo fazer? Como devo agir com eles?

— Aja naturalmente; só dê aquilo que for de livre e espontânea vontade. Não deixe que a sufoquem ou que a destruam com suas intenções. Fique desperta e atenta a tudo e a todos e ensine-os a dar sempre que puder. Quanto mais preservar sua energia, mais estará pronta para a velhice, e quanto mais energia tiver, mais deve distribuí-la aos seres de boa vontade. Quanto aos vampiros, deixe que envelheçam e morram; quanto a você, aprenda a dar mais do que recebe e nunca estará sugando a energia de ninguém.

— Se entendi bem, os vampiros energéticos estão em maioria neste mundo, não estão?

— Sim, estão; existem muito mais pessoas que só querem receber do que as que estão dispostas a dar. Os espíritos encarnados que habitaram a Terra nos últimos dois mil anos estão aqui para cobrar dívidas e se esquecem das dívidas que devem pagar; primeiro estão preocupados em receber para depois começarem a pensar em pagar. Cobram do Criador um futuro melhor e dão em troca um presente duvidoso; cobram dos pais uma responsabilidade completa e jogam os filhos na lama de suas casas; exigem lealdade e devolvem traições; esperam que alguém inicie uma mudança, mas não conseguem ser humildes o suficiente para mudar primeiro a direção de suas vidas. Cobram dos governos uma segurança diária, mas não se firmam em suas metas e vontades; fazem de suas vidas um inferno pessoal, gastam suas energias com sentimentos mesquinhos e desconfiados, usam a energia de outros para compensarem seus desgastes. É assim o mundo em que você vive: vampiros por todos os lados, sedentos de energia, famintos por sangue e pela dor alheia.

— É por isso que as pessoas gostam tanto de ver tragédias?

— Elas se satisfazem em ver que o mundo está pior do que elas, consolam-se com a dor dos outros. Gostam de ver lutas sangrentas, vibram em ver acidentes, sentem-se protegidas quando assistem pela televisão a cenas de guerras e massacres, adoram as dores de paixão... tudo isso faz o ciclo sugador ficar emocionante e repleto de éter energético no ar que respiram.

— Eu nunca gostei dessas coisas, nunca entendi por que as pessoas gostam tanto de brigas, discórdias e tragédias. Não faz sentido para mim um mundo tão cheio de ódio e rancor.

— Elas aprenderam a se alimentar disso; quando as coisas estão bem, para elas acabaram a graça e o prazer. Dizem que sem tragédias, sem sangue e emoções fortes o mundo deixa de ser divertido.

— De onde tiraram essa idéia?

— De seus antepassados, de suas vidas passadas, de seus desejos futuros. Sabem que vão morrer um dia e que isso é inevitável, então vão se acostumando com a dor de seus semelhantes e acreditam que se livram da morte enquanto Deus estiver tirando a vida de outras pessoas.

— Mas isso é consciente?

— Não, isso é ignorância novamente. Seu planeta ainda tem seres muito primitivos encarnando nele. É sem dúvida um grande desafio para aqueles que buscam a evolução e a liberdade conviver com uma selva humana. Sendo também um humano, é no mínimo reflexor: tudo o que eles fazem é passível para você.

— Mas eu não tenho vontade de fazer essas coisas!

— Que ótimo! É justamente aí que está a diferença entre os vampiros e os doadores; o segundo grupo tem tanta força, tanta energia, tanta consciência que, quanto mais eles dividem, mais eles se recarregam, pois o mesmo canal que envia a energia é o que recebe de volta através do cosmos. Aprenda a dar sem cobranças. Aprenda a receber do universo sem pretensões. Essa é a verdadeira arte da humildade.

— As pessoas pensam que ser humilde é rastejar e baixar a cabeça. Eu nunca achei que humildade fosse isso.

— E de fato não é. Don Juan já lhe disse isso através de Castaneda, lembra?

— Claro que lembro: ele disse que humilde é aquele que não beija os pés de ninguém, e muito menos permite que alguém lhe beije os pés.

— Humildade é uma dádiva. O ser que aprende a dar e a receber com completa intensidade e harmonia é naturalmente humilde, pois ao mesmo tempo em que nada possui nada exige de volta.

— Existem muitos falsos humildes espalhados pelo mundo. Conheço vários.

— Existem aqueles que pregam a humildade como submissão, exigem que os outros abaixem a cabeça e fechem os olhos diante do pai maior a que chamam Deus. Eles próprios fazem isso, mas, ao passarem por um mendigo, o tratam como ser inferior e desprezível.

— Baixar a cabeça para Deus é outra coisa que nunca entendi: por que os humanos não podem olhar os deuses?

— Claro que podem. Deus está em tudo o que seus olhos e percepção podem sentir; está no ar que respira e na flor que aprecia, nas estrelas e no sol, em você e em seu semelhante. Está em todas as partes, por menor ou maior que seja, dentro do universo.

— É tão difícil fazer as pessoas perceberem isso. Para elas

Deus é intocável, e não podem admitir encará-Lo ou encontrá-Lo nas coisas mais simples da vida.

— Para elas Deus é tudo aquilo o que elas não entendem, e por isso preferem baixar a cabeça e se resignar ao desconhecido com a falsa humildade de quem aceita isso como fato, mas contestam todo o resto.

— Fascinante mundo humano!

— Fascinante mundo pessoal: descubra o que tem dentro de você e descobrirá todos os outros que a cercam. Ao encontrar sua magia, sua personalidade, sua consciência e dominar seus sentimentos e suas razões, bastará olhar nos olhos de qualquer pessoa e conseguirá ver sua alma mais profunda.

— Se superar meus limites, conhecerei a todos?

— A qualquer um. Não haverá no mundo um ser capaz de lhe sugar, ou de traí-la, ou de magoá-la, pois antes que pensem já terão intentado, e você terá visto suas intenções.

— Tudo o que quero é atingir esse nível de visão e consciência.

— Então comece por conhecer suas intenções, suas vontades, seus desejos e sonhos; só depois que tudo isso estiver sob o seu inteiro comando e domínio, estará pronta para os outros assuntos mágicos, espirituais e humanos.

— É isso que é ser um mago?

— É isso que é ter sabedoria, e os magos a têm.

— Por isso podem realizar milagres?

— Por isso podem interferir nos registros antes que estes sejam definitivos, operam milagres porque manipulam a vontade, baseando-se no que estão vendo como bloqueios energéticos. Milagres nada mais são do que interferência pela vontade, e os sábios e magos são seres que dominam por completo a vontade, por isso realizam verdadeiros milagres.

— Que os deuses me permitam despertar essa vontade.

— Essa permissão já foi concedida. Se não fosse, você não teria nem nascido.

Capítulo 10

A TRILOGIA HUMANA

— Mulher, filha e mãe, três papéis completamente diferentes dentro de mim mesma. Harmonizar essas três pessoas tão distintas e fazê-las uma só é sem dúvida bastante conflitante. Quando a mãe fala, a filha cala, e, quando a mulher sente, as outras duas reagem contrariamente. Preciso entender esse enigma da criação para compreender minha própria existência. A mulher tem uma voz que fala comigo de suas aflições e desejos; a filha tem as vozes que reclamam e questionam, e a mãe tem medos e dúvidas. Preciso resolver o problema das três antes que elas acabem com a minha energia e antes que apareça uma avó para aumentar os desafios.

"Hoje estou sensível e melancólica. Tenho brigado muito com minha mãe, quando estou no papel de filha; não tenho tido paciência com minha filha quando estou encarnada na mãe, e não consigo me entender com meu parceiro quando assumo minha porção mulher.

"Acho que durante toda a minha vida venho trocando as posições naturais; quando tinha que ser filha, fui mulher; quando chegou o momento de ser mulher, fui mãe, e quando era preciso ser mãe fui filha, e até hoje ainda não consegui organizar as três dentro do meu corpo, do meu coração e do meu espírito.

"Que adianta eu saber de tantas coisas se não me conheço na essência da minha alma!?

— Fale com cada uma separadamente e descubra seus desejos mais profundos.

— Consciência? Que bom ouvi-la! Preciso de auxílio nesta minha melancolia tão dolorosa que está me arrancando a energia do peito numa velocidade assustadora. Faz tempo que não sinto uma tristeza tão profunda.

— Você está num estado de reflexão consciente; somente agora se deu conta de quantas coisas foram deixadas para trás e de quantas diferentes personalidades precisa representar na vida. Esse estado de melancolia é resultado de uma trilogia funcional que precisa ser compreendida, trabalhada e aceita como pessoal e intransferível.

— Como posso não saber quem sou se sou quem sei ser?

— Todo ser humano representa três papéis específicos durante sua passagem na vida da Terra. A primeira experiência é quando se nasce e se recebe uma família como apoio existencial, um pai que gera, uma mãe que recebe, e às vezes já existem outros membros compondo a família, como irmãos, tios, avós, primos e parentes em geral.

"Neste momento o novo ser recebe a função de ser filho, será alimentado, cuidado, educado, e receberá influências diretas dessa família que o acolhe como membro. O indivíduo deve, por gratidão ou imposição, seguir à risca as regras deste lar, concordando ou não com elas.

"Algumas crianças se rebelam muito cedo ou não se adaptam ao ritmo de vida de seus familiares; muitas brigas e transtornos são gerados pela disputa de poder entre pais e filhos.

"A maior, a primeira e a mais importante etapa humana a ser vencida é a de se harmonizar na posição de filho, conquistando espaço sem invadir ou tomar a posição de nenhum membro da casa.

"O filho representa a eterna posição de ser no universo; não importa em que nível existencial esteja, o espírito sempre haverá de assumir um papel de criação do Criador, por isso este saberá que existirão infinitamente níveis acima, por mais alto que esteja na escala evolutiva.

"O segundo degrau é o espírito como indivíduo independente de seus pais, de sua família, de seus gens e das influências externas. Estamos falando agora do ser solitário, daquele espaço que é só seu e que nenhuma outra matéria viva pode ocupar; estamos falando de uma mente, de um corpo, de uma alma, de um coração, de um humano único, precioso e importante como consciência trabalhada e evoluída.

"Esse indivíduo tem experiências próprias para serem passadas, coisas que só ele pode realizar e só ele pode experimentar.

"Cada um tem um caminho a seguir, está em um nível evolutivo, e é o resultado de somatórios de vidas e de experiências.

"A parte pessoal é formada de várias camadas e de diversas junções; energeticamente falando, assemelha-se ao DNA, que é outro registro único.

"Em resumo, não existe na face do planeta um ser igual a outro; por mais que se assemelhem em suas essências, diferenciam-se em suas vivências.

"Ser único é ser santificado, valorizado e respeitado.

"Cada vida é preciosa e deve ser lapidada e trabalhada pelo vivente com plena consciência de tudo o que acontece dentro e fora da matéria.

"O terceiro nível é o de gerar um filho, orientar, educar, amar, respeitar e fazer com que ele seja recebido em seu lar e em sua vida como indivíduo único.

"A posição de pai ou mãe é fundamental na complementação do ciclo; ao decidir gerar um filho, esses seres passam a aceitar o fato de que estão deixando um pedaço de suas vidas nas mãos de um outro ser que vai crescer e se multiplicar.

"Muitos iniciados decidem por não assumir esta posição de gerar um outro ser, e adotam seres que foram gerados por outros humanos, assumindo o papel de professores de vida, e os supostos filhos, o de discípulos diretos.

— Eu já represento os três papéis, mas acho que tenho representado mal todos os três; misturo os canais e me perco nas atitudes de cada uma. A filha, a mulher e a mãe estão conflitantes e não se entendem de jeito nenhum.

— Você sabia que cedo ou tarde isso iria acabar acontecendo.

— Sabia; sempre senti que um dia teria que resolver esse problema existencial. Só não sei qual da três personalidades trabalho primeiro.

— Qual é a que grita mais alto por socorro?

— Acho que é a mulher. Creio que enquanto esta não ficar resolvida a filha sempre fará cobranças e a mãe sempre será impotente.

— E o que você pensa que precisa ser feito para deixar a mulher equilibrada?

— Na verdade eu não sei responder a essa pergunta. Passei a minha juventude toda fazendo outras coisas que considerava mais importantes. Quando cheguei na idade adulta, casei com um iniciado e não me preocupei mais em pensar na mulher. Achava que tudo já estava feito a esse respeito, e comecei a cuidar do lado material e profissional.

"Hoje, quando olho para mim e para a minha vida, vejo que realmente fiz bastantes coisas, mas nada comparado ao que ainda precisa ser realizado. Tenho 27 anos e continuo vivendo na casa dos meus pais, discutindo com eles e com minhas irmãs. Minha mãe é mais mãe da minha filha do que eu, e na verdade me sinto tranqüila com essa situação, e meu marido já se acostumou a conviver com uma mulher que não lhe dá muita atenção e descarrega nele as próprias tensões.

"Imagino que para me tornar uma iniciada e uma magista num nível mais alto preciso resolver essas questões, e acho que é isso que está me deixando tão triste. Não sei por onde começar e tenho medo de piorar as coisas.

— A consciência da mudança é sempre uma sensação muito depressiva. A pressão de dentro para fora obriga a pessoa a tomar alguma atitude em relação à sua vida, mas na maioria das vezes o ser não sabe que direção deve ser seguida, e, enquanto fica parado, os sentimentos se retraem em melancolia e tristeza.

"No seu caso, especificamente falando, existem períodos de viradas de grau, e a próxima grande mudança na sua vida vai demorar uns cinco anos para ser concluída.

— E o que significa isso?

— Significa que até que complete 31 anos as coisas não vão ficar muito claras. Para dizer a verdade, seu mundo vai literalmente virar de cabeça para baixo. Todas as mudanças que ficaram pendentes estão agora acumuladas, e não mais será permitido adiamento de decisões. Prepare-se para sofrer modificações radicais em sua estrutura de vida.

— Mas por que isso? Eu achei que estava fazendo as coisas certas! Sempre procurei agir da forma que minha consciência e minhas experiências extrafísicas me orientavam. O que fiz de tão errado que tenho que mudar tudo?

— Calma! Você não fez nada de errado, e é por isso que terá apenas três anos de inferno astral e mais dois de readaptação. Normalmente, as pessoas, quando entram na fase adulta e na mudança de grau, demoram de sete a 21 anos para saírem. É um período inevitável, e todo ciclo humano passa por transformações em seus eixos espirituais. Chegou a hora de ultrapassar o seu, que, acredite, será muito curto.

— Mas o que exatamente significa, em termos práticos, inferno astral?

— Significa que, ao atingir a idade adulta, o ser recebe a responsabilidade completa pelos seus atos e tudo que se refletir como reação deles. A maioria das pessoas não sabe o que fazer e acaba fazendo muita besteira. Algumas coisas do passado são trazidas à tona na idade adulta para também serem concluídas e resolvidas. Você não desejou, durante toda a sua vida, a liberdade?

— Desejei, mas o que isso tem a ver com liberdade?

— Um ser só se liberta quando pode dirigir sua vida plenamente; um ser só é livre quando conhece, entende e domina suas três fases humanas.

— É, então não sou livre.

— Mas pode vir a ser; basta que ultrapasse os obstáculos desta fase com leveza, agilidade, força e determinação.

— Vai ser uma fase tão ruim assim?

— A pior por que já passou.

— Puxa! Você poderia pelo menos suavizar a notícia. Eu já passei por fases muito ruins, sofri e chorei muito na vida, e você me diz que esta vai ser pior?

— Eu sou a consciência, e, como tal, não poderei jamais enganá-la; mas posso lhe dizer que, por pior que as coisas possam ser, o resultado da vitória vale qualquer sofrimento. E essa fase só vai ser pior porque vem muita coisa ao mesmo tempo, tanto boas quanto ruins.

— Sabe o quanto temo a morte. Isso para mim é a pior da dores. Durante esse período, alguém que amo vai morrer?

— Não literalmente.

— Como assim?

— Ninguém vai morrer, mas muitas coisas vão ter que ser tão mexidas que não vão mais existir como antes; a morte às vezes é um nascimento. Ao mesmo tempo em que coisas vão ser deixadas para trás, outras vão nascer diante da sua vida.

"Quanto às pessoas que a cercam, elas não vão morrer por enquanto, mas não pense que se escapa da morte: ela é uma amiga inseparável de todos os humanos. Não a tema e nem a odeie, apenas conheça seus limites e mantenha-a ao seu lado com saúde, força e muita atenção.

— Se não vai haver mortes, acho que vai dar para agüentar bem.

— Você não tem opção, o período já chegou e agora terá mesmo que o enfrentar.

— E começo por onde?

— Pela mulher, como você mesma disse.

— Mas a mulher também é subdividida: tem a empresária, a amiga, a magista, a vaidosa, a ciumenta, a possessiva, a sensual e as outras. Qual delas devo trabalhar primeiro?

— Deve trabalhar todas de uma só vez, e não se esqueça das outras duas, a filha e a mãe.

— Tudo junto?

— Todas unidas.

— Em três anos?

— Durante três anos, todos os dias, sem parar até que as domine por completo.

— Assim eu é que vou acabar morrendo!

— Com certeza muitas coisas do seu ser atual vão mesmo ter que morrer.

— Eu sei que parece besteira, mas uma das coisas que mais têm me incomodado é a parte sexual. Tenho sentido uma necessidade muito grande de me aventurar neste campo e compreendê-lo na prática mais profundamente. Nunca dei muita atenção ao sexo, sempre achei que era apenas um instrumento de prazer, e o considerava sujo na maioria das vezes em que via pessoas usando-o como motivo de vida.

"Estudei bastante sobre tantra, química, energia sexual, prazer carnal, e achei que tinha concluído tudo, mas agora sinto necessidade de fechar com a prática alguns pontos que ainda não consigo entender. Estou em conflito pois tenho um companheiro e ao mesmo tempo sei que ninguém é dono de mim, a não ser eu mesma.

— Você estaria disposta a uma separação?

— Acho que sim, embora ame muito meu companheiro, acho que terei que me separar durante este período.

— Você também sabe que está na hora de sair da casa de sua mãe, não sabe?

— Sei, mas gosto tanto daquele lugar, lá tenho um mundo tão meu, já vivi tantas coisas naquele espaço, estava pensando em construir uma casa lá, assim poderia ter meu canto sem precisar me mudar.

— É, pelo que estou vendo, você ainda não está pronta para abandonar suas raízes.

— Como abandonar? Que mal tem em continuar morando lá, mas na minha própria casa?

— O mal são as raízes, a dependência emocional, as coisas que não conseguimos deixar, essas que às vezes levamos para outras vidas, coisas que julgamos importantes e por isso nos agarramos a elas com tanta energia.

— Tenho medo de sair de lá, confesso que tenho muito medo de perder o meu lugar no seio da minha família.

— Dentro dos seus três anos de mudanças, podemos deixar esse assunto mais para adiante. Vamos voltar para a mulher e ver como poderemos começar o processo de equilíbrio. O que você deseja muito como mulher?

— Desejo muitas coisas! Desejo ser amada e desejada, desejo ser possuída e levar um homem ao máximo do prazer, desejo conhecer o céu e derreter meu corpo com o calor do sexo.

— Para que deseja essas coisas?

— Não sei, talvez porque nunca tenha sentido, e sempre ouvi histórias sobre essas conquistas apaixonadas. Acho que gostaria de descobrir a magia completa da energia sexual.

— O que é exatamente o sexo na sua concepção e visão feminina?

— Troca, amor, prazer, despertar, viajar, coisas sentidas só com o tocar de dois corpos em uma dança harmônica e uma química mágica. Sexo para mim é a mais pura magia, gostaria muito de sentir a vibração de romper as barreiras do corpo e voar sem limites.

— Você acha que isso é possível?

— Acho.

— Por quê?

— Ora! Porque, como já lhe disse, estudei sobre o tantra yoga, sei dos trabalhos das vestais dos templos sagrados, sei de iniciados que obtiveram grande êxito realizando o ato sexual como ritual de poder. Sei que é possível chegar ao clímax físico e ultrapassá-lo.

— Mas nunca chegou, por quê?

— Bloqueios; tenho muitos bloqueios, e, na hora de soltar minha energia e minha força sexual, retraio e interrompo o processo.

— Você já parou para sentir o porquê desse bloqueio?

— Já, muitas vezes.

— E o que descobriu conscientemente?

— Descobri que já empreguei o sexo para coisas não muito positivas. Sei que fui uma vestal porque conheço todo o ritual, conheço as massagens excitantes, conheço fórmulas afrodisíacas e sei como levar um homem ao ponto de ejacular de prazer, mas na hora de fazer paro porque também sei que um iniciado não pode ejacular de prazer, e o trabalho da parceira iniciática é ajudá-lo a sublimar esse líquido, levá-lo para a base do seu primeiro chakra e fazer com que suba por sua coluna até que o encha de poder. Isso tudo é muito conflitante porque às vezes eu só queria ser um pouco normal e ter relações sexuais com homens normais.

— Temos mesmo um bom começo. Sua parte mulher está bem confusa e faminta. O que você quer fazer?

— Não sei. Como você me fez ver alguns anos atrás, errar conscientemente é o pior dos erros, e voltar a um sexo convencional e normal seria um erro consciente.

— Mas esse assunto não está resolvido dentro de você, e isso é um erro do mesmo jeito.

— Mas qual erro é o pior?

— Qualquer um dos dois pode ser o pior, depende dos reflexos que eles causarão na sua vida e na vida das pessoas que a cercam.

— Será que poderia partir em busca de aventuras sem prejudicar ninguém?

— Poderia, claro. Se for tudo muito consciente e elaborado, você pode ter essas experiências sem magoar ou prejudicar ninguém.

— Será que consigo fazer isso?

— Sinceramente acho que não, mas só você poderá descobrir.

— Por que não?

— Faltam a você maturidade e consciência maior do assunto.

— Então não devo arriscar?

— Deve e precisa. As coisas que você vai fazer nestes três próximos anos poderão ser relevadas e acertadas mais adiante. Estamos na fase do vale-tudo, e sei que as coisas realmente concluídas na sua consciência não serão afetadas, apenas os assuntos ainda pendentes é que serão trazidos para fora para serem solucionados.

— E minha mãe? Quando vou me relacionar direito com ela? Me incomoda muito não conseguir dialogar sem discutir o tempo todo.

— Quando ambas crescerem e aprenderem a respeitar as diferenças uma da outra, quando cada uma tiver encontrado o seu espaço, vocês ainda serão muito amigas.

— Espero que sim, espero me relacionar bem com toda a minha família.

— Resolva seus assuntos pessoais porque neles vão estar também as soluções para os assuntos ligados a outras pessoas.

— É, já percebi que não adianta ficar esperando pelas mudanças dos outros; primeiro terei que mudar eu.

— Existe algum homem que a interessa?

— Não, não fico procurando no dia-a-dia.

— Então como pretende viver essa fase se não está em busca de seus objetivos?

— É porque acho perda de tempo. Talvez prefira deixar a parte física de lado e cuidar primeiro das outras coisas, como por exemplo do meu trabalho. Quero muito me realizar profissionalmente.

— Quais são suas metas e sonhos neste sentido?

— Quero ter tudo no campo material: carros, casas, aviões, dinheiro, quero ajudar desamparados e fazer obras sociais, quero ser materialmente livre e segura.

— Você acha que está no caminho certo para isso?

— Não sei. No campo em que estou atuando as chances são boas, mas já quebrei duas vezes, já perdi muito dinheiro, não sou boa administradora. Sei porém que sou excelente empreendedora e aposto no meu sucesso porque o desejo ardentemente.

— Então agora só precisa encontrar a fonte.

— Estou procurando, e algo me diz que estou muito perto de encontrar.

— Quem lhe diz, eu?

— Não, uma certeza minha, não vem da consciência e nem de nenhum mensageiro, vem de mim com muita força.

— Vem da sua vontade?

— Com certeza. Tenho muita vontade de realizar meus sonhos e vou fazer o que for preciso para tocá-los adiante.

— Fico feliz em ver que você está aprendendo a ter a vontade como poder realizador. Isso é de fato muito positivo e vai ajudá-la muito nesta mudança de grau. Mantenha o foco e a sua atenção nos seus sonhos e vá vivendo suas experiências profissionais. Mais adiante vai aparecer uma grande chance na sua vida: esteja atenta.

— Estarei, ou melhor, farei força para estar.

— Vamos falar sobre a mãe agora?

— Esse é outro assunto que me enche de tristeza. Sempre sonhei em ter na minha filha uma grande amiga, planejei um futuro grandioso para nós duas, amo aquela menina mais que a mim mesma e no entanto não consigo me relacionar direito com ela, ela é muito diferente de mim e isso gera muitas discussões.

"Fico imaginando que agora ela só tem nove anos e já tem muitos problemas internos. Temo que com o passar do tempo as coisas piorem. Ela gosta mais da minha mãe que de mim, não me deixa mais ver o seu corpo, é retraída e tímida ao extremo, está sempre reclamando e infeliz. Não sei como resolver essas coisas.

— Você precisa mudar logo. Enquanto você não for um exemplo para ela, ela sempre duvidará do que disser. Ser mãe é complicado, ser filha é delicado e ser mulher é, hoje, conflitante para você.

— E como devem ser essas três?

— Ser mãe deve ser um exemplo, ser filha precisa ser um acalento e ser mulher é ser uma dádiva.

— Se conseguir isso serei feliz.

— E não é esse o objetivo de todos os humanos? Ser feliz?

— É, mas às vezes a felicidade parece coisa de ficção; às vezes esse sentimento fica tão distante da realidade que é quase impossível acreditar que ele existe.

— A felicidade está contida em todos os sentimentos humanos, até na dor e na tristeza pode-se encontrar a felicidade.

— Como ela pode estar na dor e na tristeza?

— A felicidade é um estado de graça, e um ser, quando atinge este estado, sabe que é eterno, completo e poderoso; então, mesmo que chore de dor ou tristeza, chama a isso experiência, e toda experiência é uma felicidade.

— Eu gosto da visão consciente das coisas. Tudo fica tão suave e possível. Pena que quando você vai embora e me deixa só com minha vida, meus valores e meus pensamentos, aí tudo muda de figura.

— Trabalhe firme nos seus propósitos e não se abale muito com as situações por que irá passar. Lembra de uma história que seu pai lhe contou quando ainda era uma menina?

— Que história? Meu pai me contou tantas histórias!

— A do rei que queria a fórmula de transformar os sentimentos?!

— Lembro, ele queria ficar feliz quando estivesse triste e ficar triste quando estivesse feliz.

— Essa mesma. Lembra o que dizia o anel que o bobo da corte deu ao rei?

— Claro que lembro, dizia: "ISSO TAMBÉM PASSA."

— Pois então, chegou a hora de gravar isso na sua mente: tudo irá passar, só ficarão os resultados, e estes podem ser mudados enquanto estiver viva.

— Lembrarei disso. Posso lhe fazer uma pergunta?

— Quantas quiser. Estou aqui com você para deixá-la preparada.

— Posso confiar em que vai dar tudo certo no final?

— Você sabe que dependerá de você, mas posso dizer que você tem tudo para sair vitoriosa, tem uma boa consciência pessoal, tem vontade e não se deixa abater com facilidade. Tem mesmo tudo para se tornar um ser humano muito bem-sucedido.

— E minha filha e minha mãe?

— Que têm elas?

— Também vão se sair bem?

— Toda as pessoas que a cercam podem se sair muito bem nesta vida; são todos seres bastante vividos e já num alto grau de evolução. Basta que cada um desperte para essa evolução e trabalhe suas trilogias.

— E quanto à minha irmã mais velha? O que vai acontecer com ela?

— A energia dela foi muito mexida, ela passou por experiências para as quais não estava preparada; sua razão se misturou à consciência, e tudo ficou muito embaralhado dentro dela. Ela vai precisar de muito tempo até acertar novamente os ponteiros de sua existência.

— Posso ajudar em alguma coisa?

— Sempre se pode ajudar, sempre!

— Como?

— Fazendo aquilo que seu coração a orientar, não deixando a razão dominar seus atos e tendo muita paciência e controle sobre todas as situações. A maior ajuda sempre vem daqueles que não fraquejam e não se abalam.

— Então ainda não posso ajudar como gostaria.

— Ainda não, mas no futuro poderá ajudar a todos, dando o seu exemplo como ponto de referência.

— Se eu precisar me separar da minha filha, do meu companheiro, da minha família, para cuidar dos meus problemas, isso é melhor para todos?

— O isolamento é uma forma de passar essa fase. Muitos iniciados se isolaram em suas mudanças de grau e retornaram amadurecidos e equilibrados.

— Não penso em me isolar completamente, mas talvez em me afastar e ir morar mesmo sozinha em outro lugar, perto de todos, mas longe ao mesmo tempo.

— Será ótimo. Estará vivendo sua solidão realmente só, e isso é muito bom para você e para os que a cercam. É sempre muito difícil aceitar mudanças quando se convive com elas em grupo. Partir para a sua descoberta sozinha pode ser a melhor solução.

— Vou ter que trabalhar isso na minha cabeça. Só de imaginar sair da casa dos meus pais, me separar da minha filha e passar a morar sozinha, sem meu amigo e companheiro... é difícil, não é uma decisão que eu possa tomar agora.

— Que leve dois anos, mas que seja feito.

— Farei. Antes de mudar a mãe e a filha, conhecerei a solidão da mulher.

— Viva seus amores, paixões, inseguranças, medos, depressões, viva tudo particularmente sozinha, pois são vivências só suas, de mais ninguém.

— Acho que vai ser difícil mas também vai ser divertido. Não sei o que é estar solta no mundo desde os quinze anos, sempre tive namorado, sempre morei com meus pais, fui mãe muito cedo e estou quieta há muito tempo. Acho que tenho mesmo que soltar essa fera reprimida e domá-la completamente, passar a viver de acordo com um destino traçado e elaborado por mim.

— Agora vou apagar as luzes.

— Como assim, apagar as luzes?

— Vou deixá-la sem a consciência durante esse período.

— Completamente no escuro?

— Quase que completamente. A única luz que deixarei é a da sua própria consciência. Quanto mais perto chegar, mais claras as coisas ficarão.

— Por que isso?

— Para que valorize cada descoberta, para que sinta o verdadeiro estado de ser solitário, para que encontre a saída para os seus sentimentos e medos.

— Mas a luz da minha consciência é forte o suficiente?

— A princípio ficará tudo muito escuro, perceberá apenas uma pequena iluminação giratória bem distante; com o tempo e com o somatório de experiências, esta luz irá ficando cada vez mais forte, ou não, se for para o lado contrário.

— Corro o risco de ir para o lado contrário?

— Todos correm esse risco quando ficam sós.

— Por quê?

— Porque acabam buscando qualquer companhia. O escuro assusta.

— Assusta mesmo, lembro que temia a escuridão quando era pequena.

— Pois é, e não há escuridão maior que a solidão.

— É tudo mesmo necessário?

— Sim, é.

— E quando vai apagar as luzes?

— Em alguns minutos.

— Mas já?

— É preciso que seja logo, o quanto antes apagarmos mais cedo acenderá novamente.

— Vou ficar perdida?

— Focalize na luz da sua consciência. Tudo vai parecer um túnel. Siga com passos firmes e faça aquilo que seu coração mandar. Agarre-se mais que nunca nos livros que impulsionam as pessoas a agirem por suas próprias vontades.

— Estou ficando com medo.

— Você já se acostumou com o medo, não o teme mais tanto.

— Temo sim, apenas estou aprendendo a não deixar que ele me detenha, mas ainda tem algumas coisas que eu não faço de jeito nenhum, por puro medo.

— Então, agora tudo que precisa é prosseguir, com ou sem medo.

— Nunca mais vou ouvir você?

— Espero que sim, só dependerá de você.

— Poderei nunca mais ouvir você?

— Poderá, se decidir por estagnar na sua razão e abandonar, depois de todas as experiências que estão por vir, a sua iniciação.

— Não! Esse risco garanto que não corro.

— Veremos isso no final do túnel, onde a filha, a mulher e a mãe irão se encontrar novamente, e, se estiverem as três prontas, elas serão uma só consciência, prestes a entrar na mudança de nível. Está preparada?

— Se disser que não adianta alguma coisa?

— Não, mas se disser que sim adianta muito.

— Vou me lembrar de você depois disso tudo?

— Estou lá, na luz da sua consciência.

— Então digo que sim, estou pronta, pode apagar.

Capítulo 11

SÓ COM OS PENSAMENTOS

Aos 28 anos

Sempre que paro um pouco de pensar nas minhas coisas pessoais, no meu trabalho, na minha filha, no meu dia-a-dia, alguma coisa parece que me joga num vazio tão profundo que chega a me dar arrepio. Sinto que sei de muitas coisas, penso em como recobrar minha memória e retomar minha iniciação, e, para falar a verdade, às vezes até duvido que um dia pretendi me tornar uma iniciada.

Será que o mundo acabou de vez comigo?

Será que me deixei abater pelas coisas da matéria?

Será que tudo não passou de um sonho na minha cabeça?

Não estou conseguindo ler, não estou conseguindo me concentrar nos assuntos da existência, só penso nas coisas práticas; dinheiro, trabalho, filho, compras, futuro, sobrevivência...

Também, de que adianta ficar evoluindo no espírito e regredindo na matéria? Enquanto eu não conseguir me assegurar na vida, não terei mesmo cabeça para sublimar a energia. Se sou humana, é porque tenho coisas para aprender com esse estado tão limitadamente complexo.

Minha vida já passou por diversas fases, e sei que em cada uma eu aprendo alguma coisa nova. Agora as coisas estão novamente meio esquisitas, rompi minha parceria com aqueles dois idiotas que só queriam me usar para aprenderem o que eu sabia, minha empresa não existe mais e eu já estou em casa há mais de seis meses sem fazer nada. Isso está me angustiando muito.

Fico eu aqui comigo mesma tentando achar respostas que nunca aparecem, não estou fazendo nada para melhorar minha vida, preciso me mexer e fico parada lamentando meus percalços como se fosse culpada de alguma coisa que escapa à minha compreensão.

Que dúvida horrível! É horrível não saber por onde ir e temer tomar uma decisão errada.

Não sei se vou trabalhar com aquele cara que eu detesto ou se fico parada esperando algo mais cair do céu, esperando que esse tal de Deus me escolha e me dê um brinde divino.

Não posso falar assim. Ninguém tem culpa de nada que acontece com a própria vida a não ser nós mesmos.

Eu sei... Eu sei... mas às vezes nossa cabeça precisa culpar alguém, fica mais fácil quando achamos algum culpado para as nossas falhas.

Acho que não tenho muita escolha, vou ter que acabar cedendo e voltar a ser funcionária de uma pessoa que, além de não gostar como pessoa, discordo completamente como empresária.

Mas... É o que me resta, e talvez aprenda alguma coisa lá. O negócio e tirar o melhor proveito possível de todas as experiências.

Profissionalmente para mim isso é regredir, voltar alguns quilômetros, mas, se estou quebrada, é porque não aprendi direito como se dirige uma empresa. Quem sabe aceitando o convite para ser assessora eu aprendo a administrar?

Decidido, vou aceitar trabalhar como empregada novamente.

Ainda aos 28

Agora que acabou meu contrato com a empresa, posso fazer os meus contatos com o cliente e produzir um evento só meu, tentar novamente ser empresária e dona do meu próprio nariz nos negócios.

Minha vida particular é que continua fora do meu controle, não agüento mais morar na casa dos meus pais, preciso dar um jeito de partir para uma coisa minha, um apartamento alugado, minha vida, minha independência, tomara que as coisas dêem certo para mim desta vez, vou apostar tudo neste novo empreendimento, sinto que aqui está o meu futuro.

Ainda bem que tomei a decisão acertada de aceitar aquele emprego, se não tivesse ido não teria encontrado com esse cliente e nem teria aprendido o que aprendi sobre administração de empresas. É boa a sensação de ter acertado.

Bem! O que vou ter que fazer agora é me estruturar, achar um escritório, secretária, fornecedores, montar uma equipe de pessoas competentes e agradar ao máximo os clientes para que eles se sintam sempre bem atendidos.

Agora vai! De qualquer jeito, agora minha vida tem que ir para a frente.

Final dos 28 anos

Essa não! Conflito a essa altura dos acontecimentos era a última coisa que eu estava esperando.

Calma, coração, está tudo começando a dar certo, por que você vai entrar em crise logo agora, não dava para esperar as coisas ficarem mais sólidas?

É, sei que não adianta pedir, meu coração está precisando de novas emoções, não estou mais conseguindo segurar essa vontade de conhecer pessoas novas, vou acabar me entregando e deixando a mulher que mora dentro de mim sair um pouquinho, viver as coisas boas da vida, faz muito tempo que não penso em amores, prazeres, paixões, acho que vou viver essas coisas por um tempo, afinal, está tudo dando tão certo que não vejo mal em dar uma saidinha pelo mundo.

Mas e minha situação de casada?

Não, eu não sou casada, apenas divido minha vida com um amigo e companheiro.

Mesmo assim, para as pessoas e para a sociedade, isso é ser casada.

Só se eu conversar com ele e disser que estou precisando desse período para crescer como mulher. Tenho certeza que ele vai entender, nosso relacionamento não está mesmo muito bom, talvez uma separação temporária possa até ser positiva para nós dois.

É isso mesmo, preciso passar por essas coisas, há muito tempo não sei o que é me relacionar com outras pessoas, nem sei como anda o mundo lá fora, só trabalho e volto para casa.

Faz mais de cinco anos que não penso em mim como mulher, agora ela está reclamando seu espaço e eu estou chegando aos trinta, daqui a pouco estarei entrando na velhice e vou me arrepender por não ter curtido esse momento.

Tem muita coisa que eu ainda não concluí e não adianta esconder: caio no mesmos erros, e isso é a maior prova de que ainda não aprendi a lição.

Estive levantando meu inventário pessoal e cheguei à conclusão de que já vivi muitas coisas superimportantes, mas ainda tem muitas outras para serem vividas, não posso me dar por satisfeita e muito menos achar que já aprendi tudo o que tinha que aprender nesta vida. Se pretendo viver para conhecer, tenho que começar a ver as coisas como elas de fato são; se ainda sou egoísta, possessiva, injusta, mal-humorada, vingativa e chata é porque não me libertei dos meus egos e sentimentos mundanos, e por isso preciso continuar tomando lições da vida até passar de nível e iniciar minha consciência nos ensinamentos do universo, onde os anseios e desejos da carne não são mais importantes.

Por isso tenho que me lançar agora ao mundo dos meus medos, tenho que viver minha paixão de mulher, conhecer minha solidão, desafiar meus sentimentos e enfrentar meus pensamentos. Tenho que crescer, por mais que saiba o quanto dói crescer.

Aos 29 anos

Nossa! Nunca pensei que ainda poderia viver essas loucuras, eu jurava que minha vida já estava definida e que havia encontrado finalmente o equilíbrio, mas agora, vivendo essas emoções amorosas, estou vendo que sou muito imatura e idiota em relação aos meus semelhantes e a seus sentimentos.

As pessoas são mesmo capazes de tudo, eu sou capaz de coisas que não poderia imaginar.

Tudo está vindo à tona de uma vez só, me sinto transbordando de coisas misturadas num mesmo recipiente, está tudo junto, medo com coragem, amor com ódio, dor com prazer, alegria com tristeza, paixão com agressão, tudo está dentro de mim, e não posso separá-las até que consiga distinguir o que é o quê dentro desse corpo que administro como meu.

Me enchi de informações, sentimentos, certezas, dúvidas, e agora está tudo saindo e escapando pelos poros.

Respiro os mistérios e não consigo decifrá-los, inspiro a consciência e não consigo vê-la, transpiro minha imagem e ela não é real.

Estou gostando deste desafio de viver, estou começando a sentir uma grande vontade de superar meus limites e atravessar os mundos, estou disposta a encontrar meus defeitos e consertá-los, quero conhecer cada detalhe da existência. Estou pronta para errar e aprender com meus erros, para nunca mais precisar repeti-los.

Vou mergulhar fundo em mim mesma e me encontrar, custe o que custar.

Ainda aos 29

Há meses que o assunto que paira na minha mente é só um: prazer.

Relacionamento homem-mulher, cama, desejos, tesões, amores, posses, orgasmos, tudo isso está incluído dentro dos prazeres que estou buscando.

Um verdadeiro complexo de energias e informações cerca a vida a dois! Que coisa impressionante é estar na intimidade com um outro ser. Neste momento, colocamos para fora os mais secretos desejos. Comemos, lambemos, transpiramos, beijamos, mordemos, sussurramos, gritamos, rimos, choramos, fazemos tudo o que nosso mais puro instinto humano nos ordena, e chamamos a isso prazer, orgasmo, tesão, paixão, clímax do corpo.

Estou vivendo verdadeiras fantasias eróticas, e, se deixar, elas tomam conta completamente de meus pensamentos e da minha vida. Só consigo pensar nelas e em nada mais.

Crio verdadeiras histórias de amor, e tudo só acontece dentro de mim. Quando abro os olhos, percebo que a realidade é outra, bem diferente.

Engraçado é que a gente sempre pensa que é dona da verdade e que tudo o que sentimos é real. É tão mais fácil criar ilusões e fantasias e brigar por elas do que lutar para atingir os verdadeiros sonhos.

Agora estou numa busca muito louca e sem controle, estou em busca do maior prazer da carne, estou buscando o orgasmo, preciso entender do que se trata e estudar suas reações, sinto que enquanto não atingir esse ponto da matéria não conseguirei visualizar o despertar das forças internas. O básico está no sexo, este é o ponto em que se despenca ou se voa, este é um dos abismos da iniciação, e ainda não passei por ele. Chegou a hora de me atirar nos braços da paixão e dominar o poder de ativar todas as células, não sob o comando da razão, mas sob o controle total do coração.

Vou abrir meu corpo e minha energia para descobrir os mistérios e os perigos do mundo dos prazeres.

Espero não ferir ninguém, espero não despertar iras, sei o quanto esse campo é delicado e traiçoeiro, mas preciso atravessá-lo para chegar do outro lado, vou precisar atravessar sozinha.

Algo bem no fundo do meu coração me diz que este é o momento. Espero chegar inteira, mas agora vou me jogar nas experiências amorosas da matéria e trazer de volta a consciência no despertar da luz.

Final dos 29 anos

Tanto procurei que acabei achando, estou apaixonada! Não sei o que fazer, o que pensar, como agir, aonde ir.

Senti com um homem com quem não tenho a menor afinidade as maiores sensações carnais que poderia imaginar, enlouqueci de prazer e quero mais.

Agora estou correndo atrás do desejo, como se isso fosse a coisa mais importante da minha vida.

É por isso que a matéria é tão perigosa, ela aprisiona sem nenhuma consciência e faz as pessoas pensarem que tudo que importa é o corpo.

Preciso tomar cuidado e prestar atenção para não cometer loucuras.

Estou separada do meu companheiro, sem um amigo, consegui sair da casa de minha mãe só para ter mais liberdade de viver meu momento, e tudo está virando de cabeça para baixo, estou pensando com o tesão em vez de pensar com o coração, nada tem mais importância para mim do que estar com ele numa cama. Agora sei por que as pessoas fazem verdadeiras barbaridades quando são fisgadas pelo sexo, nunca me deixara possuir dessa maneira, que coisa mais descontrolada e imbecil é estar apaixonada, e no entanto é um estado de graça incomparável.

Tenho que dar um jeito de reverter essa situação em que eu mesma me coloquei.

Ao completar trinta anos

Reprovada! Fui reprovada como amante! Não dá para mim! É tudo muito sem sentido e acabei me perdendo nas minhas atitudes Ele foi embora e eu fui procurando prazer em outras experiências, e aqui estou eu, no meu apartamento, sozinha, triste e em solidão.

Não sou mãe, não sou filha, não sou esposa, não sou mulher, não sou empresária, não estou representando nenhum papel, eu sou eu e não sei o que isso significa para mim, estou dentro do nada e não sei por onde ir.

Sinto que este é o momento mais decisivo desta minha existência. De agora em diante, minha vida vai mudar completamente, tenho nas mãos o poder de fazer as mudanças, tenho grandes coisas desenvolvidas, e, mesmo tendo sido reprovada no controle da matéria, fui estranhamente batizada no campo espiritual, ganhei um grau de liderança do qual não sei se sou merecedora.

Preciso recuperar minha comunicação com a consciência, está na hora de encontrar o equilíbrio, não sou mais criança e nem imatura ou inconsciente, chega de me esconder atrás dos erros, preciso desenvolver melhor os acertos.

Vou fazer essa viagem para Chicago, depois vou até a cidade das bruxas em Salem e buscar na história algumas respostas. No final vou passar uns dias em Nova York, e, se isso não me bastar para encontrar meu espaço, vou continuar buscando. Aqui é que eu não fico, meu tempo no mundo comum acabou, ou saio dele ou ele acaba comigo.

Na volta vou decidir que rumo dar à minha vida.

Durante os trinta anos

Estou me sentindo diferente, parece que minha vida é um eterno sobe-e-desce de consciência e de emoções, sinto que preciso encontrar o equilíbrio, mas sempre acabo me perdendo pelo caminho...

Alguma coisa precisa acontecer, tenho que voltar a ver como antes.

Capítulo 12

O INVENTÁRIO

— Rachael! Acorda!

— Quem, eu? O que está acontecendo? Estou em projeção novamente?

— Sou eu, a consciência.

— Você voltou? Finalmente você voltou!

— Venha, precisamos fazer um inventário da sua vida.

— Um inventário? Para quê? Eu morri?

— Não, mas está na hora de acordar sua consciência de novo.

— Eu venho procurando fazer isso, mas empaquei em alguns pontos e não consigo sair.

— Sei disso, temos acompanhado você esse tempo todo, viemos ajudá-la a concluir esses pontos, vamos rever suas experiências e analisar seus pensamentos e reações a respeito de cada item.

— Estou feliz por estar aqui, sabia que algum dia conseguiria trazê-la de volta. Olhe quantas coisas estão acontecendo comigo, quantas decisões importantes preciso tomar na minha vida.

— Vamos puxar seu inventário, e então poderá decidir mais conscientemente sobre seu futuro humano e espiritual. É importante que você deixe suas emoções de fora e simplesmente veja sua vida passando. Vamos escrever sua história. Por onde pensa ser importante começar?

— Por onde fui pega, pelo ponto que mais me afundou, pela minha vaidade do corpo. Quero começar por entender o que aconteceu comigo neste tempo em que esteve ausente do meu coração.

— Primeiramente, lembre-se de que você sempre soube que o corpo é o ponto básico da evolução, e por isso é extremamente perigoso. Quando jovem, decidiu adiar essas emoções da matéria, por não se achar capaz de superá-las, mas, ao atingir a idade adulta, não pode mais adiar.

"Por ter sido uma vestal no passado e por ter corrompido as leis iniciáticas em sua última existência, o sexo passou a ser um grande desafio.

"Nesta vida, seu primeiro contato com os prazeres da carne foi ainda quando era muito criança, seus sonhos aterrorizantes sempre mexiam na sua energia sexual e acabavam provocando um estado de grande excitação; essas energias sugavam até a última gota da sua energia, e isso lhe provocava pânico, até que foi se retraindo de medo.

"Depois, quando estava na fase mais delicada do crescimento, sua irmã lhe mostrou revistas em que o sexo e o prazer carnal estavam claros diante dos seus olhos: fotos e mais fotos. Então pôde entender, sem maiores explicações, as faces humanas numa linguagem direta e impressionante.

"Aos treze anos foi conduzida a conhecer pessoalmente o assunto sexual; não houve prazer, apenas decepção, mas tudo foi provocado por você mesma e pela sua vaidade.

"Desde então, tenta compreender a linguagem do seu corpo, mas sem muito sucesso. Deixou aos poucos esse assunto de lado, partiu para outros campos do conhecimento, mas vez por outra esse básico reclamava uma explicação. Todas as tentativas de desvendá-lo foram no entanto frustradas. Você não conseguia romper a camada astral que libertava e acabava por se aprisionar nos pequenos segundos de falso prazer.

"Estudou tantra yoga, kundalini, energia, os chacras e seus funcionamentos. Tecnicamente estava amparada, mas na prática estava faltando algo que não conseguia encontrar. Optou por um relacionamento evoluído, encontrou um parceiro sexualmente livre das algemas carnais e consciente da conquista da liberdade através do ato sexual, ligou-se a um guerreiro e viu o controle do poder. Com ele, precisava se comportar como uma vestal, mas não podia porque não estava completa nas suas informações. Não conseguia voltar a ser uma vestal, ainda tinha muito desejo carnal.

"Fechou então os olhos para seus desejos primatas, temeu ousar desafiá-los, pois sabia o gosto da fruta que enlouquece o corpo.

— Mas não consegui conter, tive que enfrentar essa força do mesmo jeito.

— Ninguém consegue segurar por muito tempo algo que não foi domado completamente. Sempre que a energia encontra uma brecha, acaba saindo, e a sua acabou explodindo com muita força.

— E foi mesmo tão feroz que não pude contê-la.

— Acalme seu coração, que está ficando ansioso. Vamos dar prosseguimento ao inventário. Sem isso, não poderemos avaliar sua consciência.

— Que devo fazer?

— Continue fora das suas emoções para que consiga ver de perto a realidade dos fatos que ocorreram com você. Cada ser vivo tem sua própria história, cada história é vivida de forma única e individual. A diferença maior é como cada história pessoal influencia na existência de cada espírito. Em resumo, se você consegue entender o porquê das reações, consegue analisar os motivos que a colocaram nas situações vividas, abandona os pensamentos da matéria e os traumas da razão e age unicamente com a consciência do coração, você estará apagando uma história e iniciando outra sob seu completo comando.

— É isso que Don Juan ensina para Castaneda ao falar sobre apagar a história pessoal?

— É, mas num nível um pouco mais baixo, porque a idéia daquele índio era a de apagar completamente a história do seu aprendiz. A nossa com você é a de simplesmente avaliar os acontecimentos passados e fazer você ver de onde eles vieram e para onde estão indo.

— Me senti muito perdida, parecia uma criança abandonada num mundo que não conhecia e que temia. Uma adulta com medos de criança.

— Na verdade você sempre foi uma magista muito preguiçosa e medrosa. Sua posição na vida estava bastante confortável para você. Morava com sua família e se dava o direito de impor suas vontades, vivia com um homem que nunca lhe exigiu nada, cuidava da sua filha por tabela e empresariava um negócio amadoristicamente. Agora está sozinha, mora sozinha, vive sozinha, sua filha não quis acompanhá-la e sua empresa precisa que você se torne uma profissional de verdade. Sua mãe se desligou de você, seus rompantes de paixão não a levaram a nada além da frustração, você está no ponto!

— No ponto! Estou ferrada e desamparada. Como posso estar no ponto?

— Agora realmente poderemos trabalhar com seus egos porque eles estão numa encruzilhada vital para o seu futuro. É por isso que viemos esta noite.

— Me saí tão mal assim?

— Não se trata disso: não há bem ou mal. Essa é a sua história, e vamos voltar algumas páginas para que possa avaliar por si mesma seu desempenho energético. Olhe para essas questões: Quantas magias conseguiu realizar durante esses três últimos anos?

— Quase todas: sabia as fórmulas, os procedimentos, sabia a quem invocar, só não conseguia nada em relação a mim mesma.

— E você sabe por que não conseguiu?

— Claro que sei: a lei da magia diz que nada pode ser realizado quando apenas uma pessoa sai beneficiada.

— Ótimo! No campo da magia você se saiu muito bem, lembrou do seu passado, foi graduada e batizada num nível bem alto e partiu numa pequena peregrinação rumo a uma terra mágica.

— Fui para Salem, depois de um trabalho em Chicago.

— Viu onde elas erraram?

— Vi e não cometerei o mesmo erro: calei minha magia e transformei-a em poder silencioso.

— Perfeito! Passou por essa etapa muito bem. E como mulher? O que aprendeu?

— Não concluí meu aprendizado feminino. Mergulhei muito fundo nas emoções da carne e acabei perdendo o controle das situações. Hoje entendo bem o que faz uma paixão com a consciência, e decidi sair correndo deste monstro incontrolável. Fiz muitas besteiras e manipulei muitas pessoas em prol do meu próprio prazer.

— Você sabe por que caiu na armadilha do sexo?

— Mais ou menos. Acho que me deixei levar pelas fantasias da minha cabeça. Criava situações que na verdade nunca existiram e fazia de tudo para torná-las verdade.

— Sentiu o clímax do prazer carnal?

— Senti, uma só vez, mas senti.

— Estava lúcida e consciente?

— Usei maconha, e estranhamente isso me deixou mais lúcida e consciente do que nunca. Sempre fui contra qualquer tipo de droga, e sempre achei que se as usasse ficaria completamente desnorteada e perdida, mas não foi o que aconteceu.

— Dependendo da droga e da ocasião, alguns ingredientes alucinógenos naturais podem ajudar na mudança de nível, mas isso precisa ser muito bem administrado e usado pelo magista. Não é aconselhável sentir qualquer tipo de prazer drogada.

— Eu sei, por isso nunca usei nenhum tipo, achava que não seria capaz de controlar o que pudesse acontecer.

— Sabe que não deve jamais apelar para nenhum tipo de alucinógeno?

— Claro que sei, tenho consciência dos males que causam para a consciência essas vozes inorgânicas, e não as quero como companhia.

— Mas sabe tecnicamente por quê?

— Mais ou menos, tenho alguma noção.

— Não se deve direcionar um aprendizado pelo lado psicotrópico porque essas energias são muito independentes e fortes e por isso sugam o usuário até a última gota de vida e de consciência, se apossam de suas mentes e seus corpos até que não sobre nada de humano e inteligente naquela matéria. São muito possessivas.

— Eu imaginava que era um processo mais ou menos assim. Só não senti isso na maconha, por quê?

— Porque aplicou a erva num momento mágico, e ela se aliou a você em harmonia. A energia da maconha é muito útil ao magista em alguns rituais especiais. Na verdade, a energia dessa erva não é inimiga da energia do homem como as outras, porém nunca use uma erva que foi traficada porque ela não estará mais pura, e isso é perigoso. Nunca a use constantemente porque ela acabará apagando sua história e criando uma outra não muito real, e isso não é bom.

"Somente um iniciado autorizado pode usar de plantas naturais em algumas sessões de magia. Seres normais não devem jamais mudar seus estados de consciência através de drogas. Se o fizer, com certeza, estará aproximando a morte de sua vida.

— Não pretendo usar, tanto que nunca usei; aconteceu de ela estar lá naquele momento.

— Não aconteceu. Ela estava lá porque foi colocada propositadamente na sua vida como auxiliadora de uma experiência extasiante.

— Isso é válido?

— Se for necessário e importante para uma melhor comunicação, sim.

— Mas por que as drogas são tão numerosas e causam tantos males ao mundo e aos seres humanos? Por que não acabam com isso?

— Vai entender um dia, mas quero que se mantenha afastada de todos os outros tipos de alucinógenos. Essa é uma outra guerra que existe nos campos energético e humano, mas não vamos abordá-la no momento, esse assunto não é seu. Quero que me fale agora do orgasmo. O que achou desta sensação?

— Achei mágica, alucinante, extremamente prazerosa, nunca pensei que fosse possível, foi literalmente uma viagem.

— E antes com seu companheiro, o que sentia?

— Sentia a responsabilidade de estar fazendo amor com um iniciado, não permitia o prazer da carne, somente aceitava o poder do amor, mas meu corpo não estava preparado para isso.

— Sabe onde errou quando sentiu o prazer da carne?

— Errei em não sublimar, não controlei e me deixei viajar sem dirigir com a minha vontade aquela energia poderosa, deixei-a sair por todos os poros e transbordei de paixão, abri os olhos no momento mais importante e acabei ficando quimicamente presa a um corpo masculino. Depois que fiquei dependente desse prazer, cometi os erros mais ridículos que poderia ter cometido, até que muitos acabaram se magoando com a situação que eu mesma criei. Foi horrível e ainda é: não consegui me livrar desse pesadelo.

— O que aconteceu com o parceiro que elevou sua energia?

— Partiu por um ano.

— E você sabe por quê?

— Não. Por quê?

— Seus mestres espirituais tiveram que intervir.

— Que droga! Não queria ter causado esse transtorno, queria ter podido resolver por mim mesma.

— Esse dia há de chegar, você não se livrou ainda dessa história e da próxima vez eles não vão mover uma palha a seu favor.

— E agora? Que devo fazer? Que atitude devo tomar?

— Fique atenta: você é extremamente imatura no campo sentimental e no relacionamento homem-mulher. Esse ponto é sua maior falha e seu abismo mais profundo. Como resultado de suas atitudes inconscientes, virão algumas conseqüências e perdas, mas tenho uma boa notícia: tudo poderá ser recuperado e resgatado no futuro, só que infelizmente você não sairá inteira desta etapa.

— Isso significa algo muito ruim?

— Sempre que há muita perda de energia, envolvimentos,

mágoas de terceiros e intervenção dos mestres, o iniciado tem que realizar um intenso trabalho de resgate e paga com as conseqüências de seus atos.

— Quem determina as punições?

— Não são punições determinadas, são conseqüências de uma série de atitudes desgastadas, que provocam a formação de um corpo energético estranho. Esse corpo é que acaba atraindo, por magnetismo, forças afins a esse negativismo.

— Acho que não entendi: eu mesma atraio os meus problemas?

— Exatamente. Você criou uma situação em que as reações fogem ao seu controle e por isso tudo pode acontecer. Você só precisa estar preparada para agir de forma que o corpo negativo se dissolva e não aumente mais do que isso.

— Vem chumbo grosso na minha direção?

— Nada que seu escudo não possa aparar. O atraso pode ser recuperado mais rapidamente se você estiver disposta a mudar de rumo o quanto antes.

— Então fui mesmo reprovada nos assuntos sentimentais?

— Não, está em recuperação; o resultado pode ser modificado. Comece por não se impor e não mais se expor; recolha-se.

— Já estou fazendo isso; estou quietinha no meu canto, tentando uma reconciliação com meu verdadeiro amigo e companheiro, a quem tanto magoei nesta fase.

— Ele é mais forte e mais evoluído do que você pode imaginar.

— Sei disso, posso ver em seus atos.

— E a mãe e a filha? Como estão?

— Como filha estou perdida, não sei mais como acabar com o clima de brigas que tenho com minha mãe, acho que vamos ficar separadas por um tempo para ver se eu cresço do meu lado e minha mãe cresce do lado dela. Por enquanto, estamos bem afastadas.

— Bom começo para duas cabeças duras. Decisão sábia, mas temporária. Logo terão que se unir novamente, e aí veremos se já podem ser chamadas de amigas.

— É! Vamos ver no futuro o que vai dar. Quanto à minha posição de mãe, essa é outra dor, não consigo fazer minha filha me admirar e querer estar comigo, ela está cada vez mais distante, e isso me incomoda profundamente.

— Não deveria; essa distância é fundamental nesta fase que está findando. Imagine se sua filha estivesse ao seu lado assistindo de camarote a suas fraquezas e erros. Deixe-a onde está e conquiste um espaço onde as duas possam realmente viver uma situação de mãe e filha. Você terá muito tempo ao lado dela e poderá orientá-la com muito mais consciência. Em breve, essa fase não passará de uma leve recordação. Assim que terminarmos seu inventário, estará pronta para viver uma nova etapa; nela sua filha estará presente diariamente, e você será a maior referência e o melhor exemplo para ela.

— Bom saber disso; pensei que a havia perdido para sempre.

— Isso é drama da sua cabeça. Não se perde ninguém nunca. Enquanto estiver viva, todos poderão ser resgatados, todos. E seus negócios?

— Estes estão engraçados, muitas coisas estão acontecendo em volta do meu futuro empresarial e ainda estou muito confusa, não sei ao certo que direção devo tomar.

— E que direção mais a atrai?

— A de largar todo o passado e iniciar esse novo negócio, tão diferente, tão fascinante e tão mágico.

— E o que a está impedindo?

— Meus medos. Não consigo largar meu passado com facilidade, fico presa ao medo de me arrepender por ter tomado a decisão errada.

— O coração nunca erra.

— Eu sei, mas não sei onde está a resposta do meu coração.

— Tem certeza de que não sabe?

— Mais ou menos. Acho que quero mesmo é largar tudo e sumir. Partir para uma nova fase, começar de novo.

— Sabe por onde começar?

— Minha consciência me diz que primeiro tenho que cortar o cabelo, mudar de postura, voltar ao ponto zero e depois disparar num salto até que pule o abismo e atinja o outro lado do mundo.

— É isso que deve ser feito. No seu cabelo está a carga de sete anos de vida. Corte-a, interrompa esses fluidos, pois o cabelo representa o acúmulo da história, e então, depois de cortar a história, salte.

— Então devo mesmo fechar minha empresa e começar esse novo empreendimento?

— O quanto antes. Você já perdeu muito tempo com seus probleminhas. Chega de esperar as coisas caírem do céu. Ou você ainda não aprendeu que Deus não vai salvar sua vida?

— Deus! Ainda não consegui descobrir esse enigma.

— Claro que não! Enquanto estiver agindo de acordo com seus sentimentos e desejos humanos, não conseguirá.

— Tenho ainda muito que aprender, não é?

— Muito, nem imagina o quanto. O aprendizado é eterno.

— E nunca vai acabar? Sempre estarei errando, errando e errando.

— Por que não conta os seus acertos?

— Porque acertar é minha obrigação, errar é que é meu erro.

— Maravilhoso ter consciência disso. Diminuir os erros não é tão difícil assim: é apenas uma simples questão de controle e atenção constante.

— Impecabilidade!

— Impecabilidade, exatamente.

— É horrível a sensação de se saber mas não se fazer.

— Mude isso.

— Estou tentando desde que nasci.

— Então continue tentando e nunca pare, mesmo que consiga chegar aonde intencionava.

— Tenho uma preocupação.

— Qual é?

— O futuro, a velhice, minha vida e minha morte.

— E o que teme?

— Temo este último desafio, não sei o que fazer.

— O que sonha para a sua velhice, para a sua vida futura e para a sua morte?

— Sonho somente uma coisa.

— Relate estes sonhos para você mesma.

— Sonho que depois de todos os aprendizados, depois de ter conhecido o mundo, depois de ter vivido intensamente tudo o que meus sonhos quiseram viver e tocar, estarei livre.

"Sonho que meus amigos e familiares estarão felizes e realizados; sonho que o mundo poderá estar bem mais evoluído, permitindo aos novos seres um espaço de vida melhor e mais saudável.

"Sonho em partir para uma terra bem distante, verdes campos, rios, cachoeiras, pequenas plantações de todo tipo de alimento, a certa distância das cidades, vivendo numa comunidade feliz, mantida pela autoprodutividade.

"Sonho que neste espaço terei contato com todo o planeta, mas ninguém terá contato comigo, a não ser os mais chegados, sonho em escrever livros e me tornar completamente incógnita; quero viver na tranqüilidade da minha solidão, tendo como companheiros apenas o meu inseparável amigo e escudeiro e os habitantes naturais do sistema.

"Quero evoluir e me tornar uma iniciada; quero aprender e adquirir a sabedoria; quero me comunicar com todas as energias que me cercam; quero fazer parte da consciência do universo e compreender a inteligência criadora.

"Se morrer antes de atingir a liberdade total, quero ser cremada num altar no alto da colina. Apenas meu companheiro poderá me tocar, me ver e cremar. Quero deixar o mundo sem anunciar minha partida.

"Caso atinja o poder e o domínio da matéria, quero sentar no lugar mais bonito daquelas terras e expandir minha consciência até que não exista mais um corpo para limitá-la.

"Meu sonho é deixar para o mundo um exemplo, sem que idolatrem minha posição. Não quero ser aclamada, não quero ser perseguida, não quero que me encontrem.

"Quero ir e vir livremente a hora que quiser.

"Quero ver minha filha e meus sobrinhos amados mudando seus destinos e fazendo parte da história da evolução do planeta; quero encontrá-los na eternidade e esperá-los no paraíso astral dos espíritos livres.

"Quero deixar o mundo tendo visto, vivido e conquistado todas as possibilidades de sucesso referentes à matéria e depois abandonar tudo em prol da riqueza maior, em troca do nada material e do todo espiritual.

— E o que está fazendo para realizar seu sonho?

— Por enquanto estou superando meus limites e rompendo minhas amarras. Continuo disposta a aprender o máximo possível.

— Você tem alguma idéia de quanto tempo precisa para atingir esse sonho?

— Calculo que uns 25 anos

— Se acelerar o ritmo, pode ser.

— Tenho que acelerar, não tenho mais tempo a perder, já virei a etapa dos trinta, e agora o tempo vai andar mais rápido que eu.

— Não se acelerar.

— Vou acelerar, já estou decidida a desenvolver esse novo mercado mundial e com isso vou poder ajudar muitas pessoas a começar uma mudança. Ao mesmo tempo, resolvo a parte material e financeira. Junto com isso, vou crescendo meu espírito e intensificando meus estudos, e emocionalmente vou buscando o equilíbrio e a paz interior e exterior.

— A decisão já está tomada, só resta agora executá-la na íntegra. Durante esta sua vida, lembra quantas decisões importantes já foi preciso tomar?

— É aí que sempre peco; na minha mente as imagens são claras, mas no dia-a-dia as coisas vão ficando obscuras e confusas, dificultando sempre o momento da decisão final.

— Por isso é tão importante manter o foco nos seus objetivos reais.

— Tem coisas no presente que ainda tenho que resolver. Isso me tira um pouco a atenção do meu objetivo.

— Resolva seus problemas sem se desconcentrar.

— Fico pensando nos mestres que nunca conheci e nunca encontrei, e em quando vou merecer encontrá-los, se é que vou merecer.

— Não perca tempo esperando que os mestres lhe apareçam. Talvez isso nunca aconteça, mas nem por isso eles não existem.

— Acredito neles porque sinto as interferências muitas vezes.

— Os mestres sempre preferem não interferir, e, quando precisam fazer isso, ficam bastante zangados.

— Zangados por quê?

— Porque vêem que seus aprendizes ainda não estão prontos para liderar e assumir o controle de suas vidas em níveis superiores.

— Então é terrível pedir ajuda!?

— Depende da situação. Muitas pessoas passam a vida rezando e pedindo milagres e ajuda nos campos mais insignificantes, gastam tempo e energia à espera de uma bênção e morrem sem agradecer a maior de todas as dádivas: a de terem estado vivas.

— Não costumo pedir muito. Sei que preciso fazer da minha vontade a ordem da minha vida.

— Seus mestres a amam, saiba disso.

— Posso sentir esse amor, e sinto muito quando os desaponto.

— Você não os desaponta; eles não esperam nada de você. Você é quem perde ou ganha cumprindo ou não suas tarefas iniciáticas humanas.

— Minha intuição me diz que o dia de hoje vai marcar uma mudança muito radical na minha vida.

— Sua intuição está correta.

— E de onde vem a intuição? Por que acerto tantas coisas e sei de muitas que ainda vão acontecer?

— Porque sua consciência adquiriu a visão de pressentir os fatos imutáveis, por isso sabe de antemão o que está por vir.

— Mas não é sempre que consigo prever as coisas. Às vezes falho, e feio.

— Sua razão é metida a ser superior à consciência, por isso a engana muitas vezes. Os fatos só são previstos quando são primeiro sentidos pelo coração e então filtrados pela consciência, até que cheguem na visão interna.

— O que é de fato a visão interna?

— O chamado terceiro olho, espiritual e energeticamente falando, fica entre os olhos, e ele pode ver tudo o que for energia, seja visível ou não ao olho humano.

— Como vou abri-lo completamente?

— Despertando todos os sentidos e desbloqueando todas as passagens energéticas do seu corpo material até que transcenda para o corpo espiritual.

— Tecnicamente eu sei como funciona, só me resta saber na prática.

— Só lhe resta tudo: técnica e nada são quase a mesma coisa.

— Pelo menos eu já aprendi o processo.

— Sem no entanto colocá-lo em prática e sem o resultado, jamais poderá prová-lo como fato.

— Mas eu não preciso provar nada para ninguém.

— Precisa sim, precisa provar para si mesma ou sempre terá dúvidas a respeito de suas supostas conclusões.

— Faz sentido.

— Dentro dos conceitos da razão, nenhum mistério faz sentido; dentro das regras da eternidade, tudo é possível.

— Você me diria que vou conseguir atingir meu sonho?

— Diria que é possível.

— Mas vou conseguir?

— Diria que tem toda as chances de realizá-lo.

— E o que falta?

— Fazer.

— Mas estou pronta para fazer o que for preciso.

— Perfeito! Então diria que é possível.

— Mas isso você já disse.

— Então o que está esperando para fazer?

— Ter certeza de que posso.

— E você tem dúvida, depois de tudo o que viu, ouviu e sentiu?

— Não, não disso; tenho dúvida é se mereço.

— Não reprima sua auto-estima, não confunda autodepreciação com humildade; ame sua consciência e não menospreze a consciência de ninguém. Confie que sempre estará agindo com o coração e jamais abaixe a cabeça ou se ajoelhe para nenhum deus.

— Você já me ensinou isso. Mas e quanto aos meus mestres? O que devo fazer quando encontrá-los?

— Respeite-os, ame-os e siga seus ensinamentos com lealdade, poder e fraternidade, e, se um dia um deles aparecer diante de você, não abaixe a cabeça: olhe bem fundo nos seus olhos e agradeça por sua presença, por sua sabedoria e por tudo o mais que ele representa.

— Espero transformar esse dia em realidade.

— Muitas coisas estão preparadas para acontecer no planeta Terra até a virada do milênio. Se você se fortalecer e adquirir poder pessoal suficiente para dirigir uma mudança, esta função lhe será entregue diretamente por um mestre. Prepare-se.

— Que tipo de coisas vão acontecer?

— Crises existenciais, avaliações pessoais, mentiras serão descobertas, religiões serão banidas, governos serão modificados, doenças exterminarão cidades inteiras, ao mesmo tempo em que pessoas irão evoluir, comunidades irão se fortalecer, curas vão aparecer, auxílios astrais vão ser intensificados, seres de outros planetas vão se aproximar da Terra, maravilhas e catástrofes vão acontecer simultaneamente.

— E o que vai separar e definir quem vai passar pelo quê?

— A história pessoal de cada um vai colocar as pessoas na hora e no momento de uma mudança, e, de acordo com seu inventário, ela desce, ou fica, ou sobe, dependendo do nível de energia acumulado durante toda a vida.

— E quando isso vai começar a acontecer?

— Como assim quando? Isso já está acontecendo há cem anos.

— Então qual é a diferença?

— Cada vez a separação dos níveis será mais clara e as manifestação mais radicais.

— Até quando essas mudanças vão durar?

— Até o ano 2025, quando o mundo vai entrar numa fase amena e tranqüila, quando chegarem novamente os espíritos que marcaram as mudanças dos tempos, quando a duplicação do positivo for maior que a duplicação do negativo, quando os humanos aprenderem a dar mais do que desejam receber.

— E esse dia vai mesmo chegar? Não é um sonho impossível?

— Não existem sonhos impossíveis.

— No ano de 2025 eu vou ter 63 anos. Será que estarei viva para ver esse futuro?

— Depende. Se o seu sonho de morrer em liberdade for ardente e forte o suficiente para manter sua matéria viva até que o realize, sim, estará viva.

— Mas se for escalada para liderar na linha de frente, posso correr o risco de ser pega.

— Liderar não é guerrear, e sim espreitar.

— Cada vez entendo mais o que Carlos Castaneda fala nos seus livros. Tenho tanto a agradecer a ele pelos ensinamentos.

— Agradeça.

— Como? Ele é impossível de ser encontrado, e Don Juan já partiu há muito deste mundo.

— Não importa se ele vai ouvi-la ou não, simplesmente agradeça tudo o que lhe for dado como alavanca evolutiva. Adquira o hábito de agradecer. Isso enche um coração de alegria.

— Devo considerar um privilégio poder liderar um grupo para um mundo melhor? Devo considerar que sou especial se for escolhida pelos mestres?

— Não. Deve simplesmente aceitar as tarefas com humildade e cumprir sua parte o melhor possível, tendo sabedoria para entender que nada lhe foi dado, mas tudo foi conquistado por você, e isso não é um privilégio, é um mérito. Seu espírito levou algumas centenas de anos e algumas dezenas de vidas para atingir o ponto de ser recompensado com a liberdade. Não a deixe escapar pelos dedos da vaidade.

— Mas o que faço com as etapas que não cumpri?

— Elas vão voltar em doses maiores, e você terá a chance de provar que cresceu.

— E se errar de novo?

— Terá que dar o seu lugar para outro que não errou e segui-lo como líder. Algum problema com isso?

— Não, não me importo de seguir um bom líder, só não gostaria é de falhar novamente.

— Não vai falhar.

— Como pode ter tanta certeza?

— Não tenho certeza. Tenho consciência de que está ligada à consciência, e esta não permite falhas.

— Sabe de uma coisa? Ainda não decifrei os enigmas da minha infância, e por isso não confio em mim como aprendiz do poder.

— Todos os enigmas são parte de um só enigma.

— Todos aqueles têm a mesma resposta?

— Todos fazem parte do maior mistério da existência.

— Terei que decifrá-los para atingir os mestres?

— Exato!

— Decifrando descobrirei o Criador?

— Descobrirá.

— Onde devo procurar as respostas?

— No mundo, no universo, e em você. Agora vamos terminar o inventário. Está pronta para fechar as portas do passado?

— Fechar como?

— Fechar, deixá-lo para trás, entrar numa nova passagem e abandonar as recordações inúteis.

— Acho muito difícil largar tudo assim de uma hora para outra.

— Não é de uma hora para outra, é de um instante para um novo momento.

— Esquecer?

— Sim, esquecer, queimar, rasgar, abandonar, partir e nunca mais voltar.

— Posso trazer as coisas de que gosto comigo?

— Se ainda estiver dependente delas, pode.

— Mudar tudo?

— Tudo.

— Posso olhar o inventário novamente? Dê-me mais alguns minutos para ver o espelho da minha vida.

— Claro, esteja à vontade, pode ver tudo.

— Tem algumas coisas que ainda me incomodam, preciso levá-las comigo para resolver mais tarde. Posso?

— Pode. Só não traga muitas coisas, senão não vai conseguir mudar de nível, sua energia vai acabar ficando tão pesada que não terá forças para atravessar os mundos.

— Mas vou sumir? Vou mudar de imagem? O que exatamente vai acontecer?

— Você vai acordar na mesma cama em que está dormindo, vai fazer as mesmas coisas que costuma fazer. Apenas estará em outra freqüência, e o passado estará longe do seu alcance. Você estará virada para o futuro.

— E agora? Estou virada para onde?

— Para o passado. Como todas as pessoas, você estava vivendo do passado.

— O futuro me fascina, o passado me deprime.

— É por isso que existem tantos humanos deprimidos. Você é consciente, por isso está pronta para mudar de canal.

— E o sexo? Posso abandoná-lo também?

— Temporariamente.

— Me ensina o que falta e vamos colocá-lo no inventário como resolvido.

— Não se negocia com o inventário. O que é é, e ponto final, não pode ser modificado, a não ser que seja revivido e consertado.

— Deixa eu ver onde errei, sexualmente falando. Quero me livrar o quanto antes deste maldito fardo.

— No básico, você falhou no básico, começando por maldizê-lo só porque não o entende e não domina sua força.

— Pode levar! Eu vou aprender e não vou mais falhar, pode levar meu inventário.

— Se você, a partir de agora, cobrar alguma dívida energética referente ao seu passado, o erro será recolocado em dobro na sua história.

— Não vou cobrar. Se passou passou, e eu não vou ficar estagnada por causa de coisas que não existem mais. Pode levar.

— Amanhã então estará nova e pronta para maiores desafios. Escute aqueles que sabem fazer o que para você é desconhecido.

— Futuro, me aguarde, estou chegando para tocar meus sonhos e morrer em liberdade!

— Você sabe que isso não a livra de novos erros, não sabe?

— Sei. Errar é porque não aprendi, mas também sei que devo sempre aprender com os erros, porque eles engrandecem aqueles que aprendem e não mais precisam repeti-los. Maravilhosos enigmas!

— Fique atenta aos detalhes. Você tem o mau hábito de errar em detalhes, e com isso acaba colocando muitas coisas em risco.

— Que tipo de detalhe?

— Todos os tipos, mas principalmente os com a sociedade e os governos. Não se deixe cair na tentação de ignorar as regras do seu planeta.

— Mas não consigo aceitá-las como regras.

— Sei que não, por isso mesmo esteja limpa, evite ser atacada e não ataque, siga o sistema.

— Não gosto de sistemas.

— Mas agora precisará seguir dois tipos; o primeiro do governo, e o segundo deste seu novo empreendimento. Sistemas são importantes para se traçar direções. Aprenda também com os erros dos outros. Eles podem ser muito úteis para seus acertos. Bem! Acho que por enquanto podemos dar o inventário por terminado. Chegamos ao ponto em que se encontra, e daqui para adiante é um novo livro de registros.

— Você já está indo embora?

— Não, vou com você.

— Vai comigo para onde?

— Tem alguém que quer falar com você.

— Falar comigo? Quem?

— Não importa quem seja, não importam formas ou nomes, ouça apenas a sabedoria e verá tudo como deve ser visto.

— Para onde vamos?

— Também não importa. Esteja onde estiver, este sempre tem que ser o lugar dos seus sonhos. Agora esqueça quem é, onde está e de onde veio, e venha comigo.

Chegando a lugar nenhum

— Bem-vinda, minha cara amiga! Fique bem à vontade, relaxe o máximo que sua energia puder, solte seus limites e junte-se a nós. Temos muito o que lhe mostrar.

"Ainda há pouco pôde rever sua vida. Muitos só conseguem isso no instante da morte, mas então já é tarde para o corpo físico que não resiste e morre. Então este espírito que parte volta para uma fila de espera, para novamente adquirir uma matéria.

"Você está aqui. Parabéns por ter chegado. Agora assuma os compromissos desta conquista e escute o que deve ser entendido e feito.

"O Criador deu para cada mundo uma inteligência plenamente ligada à sua própria consciência. No planeta Terra, esta inteligência reinante é o homem, dividido em três partes: feminino, masculino e mesclado.

"A parte feminina é a voz da consciência, a comunicação completa, a que absorve e expande, a que guarda e protege, a portadora da chave mestra do universo.

"A parte masculina é a representação do poder, a força da inteligência, o controlador da espécie.

"A parte mesclada é o resultado das misturas de energia, do descontrole da matéria, do protesto dos espíritos ao egoísmo da raça.

"No restante da população animal do planeta quem controla tudo é a programação natural dos registros de cada espécie, já determinados em seus instintos vitais.

"Na espécie mais divina, os humanos, o controle lhes foi entregue, e suas consciências foram alertadas para este controle energético, obtendo todas as informações do cosmos.

"O homem, a raça humana, controla a vida do planeta, sem o menor respeito pelo indivíduo que estão trazendo para a vida; faz isso por alguns miseráveis segundos de prazer carnal.

"O ato sexual é sagrado, milagroso, poderoso, e vocês o tratam como lixo e jogam fora toda a energia gerada como combustível da liberdade. A inteligência humana quer ser Deus, sem perceber que já é, e sem notar os estragos que ela própria está buscando com seus atos inconscientes.

"O controle está sem freio, o planeta está desordenado, os ciclos estão modificados, e tudo provocado pela mistura exagerada dos ingredientes energéticos e pela disputa pelo poder de assumir o papel de criador.

"Na mente limitada da matéria, o espaço do poder só pode ser ocupado por um único ser; o homem não percebe que esse único já o incluiu como membro.

"Misturar não é o problema; no universo, as ligas bem magnetizadas fazem maravilhas e milagres com a evolução. O problema é roubar e prender todo tipo de energia que passa diante da matéria, ejacular sem nenhum controle, colocando a essência dentro de outros corpos e deixando que Deus decida o que fazer.

"O que será feito já foi feito pelo indivíduo; depois do ato concluído, só resta a espera do resultado da ação.

"A fila está aumentando, e se tantos estão precisando nascer é sinal de descontrole, o que irá gerar uma explosão magnética.

"A consciência sabe como evitar tudo isso, as informações sobre o poder de controlar o fogo já foram claramente reveladas, a mistura provocou um poderoso vírus exterminador e muitos serão levados; crianças já estão crescendo com formação de guerreiras e estarão a postos na hora exata; sábios estão se comunicando, igrejas começaram a mostrar suas verdadeiras intenções e estão em guerra, pessoas estão se conectando umas às outras num propósito melhor e maior. Estamos interferindo e peneirando a bagunça.

"Sei que quer saber como pode ajudar na condição de mortal. Você e seus amigos podem ajudar bastante, conscientizando as pessoas e liderando com seus exemplos. De agora aos seus 35 anos, terá plena consciência das coisas, e seus erros serão cobrados em dobro, porque saberá que é um erro antes de cometê-lo.

"Deverá encontrar a fórmula do equilíbrio, e em cada nível alcançado, tanto na matéria quanto no espírito, deverá estar harmonizada e bem-administrada pela sua inteligência; nos encontraremos novamente no seu aniversário de 35 anos de vida na Terra, e o mínimo que espero é que tenha sido bem-sucedida na tarefa de ser humana.

"Observe bem as crianças que já nasceram e estão por aí, vagando desorientadas; oriente-as, explique as coisas a elas com a linguagem do amor. Observe também as crianças que estão à espreita, esperando a hora de se tornarem adultas e começarem também a participar da frente de liderança pela liberdade; elas estarão a observando a distância.

"Atente para as crianças que complementam sua família, olhe seus espíritos, saiba que naquele lar, naquelas terras, serão colocados seres de muito poder, mas este poder tem que ser liderado pela consciência mútua.

"Conviva com os adolescentes diretamente; eles podem causar alguns problemas derivados de suas revoltas e mágoas. Trabalhe isso com eles e limpe suas energias dos fluidos negativos de suas casas. Faça-os ver que o fato de seus parentes terem errado não significa que devam fazer o mesmo.

"Compartilhe informações com os adultos, conquiste-lhes a confiança e confie também naqueles que merecem sua lealdade.

"Estou lhe dando as rédeas da sua vida, e estaremos aguardando sua chegada na companhia de muitos outros. Não venha só; faça com que os companheiros que encontrar venham também.

"De agora em diante, nada mais de imagens, altares e artifícios, não carregue mais que um corpo saudável, limpo, puro, leve, feliz e livre. Não permita que a razão se manifeste, aceite apenas a consciência como visão.

"Os erros que ainda não superou terão de ser tratados com seriedade e atenção; cuide de entender todos os detalhes.

"Mesmo que muitos partam injustamente, lembre-se de que não há injustiças no eterno, mas aja com cautela para não provocar ira. Por onde passar, deixe apenas seu amor.

"Estamos orientando muitos outros da mesma forma, e teremos em breve uma legião de seres conscientes que estarão dispostos a fazerem sua parte, salvarão suas energias e ajudarão a muitos.

"Não existem santos, não existem milagres encomendados;

existe apenas a vontade, e você é um ser de vontade que já entendeu isso.

"Não pense que está diante de Deus agora. Esteve diante de Deus por toda a vida, do menor ao maior ponto. Deus estará lá, em absolutamente tudo.

"Apague as histórias que ouviu e comece a ver as coisas como de fato são. A raça humana é a única responsável pelo que acontece em seu mundo, será assim eternamente, e não tente entender esse ciclo, pois este é o ciclo do planeta.

"Exija mais de si mesma antes de cobrar do seu semelhante qualquer tipo de atitude. Esta é a prova de que estará consciente e por isso nada mais irá abalá-la.

"Chega de participar das misturas; você foi selecionada para ajudar na seleção, e esta é uma tarefa muito mais complicada do que parece. Saia em busca dos seres valiosos, dos seres vibrantes, das pessoas sonhadoras.

"Você mereceu este voto, estamos felizes com você!

"A consciência a estará acompanhando; fale com ela sempre que for preciso. Seu primeiro inventário está concluído; o outro será feito daqui a quatro anos, e você poderá ouvir mais do que uma voz, poderá ver a sabedoria, poderá retirar o véu dos olhos do seu espírito.

"Antes de retornar lembre-se: não traga isso para o pessoal, não deixe que a idolatrem, não permita que pensem que você é mais do que eles, não aceite massagens no seu ego humano, distribua as funções para que não centralizem tudo na sua imagem, sonhe e divirta-se muito no paraíso que é o planeta Terra.

— Quem é essa voz tão suavemente poderosa que esta falando comigo?

— Como disse a consciência, não importa quem sou. Assim não falará nomes em vão e nem cultuará nenhuma imagem. Continuarei livre e você também. Somos amigos, digamos assim.

"Pronto! Já está em outro nível, nada mais será como antes e tudo estará no lugar, pronto para novas experiências. O passado ficou aqui.

— Obrigada por tudo isso que estou vivendo.

— Temos sempre muito que agradecer... E se um dia pensar que não tem motivos para agradecimentos, agradeça pelo simples fato de estar viva! E vivo não significa humano, porque não está em estado de humana agora e mesmo assim está viva, muito mais viva do que muitos humanos na Terra. Volte agora e faça a sua parte!

Fechamento

Acordei na manhã seguinte e realmente estava diferente: minha visão e sua consciência estavam intensificadas, e já não era mais uma pessoa perdida pelos caminhos do mundo. Algo muito estranho aconteceu, e depois daquela noite uma nova mulher despertou para a vida.

Voltei livre de vaidades e egocentrismo e pronta para entender o mundo pela visão dos guerreiros; não mais se limitava aos pensamentos da matéria, embora continuasse com muitas pendências depois do inventário. Meus traumas e problemas de infância foram levados com meu passado para o arquivo do planeta, deixando-me leve para iniciar um novo ciclo de experiências e registros.

Nesta nova etapa, comecei por mudar as atitudes em relação às outras pessoas e em relação a mim mesma; ainda cometo erros primários, não mais por falta de consciência, mas sim por desatenção e rompantes momentâneos, às vezes me distraio e deixo passar alguns detalhes, mas, a cada passo que dou rumo ao crescimento espiritual, conserto essas falhas mais rapidamente.

Minha trajetória continua, e não estará terminada até que viva divinamente, o que ainda me coloca em momentos de erros e de decisões importantes. Em minha vida, existem muitas coisas a serem resolvidas, trabalhadas e concluídas, mas isso não é mais motivo de medos e inseguranças, e sim um desafio gratificante e diário.

Você também tem a sua história e sua trajetória a cumprir. Existe uma consciência que está lhe acompanhando; por mais que não a aceite e não a escute, no fundo do seu coração você sabe que existe algo mais além do seu umbigo.

Muitas coisas precisam ser descobertas por você, mas nem sempre se está disposto a isso, humanamente falando. Na maioria das vezes, você prefere continuar esperando, pois é mais confortável estagnar do que se colocar em movimento contrário ao ciclo criado por nossa própria raça. Mudar de rumo e ser solitário é sempre muito mais complicado do que seguir o rebanho.

Quantas vezes você já fez um inventário real de toda a sua existência nesta vida?

Quantas vezes já deixou o peso do passado para trás e decidiu por viver o futuro?

Nas mãos de quem está sua vida?

Já pensou na morte? Sabe para onde vai? Está pronto(a) para deixar este mundo a qualquer instante?

Em que acredita? E por que acredita?

Não controlamos o instante da morte, não sabemos o que vai nos acontecer, e mesmo assim vivemos como se fôssemos imortais, e admitimos cargas e algemas dolorosas e vingativas em nossa volta e dentro de nós; nos igualamos a níveis baixos por nos acharmos incapazes de fazer nossa consciência subir.

Rachael é um nome fictício porque não faz a mínima diferença de quem seja. Ela é um ser humano como você, que apenas está optando por ouvir seu coração, entender a sabedoria de seus mestres e a voz da consciência, em vez de dar atenção às vozes da razão e aos impulsos dos seus sentimentos.

Certamente você já percebeu várias vezes todas essas vozes e descobriu que eram todas reais. Mas apenas uma vem do cosmos.

Você sabe a diferença?

Se você aceita ou não as informações da história de uma vida, para Rachael isso não importa, pois todo o relato é a sua verdade, e ela acredita nesta verdade, porque sua vida lhe provou isso com o resultado dos seu atos, e só o fato de ter chegado a este livro já lhe é mais do que suficiente como tarefa de abrir a mente das pessoas.

A consciência sempre tem várias formas de mostrar o mesmo

ponto, fala vários idiomas e se comunica de diversas formas, mas é sempre o mesmo ponto; por mais que sejam relatados diferente e individualmente, ela é indiscutível.

O objetivo em ter relatado estes momentos que se passaram na minha vida foi o de fazer você enxergar sua própria vida e fazer você ouvir sua própria história. Quem sabe isso possa lhe ajudar no futuro.

Fique atento ao que está acontecendo à sua volta. É muito importante que veja as coisas claramente e não se iluda com as vozezinhas externas que acabam lhe convencendo que tudo não passa de ilusão.

Sonho não é ilusão, sonho é consciência; ilusão é a razão de um tempo onde se nasce, se cresce e se morre.

Os sonhos são eternos, e as ilusões se desmancham pelo caminho das dores e dos sofrimentos.

Aprendi a despir meus sentimentos e a ver por mim mesma, pelo lado de dentro da minha vida, quem sou, onde estou e para onde vou. Despertei a voz da consciência que me acompanha há muitos anos, mas nunca soube como exteriorizá-la, temendo ser chamada de louca.

Meus medos estão perdendo as forças, minha vontade está ganhando campo, meu ego está cada vez mais dominado pela minha vontade, e estou aplicando a fórmula do equilíbrio que a consciência me ensinou. Ainda balanço de um lado para outro, mas com menos intensidade a cada vez que vôo mais alto.

Farei com que acompanhem essa jornada através dos livros, e, quando chegar nas terras dos meus sonhos, deixarei que saibam que cheguei e como fiz para que possam atingir seus sonhos também.

Estou cada vez mais feliz e realizada como pessoa, desenvolve uma atividade empresarial muito lucrativa que ainda lhe permite ajudar pessoas a mudarem seu rumos financeiros e está estável emocionalmente com a sua família, equilibrada na sua trilogia.

Quanto a você, esteja sempre aberto para novos assuntos,

porque o mundo será invadido por informações e mudanças que podem fugir à sua compreensão, mas são reais.

Estude a si mesmo e não aceite as ordens do seu ego. Busque ouvir a consciência. Eu lhe garanto que ela está aí com você, exatamente agora, lhe mostrando o eterno, o mágico, o maravilhoso universo.

Duvida?!

Então pare um minuto, cale todas as suas vozes, olhe para qualquer ponto no céu, no mar, no nada, e veja...

LÁ ESTARÁ A SUA CONSCIÊNCIA PLENA, O SEU MESTRE INTERIOR.

Agradecimentos

Aprender a agradecer é milhões de vezes mais gratificante do que receber um obrigado, e é de todo coração que agradeço:

À minha família, pelos espíritos maravilhosos que são e pelo quanto me ajudam no despertar do amor;
A meus amigos, por me mostrarem um sentimento incondicional;
À minha filha, por me fazer ver coisas além dos olhos humanos;
A meu amado marido Steve Torrence por ser parte de mim;
Às forças da natureza, pela inteligência;
À consciência, por si só;
Ao criador disso tudo, mesmo que ainda não o compreenda na plenitude;
A você, leitor, por ter estado comigo durante esta leitura.
A tudo, por tudo e para tudo, eternamente,
Obrigada.

EVELYN TORRENCE

Impresso no Brasil pelo
Sistema Cameron da Divisão Gráfica da
DISTRIBUIDORA RECORD DE SERVIÇOS DE IMPRENSA S.A.
Rua Argentina 171 – Rio de Janeiro, RJ – 20921-380 – Tel.: 2585-2000